L'Art de Lire

THIRD EDITION

L'Art de Lire

Le Récit

QUENTIN HOPE ✦ **GEOFFREY HOPE**

Emeritus, Indiana University   University of Iowa

Prentice Hall

Upper Saddle River, New Jersey 07458

Library of Congress Cataloging-in-Publication Data

Hope, Quentin M. (Quentin Manning)
  L'art de lire : le récit / Quentin Hope, Geoffrey Hope.—[3rd ed.]
    p. cm.
  ISBN 0-13-061881-0 (pbk.)
    1. French language—Readers. 2. French language—Grammar. 3. French
  language—Textbooks for foreign speakers—English. I. Hope, Geoffrey R. II. Title.

PC2117.H675 2001
448.6'421—dc21
                                                              2001051343

Publisher: Phil Miller
Assistant Editor: Meriel Martínez
Editorial Assistant: Meghan Barnes
Managing Editor: Ann Marie McCarthy
Prepress and Manufacturing Buyer: Tricia Kenny
Design and Production: Pearson Education Development Group
Cover Art Director: Jayne Conte
Cover Designer: Kiwi Design
Photographer: Andrew Ward
Marketing Manager: Stacy Best

    The authors gratefully acknowledge permission to reproduce portions of the following texts:
Colette, *Dans la foule: après l'affaire de la rue Ordener* from **Contes de mille et un matins**, Paris,
    Flammarion.
L. Anoma Kanié, *Les Hommes invisibles*, from **Quand les bêtes parlaient aux hommes: Contes
    africains**, Les Nouvelles Editions Africaines Sénégal.
Marcel Pagnol, *Au Parc Borély avec Tante Rose* from **La Gloire de mon père**, Boulogne-Billancourt,
    Les Éditions de la Treille.
Georges Simenon, *La Vieille dame de Bayeux* and *L'Auberge aux noyés*, from **Les Nouvelles
    enquêtes de Maigret**, © 1944, Estate of Georges Simenon, all rights reserved.
François Truffaut, *Le Déjeuner de Sylvie* from **L'Argent de poche**, Paris, Flammarion.

This book was set in 10/12 Meridien by the Pearson Education Development Group and was
printed and bound by RR Donnelly & Sons Company. The cover was printed by The Lehigh Press.

© 2002 by Pearson Education, Inc.
Upper Saddle River, New Jersey 07458

Printed in the United States of America
10

ISBN   0-13-061881-0

Pearson Education LTD., London
Pearson Education Australia PTY, Limited, Sydney
Pearson Education Singapore, Pte. Ltd
Pearson Education North Asia Ltd, Hong Kong
Pearson Education Canada, Ltd., Toronto
Pearson Educación de Mexico, S.A. de C.V.
Pearson Education — Japan, Tokyo
Pearson Education Malaysia, Pte. Ltd
Pearson Education, Upper Saddle River, New Jersey

Table des matières

Preface

L'Art de Lire may be used at any level after the first year of French with students who have had little previous reading experience. Used in a course that focuses on the development of reading skills, or as a secondary text/reader in multi-skilled course, it provides ample opportunities to learn to read French. The Third Edition retains the student-friendly format of the First and Second Editions and develops further student activities and investigations in and around the stories. We are grateful to our students and to our fellow teachers for their continued comments and suggestions. Many readers have appreciated the stories in **L'Art de Lire**, finding them to be intriguing or funny, moving or exciting. Stories are graded in difficulty; earlier readings are abridged and edited to make them more accessible. The number of cuts diminishes as the book progresses. Many selections are divided into a series of installments. All chapters are supported by a pedagogical apparatus that is both full and flexible.

The **Préparation à la lecture** starts with a concern for **Lexique** and highlights words in the context of explicit previews of the action. Through the first nine story segments, lexical categories distinguish **Mots apparentés** and **Faux amis**. Afterwards, these categories are presented together with other **Vocabulaire**. **Grammaire** sections include demonstrations of **Mots-clés**, function words that also provide discourse coherence. Grammar is presented to provide a focus of recognition needed for reading comprehension. **L'art de lire** sections present succinct discussions and contextual illustrations of broad and specific reading knowledge and techniques on matters of vocabulary, grammar, culture, and the coherence of story. The **Exercises** that conclude each **Préparation à la lecture** consolidate command of the vocabulary presented. They are intended to help the student prepare for the reading. This work on lexical awareness serves the kind of knowledge that helps students recognize and understand words in different contexts.

Marginal questions in French provide a convenient and rapid way of reviewing the reading selection in class and should help students find their way through difficult passages on their own. Following each selection, **Activités sur le récit** review, and ensure grasp, and recall of details at the levels of action, character, place, and theme. A range of activity types are employed including true/false and sentence-completion exercises; others call for identification of characters, actions, places, or objects from the story. Activities are presented in narrative order and are sufficiently detailed to cover all of the significant action of the reading. While they may look like exam questions, their purpose is to recirculate the narrative material and relevant vocabulary in order to ensure that students are able to remember and deal with the story on their own terms in French. Students should be encouraged to write out answers fully in order to practice perceiving details of the written language. The **Sujets de discussion, de composition, de recherche, et de présentation** encourage more critical responses. They bring the vocabulary of the story into more active use, invite students to think about meanings, and provide a framework in which they can discuss in French what pleases, bothers, or puzzles them about it—the motivation of the characters, the plausibility of the plot, the relationship to their own lives, and so forth. Here, what students talk about and write is encouraged to become some sort of composition. Many of these exercises encourage role-playing activities, monologues and dialogues, to help students develop dramatic aspects of the story in the classroom. These exercises provide guidance for class discussion and writing activities, short analyses and essays, to work out some critical responses to the texts. While numerous suggestions for specific assignments are given (e.g. "pour une discussion en classe et un petit essai écrit"), these are to be taken as possible assignments following the teacher's curriculum and the student's needs. Class discussion and review with these exercises can help develop interest in the stories in different ways, dramatic and intellectual, cultural and personal.

In this part as well, students are asked to explore information that goes beyond the text (**A la recherche**). Here, students will be encouraged to locate on their own visual materials, maps or pictures, and other cultural information referred to in the text selections. Responsibility for learning to read starts with the student's commitment. **L'Art de Lire** should serve teachers and students of the language with the means to engage, observe, help with, and account for processes of reading and learning to read. Most of the exercises in **Préparations** and in **Activités** are lettered and numbered so that a key can be established. Some exercises may be usable for evaluation purposes. Part of instruction is helping students keep their own accounts.

We'd like to thank several people for their contributions to this third edition of **L'Art de Lire**: Estelle Needleman and the people at PEDG for their project management and composition; Lisa Donovan for the interior design; and Kiwi Design for their work on the cover design.

Finally, we would like to acknowledge the following reviewers for their participation in the revision process: Barry Jean Ancelet, University of Louisiana at Lafayette; Dominique Duvert, Ohio University; Kirsten Halling, Southern Arkansas University; and Florence Martin, Goucher College.

To the student

"L'Art de lire est l'art de penser avec un peu d'aide"
—Émile Faguet

L'Art de Lire is intended for students who have begun French and now want to improve their reading skills. Its purpose is to provide interesting and accessible stories that will help develop basic knowledge, strategies, and techniques for reading French.

Nine engaging stories are at the heart of **L'Art de Lire**. Everyone enjoys reading a well-paced, interesting short story. Curiosity about the outcome holds our attention to the last page. Along the way, we discover something about other people's lives, how they feel, how they understand things, and how they behave. Reading stories, we meet people whose cultures, attitudes, and perspectives are unfamiliar in some ways, and yet very recognizably human.

In the first stories, Simenon introduces you to the shrewd and resourceful detective, Maigret, using his powers of logic and understanding of human motivation to solve seemingly insoluble mysteries. The Simenon stories have been shortened and edited to make them accessible. Then Maupassant presents pompous citizen-soldiers delighted at capturing a single, defenseless, and cowardly enemy; humble civilians whose own encounter with the enemy puts their character to a harsh test, and a loving husband suddenly shocked out of complacency. Different kinds of stories follow, about the joys and suffering of childhood, about deceit and self-deception, about the conflicts between generations and between man and woman, about love and altruism, hatred and selfishness, truth and falsehood. There is much variety in the stories and in the way different readers respond to them, but the adventures they recount and the characters they introduce us to all add dimensions to our experience of life that only fiction can provide.

Strategies for Reading French

When we read, we use strategies and techniques that involve knowledge, understanding, memory, and strategic thinking. This book will help you become familiar with these techniques and to make sense of stories written in French. Questions, activities, and advice precede, accompany, and follow stories. You may consider keeping track of your progress in learning to read French by maintaining a personal portfolio of written responses to exercises and activities as well as reflections on your reading experience. As a learner, it is often good to keep some kind of journal of your learning. At any rate, you should certainly write down fully as many of the exercises as you can in order to see details and understand how the language works, and how you can learn to make it work, to develop your reflections on stories.

Pertinent information about actions, characters, settings, themes, vocabulary, syntax, and cultural concepts are pointed out in introductory notes about authors, in the **Préparation à la lecture**, **Le Lexique** and **La Grammaire** sections, and in notes under the heading **L'art de lire**. Questions on the action accompany the stories, and footnotes ask the reader to reflect on how the text operates. English is used to show meanings: translating is a good skill to have and to recognize, but reading is not translating.

Over the years, students have commented on useful techniques and strategies they have used to improve their reading skills in French. Try to keep track of the following points and see how they correspond to your own experience.

1. **Read for understanding.** Try to grasp meanings directly without detouring through English. Visualize the action and the characters; act out their gestures and imitate what they say as you read and study. Try to see if you can determine an appropriate tone of voice.

   Translation of difficult passages can sometimes be useful, particularly if it helps you see where the problem was and how to avoid it in the future. However, try never to waste time thinking of the English for what you already understand in French. Concentrate on overall meanings, not on isolated words.

   Understanding involves the ability to conceive of how elements in the text work together to form different kinds of units. Some units are at the micro-level of the sentence. Others function across broader expanses of text. Part of learning to read is to develop a careful concern for which questions to ask, at which levels of textual meaning, and how to constitute responses. Questions in **L'art de lire** guide you from a global sense of what kind of story you are reading to the close processing of details: words, grammar, clothing, minor actions, and so on. This processing will allow you to perceive new wholes including characters, settings, plot, and theme. It should be much easier for you to perceive relevant questions for yourself when you read a story for the second time.

2. **Identify narrative techniques.** Stories are narratives: narrators recount events in time and present characters, speech, places, and situations, and sometimes render judgments or give commentary. When reading a story, it is important to keep distinct the narrator's words and thoughts from the speech and perceptions of characters. The narrator or a character may reveal a particular viewpoint, ironic, sentimental, or distant, on what is being presented. Sometimes, main characters seem to represent values of the narrator; characters (and narrators) may also

be represented with ironic distance. Some **L'art de lire** sections, often under grammar headings, recommend strategies for processing narrative text.

3. **Use context.** You can rely on your knowledge of what a detective is likely to ask or what a suspect or witness is likely to say or do to help develop your understanding of a detective story. Detectives usually focus on specifics involving time, place, identity, and causes and results associated with events. Such concepts are useful to keep in mind as you read any story. The presentation of actions, characters, places, and themes may refer directly or obliquely to cultural contexts, social, geographical, or historical knowledge that determines a certain kind of meaning: what does Normandy suggest as opposed to Paris? What does it mean for a Prussian to be in France in the 1870s? Cultural contexts can serve as a background for the meaning and can also constitute a large part of the message itself.

   Whenever you read, you encounter many words or phrases that at first you will not understand. If you feel comfortable enough with the overall meaning and direction of the text, you may pass over some words or phrases without bothering to figure out their meaning since your understanding of a paragraph does not rely on your understanding of every word. Sometimes, however, a word or phrase that you do not understand will appear to carry important clues to what is going on, and the meaning still eludes you. Locate examples of the words or phrases you need to understand and try to determine the meaning not simply from its own form (Is it a cognate? Does it have an ending like a verb?) but from the meaning of the sentence and page that surround it. Some notes on reading will help you continue a focus on establishing meanings for words.

4. **Learn important vocabulary.** While it is important to keep larger questions of action, character, place, and context in mind, reading is also very much a question of handling details. You must become comfortable with processes of understanding words. The **Lexique** section of the **Préparation à la lecture** in each chapter introduces important vocabulary items that appear in each reading. These words are presented in short summaries of some of the events in the story. Use these sentences to familiarize yourself with new words and to prepare your understanding of the story itself.

5. **Use cognates.** If a word looks similar to an English word and seems to fit the context, it is almost surely a cognate—a word with the same or a similar meaning as its English relative, even though its spelling may be different. Beneath a difficult-looking word is often a simple and recognizable cognate, such as *escape* for **échapper**. Identifying the meaning involves moving from the cognate, which is often a lower-frequency word or a word with a somewhat different or more narrow

meaning, to the broader, higher-frequency word. For example, the cognate of **drôle** is *droll*, but the usual English equivalent is *funny*. Cognates, and partial cognates like **drôle**, are presented in the context of a sequence of sentences in the **Préparation à la lecture** that precedes the reading in which they appear.

6. **Identify sentence structure.** When reading, you learn to recognize and understand grammatical forms and structures. You learn to perceive the subject, verb, and object of the sentence, discern pronoun references, distinguish negative from affirmative, past from present, real action from hypothetical action, narrative from description, and so on. Many of these structural elements are presented early on in the study of French and may already be familiar to you. A section of **Mots-clés** (*key words*) is presented separately in the early chapters under the grammar heading. These are very common and useful words that it is important to learn well. Other points of grammar that are essential for reading comprehension are highlighted in the **Préparation à la lecture** and in some **L'art de lire** sections so that you can practice identifying the meanings established through relative pronouns, definite articles, conditional tenses, indirect objects, and the like before you read.

7. **Review.** Regular review will help you remember and make useful what you have learned. One way to review the stories, is to reread them with reference not only to the marginal questions that help you through the first reading but also to the **Résumé de l'action** and other exercises that appear in the **Activités sur le récit** sections that follow the readings. By writing these down, you will help ensure an active control over the linguistic and narrative material. A major purpose of the exercises is to help you go over the material again and again in order to be able to recall and use it yourself. A different kind of review can include the **Préparation à la lecture**. These sections present important idioms and vocabulary from the reading selection that follows, though they do not pretend to represent the story faithfully.

Your ultimate goal is to get better at reading French. To meet that goal, read some or all of these stories with the guidance provided. Exercises and activities will immerse you in the language and text of the stories and guide your understanding. They will encourage you to develop knowledge and let you practice techniques that you can transfer to reading other stories and other kinds of text, newspaper articles, essays, research or work materials, poems, whatever you need and enjoy. Strive to achieve a critical reading, one that does not stop with understanding, but one in which your memory allows you to find and refer to elements of the text for your own uses. The art of reading is ultimately up to you.

L'Art
de Lire

La Vieille Dame de Bayeux

Georges Simenon

PREMIÈRE PARTIE

Préparation à la lecture

L'art de lire

Reading is made possible by the application of knowledge and skills to the understanding of language and text. The following lessons will give you intensive experience and thorough practice in learning to handle both language and text in reading French stories. Successful reading starts with some larger conceptual frameworks that the text suggests even before you begin. These involve your ability to understand genre, often associated with a particular author and with the specific title of what you are about to read. The more information you can bring to the reading experience from your own knowledge, the better able you will be to predict what might happen next in the action, and to perceive characters, problems, themes, and settings. These overall textual concepts (who are these people? where are they? what are they saying and doing? why?) are nourished, fleshed out, challenged, and refined by the more local meanings of words as you grasp them in sentences, through grammatical and narrative structures, and through social, historical, and other cultural contexts.

L'auteur, le genre, le titre. The first two stories in this book are by *Georges Simenon, (1903–1989)* an extraordinarily prolific and popular author of detective novels and stories. Simenon is a good author for beginning readers because he is a master storyteller in the detective story tradition. Reading French—like reading anything—involves a process of recognition and discovery. You will find these two elements well balanced in reading Simenon. The detective story is a genre that we all recognize, with its crime, typical characters, motive, clues, murder weapon, mystery, setting, and solution. Being familiar with these underlying traits of the genre and ready to recognize them when they occur will make it easier to understand Simenon's two stories. The text of these stories has been shortened and edited to facilitate your approach. The title of the first story, **La Vieille Dame de Bayeux**, presents both a person and a place. The place is real: Bayeux is a town in Normandy. Reading involves recognizing proper nouns and some of their contextual references. The character of **la vieille dame** is fiction, as is the action, but both are played out within specific cultural contexts. One of the first questions that your reading should establish concerns the identity of that character and her importance: what is the meaning of the title? Complete answers may not appear directly but relevant information will.

Le texte narratif et la langue. Successful reading involves a constant interchange between your understanding of language and your understanding of discourse, or text. While lexical and grammatical knowledge will help you create meanings from sentences, different kinds of frames are also required to make meanings from the combinations of sentences that make up stories. Your ability to perceive and keep in mind such abstractions as character, place, time, and event will allow you to understand how these texts are structured as stories. Certain lexical and grammatical items, conjunctions like **mais**, temporal expressions, and all kinds of pronouns, help establish these relationships which are also familiar to us from our general understanding of narrative.

Le texte narratif: le récit. Though the Simenon stories here have been cut to about half of their original length to make them more accessible, they are still the two longest in this book. Since the same text structure, that is, the same characters, atmosphere, time frame, and situation, and to some extent a similar vocabulary, appear throughout, these relatively long stories should help you concentrate on developing basic reading skills in a systematic and cumulative way.

Le personnage. Simenon is the creator of **le commissaire** Maigret, a detective who joins the ranks of Sherlock Holmes, Lord Peter Whimsey, Hercule Poirot, and a few others as one of the memorable characters of detective fiction. As a successful detective, we can assume such things as a penetrating and indefatigable intelligence. What else do we learn about this character? Hercule Poirot may be something of a snob. Could we say that about Maigret as well? What kind of tone does he adopt when dealing with people? Cordial? Teasing? Ironic? Gruff? How does he elicit information from people? Does he ever put on a mask, as it were, and pretend to be someone he isn't? Detectives deal with criminals all the time. Is he resigned to that seamier side of human behavior or has he managed to keep a sense of moral outrage?

Keeping track of characters in stories involves the ability to identify them, their place in the setting, and their role in the story. What are their names? Are they always called by their name? Do they seem important or marginal? In this first selection, for example, we read that Philippe's **grande maison** boasts **cuisinière, valet de chambre, et chauffeur**. Will these servants play roles in the story? Maybe the butler did it. Do characters find themselves in a familiar or a new setting? How well do they seem to know what is going on? Are they sympathetic or distant to values we can assume?

Le cadre. In **La Vieille Dame de Bayeux** we find Maigret away from his usual base of action, which is police headquarters in Paris, moving uncomfortably in the stuffy, secretive, provincial atmosphere of Caen, the city in Normandy to which he has been called to reorganize the mobile police squad. While he is on detachment in Caen his immediate superior is the district attorney, **le Procureur de la République**. As our story opens Maigret sits in his office in Caen, getting ready to interview a woman called Cécile Ledru and glancing at a note from **monsieur le Procureur**.

Keeping track of place involves an awareness not only of such things as cities, buildings, rooms within buildings, and movement to and from these places, but also a sense of how these places are perceived within the story. Places almost always carry some sort of cultural meanings. Within certain places characters may be made to feel at ease or uncomfortable, powerful or weak. Some places may be off limits. Consider connotations of the adjective **poussiéreux** (*dusty*) when you encounter it.

Le temps. The chronology of events in many stories involves two basic time frames: a first level of events, what is happening as we read, though usually expressed in past tenses; and what happened earlier than the primary level of action, those occurrences such as the crime, an alibi, a motive, perhaps someone's childhood, that have, or seem to have, some sort of relevance for the first level of the reader's concern. Some characters only appear in one time frame; others appear in both.

L'action. Events may also be put into two categories. In short stories most events are what the story is all about: someone needs money and commits a desperate act in order to get it. A cause that may have its own resonance and meanings leads to an important effect that is itself continued into further results. Along with these actions, a story presents a number of apparently less crucial events: people go to a café to talk, they unbutton their jacket to be at ease, they ring doorbells. Until the end of a story, particularly a story with a mystery, it is not always easy to distinguish events of the second type from those of the first. Maigret's pipe plays a role that is certainly not insignificant to him. Does the pipe help focus our attention on anything significant for the action?

La langue. The above generally stated categories work together and provide broad, overall linking strategies that help you make sense of and remember what happens in stories. In order to access those frames of meaning, however, you must also develop understanding at the more language-based levels of words and sentences. Here too, the reader's task is to perceive how individual elements function together in some sort of coherence. In order to facilitate your perception and your later recognition of lexical and grammatical cues, the presentations that follow link words in sentences that present summary sketches of aspects of the story to follow. Use these examples to prepare your reading.

Le Lexique

There is no more important skill in reading than the ability to use the context you do understand to establish meanings that are not clear at first. Consider the following sentence: **Philippe est venu à Bayeux supplier sa tante de lui prêter de l'argent.** You may be able to establish at first glance the following meaning: *Philippe went to Bayeux '——' his aunt to '——' (to) him some money.* This much meaning should encourage an attempt to grasp the larger concept. Sometimes, as for **supplier**, an awareness of a cognate word can help: *supplicate*, or *beg*. The **-er** ending can confirm an infinitive form: *to ask for.* Often, as for **prêter** (another infinitive), the meaning of a word you do not know will rely mostly on the immediate context. He is going to beg his aunt to "what?" him some money? The meaning, as you should be able to guess, could be *to give*; it happens to be *to lend*, but in either case the sense within the story is the same.

Presentations on the **lexique** will give you the opportunity to confirm and develop your understanding of some basic vocabulary in the passage. Try to read with the English on the right-hand side of the page covered. If you do not know the word, try to use the context to guess at the meaning before checking the English.

Vocabulaire

Maigret **jette les yeux** sur la lettre.	*Maigret **glances** at the letter.*
Cécile a débuté comme **bonne**, pas comme **cuisinière**.	*Cécile began as a **maid**, not as a **cook**.*
Elle appelle Mme Croizier sa **tante**.	*She calls Madame Croizier her **aunt**.*
La dame est allée à Caen **se faire soigner les dents** et faire des **courses**. Elle a dit que si un **malheur** lui arrivait, le premier **soin** de Cécile devrait être d'**exiger** une enquête. Mais ces **craintes** de vieille femme, **valent**-elles quelque chose?	*The lady went to Caen **to take care of her teeth** and to do **errands**. She said that if a **misfortune (accident)** happened to her, Cécile's first **care** should be to **insist on** an investigation. But these **fears** of an old woman, **are** they **worthy** of notice?*
Cécile croit que oui.	*Cécile thinks they are.*
Elle **soupire**.	*She **sighs**.*
Cécile a les **larmes** aux yeux.	*Cécile has **tears** in her eyes.*
Elle va **porter plainte** contre Philippe.	*She is going to **bring an action** against Philippe.*
Maigret va **se renseigner**.	*Maigret will **make inquiries**.*

Les mots apparentés *(cognates)* are related words having more or less the same meaning in French as in English. Spelling may be the same or very close, as in **nièce**. Sometimes the French cognate has an extra syllable as in **résultat**—*result*. Harder to recognize are words whose English cognates have syllables that do not appear in French: **trahir**, *betray* or **nier**, *deny*. Becoming familiar with recognizing and sometimes teasing the meaning out of **les mots apparentés** makes it easier to read French.

Cécile est **orpheline**.	*orphan*
Maigret la questionne avec **circonspection**.	*circumspection*
En répondant elle se **voile** le visage de la main.	*veils*
Philippe est le **neveu** de la vieille dame.	*nephew*
Maigret veut savoir quels sont les **faits**.	*facts*
Ce qu'elle lui dit lui semble assez **curieux**.	*curious*

Les mots partiellement apparentés (*partial cognates*) may not be recognized at first. Read the following sentences, at first covering the English. Then use the words in the two English lists to help orient the word's meaning and to remember it the next time you encounter it.

Cécile **débute** dans la vie.	*debut*	*is beginning*
Le **hasard** a fait que la vieille **dame** l'a gardée.	*hazard* *dame*	*chance* *lady*
Elle dit: je vais vous **expliquer**.	*explicate*	*explain*
Croyez-moi, je vous en **prie**.	*pray*	*beg*
Je vous en **supplie**.	*supplicate*	*beg*
La dame n'a pas eu une **crise cardiaque**.	*cardiac crisis*	*heart attack*
Je ne suis pas une **folle**.	*fool*	*madwoman*
Les Deligeard sont **coupables**.	*culpable*	*guilty*
En **somme**, dit-il, vous les accusez.	*in sum*	*in short*

Words can have different meanings in different contexts. Recognizing one meaning of a partial cognate may help you remember or use the context to figure out another meaning.

Il **garde** sa pipe à la bouche.	2. *guards*	1. *keeps*
Puis il la **retire**.	2. *retires*	1. *withdraws, takes out*
Enfin il se **retire**.	2. *retires*	1. *leaves*
Il va faire une **enquête**.	2. *inquest*	1. *inquiry*
Qui a **assassiné** la dame?	2. *assassinated*	1. *murdered*

The circumflex accent can be helpful in identifying cognates as it often correspond to an *s* in English: **enquête** is related to *inquest*.

Faux amis (*false friends*) are words whose meanings are different from what they may appear to be to us. Sometimes false cognates are truly false: **soupirer** has nothing to do with *soup*, it means to *sigh*. Often, however, the apparent but wrong meaning is not too distant from the real meaning, and once you have encountered it, the false cognate may help you remember the meaning.

| Il **prétend** être innocent. | not: *pretends* | but: *claims, alleges* |
| Je **reste** ici. | not: *rest* | but: *stay* |

Try to understand the sentences that prepare your reading by focusing on highlighted words. Use the English on the right-hand side afterwards to confirm or correct your first impressions.

Other powerful means of learning to read and understand French include paying attention to and learning to use synonyms (**car, parce que**) and antonyms (**noir, blanc**) and how not to be confused by homonyms (**a, à**).

La Grammaire

La grammaire provides practice in perceiving forms and structures at and beyond the sentence level and recognizing their meanings. **Mots-clés** (*key words*) is a section that links vocabulary learning with understanding grammar. Here, prepositions, conjunctions, and adverbs, as well as some high-frequency idiomatic expressions are highlighted. These function words often carry grammatical meanings and establish relationships among broad concepts or clauses. They are rarely cognates and cannot usually be understood from the context alone. Reading is faster and more pleasurable when you know the meanings of these words well, without having to grope or guess. The key words that appear in the first reading selection are listed in the following sentences.

J'explique **pour que** vous compreniez.	*I am explaining **so that** you will understand.*
Il vaut mieux vous expliquer.	***It is better that I (I had better)** explain.*
J'ai débuté **comme** bonne **chez** Mme Croizier.	*I began **as** a maid **at** Madame Croizier's **(house)**.*
Elle m'a gardée **auprès d'**elle.	*She kept me **near (by, with)** her.*
Donc, j'habite Bayeux.	***Therefore**, I live in Bayeux.*
Je n'avais personne **sinon** elle.	*I had no one **except** her.*
Au fait, quand êtes-vous allée à Caen?	***By the way**, when did you go to Caen?*
J'y étais **vers** cinq heures.	*I was there **around** five.*
Ensuite, j'ai fait des courses **puis** je suis revenue, **dès** six heures, c'est à dire **à peine** une heure plus tard.	***Next**, I did some errands **then** I came back **by (as early as)** six, that is to say, **scarcely** an hour later.*

No attempt is made in this book to explain all of French grammar. A number of **L'art de lire** sections do present some points you will need in order to make sense of these texts. Some exercises will allow you to check your understanding of sentences that illustrate important structures from the passage and will ask you to identify grammar points by name. While it is not important to name structures in order to understand what you read, you should be able to perceive them and understand how they work: naming provides a control on that understanding. Keep track of how well you do on these attempts and have your instructor give you similar exercises later.

Exercices

The purpose of lessons that precede each reading is to prepare you to perceive and understand the language and event structure of the passage. Simple exercises will help you review some of this information just prior to reading.

A. Les structures. Lisez les phrases suivantes. Essayez de les comprendre. Ensuite indiquez la structure grammaticale représentée en **caractères gras** dans chaque phrase. Vérifiez vos réponses à la fin des exercices.

passé composé	conditionnel	imparfait
plus-que-parfait	participe présent ou gérondif	construction passive
verbe pronominal	pronom relatif	négation
restriction	pronom objet direct	pronom démonstratif

1. Je **vous** écoute, _____
2. dit-il, **en retirant** sa pipe de la bouche. _____
3. Elle **voulait** que je l'appelle tante Joséphine. _____
4. Philippe avait perdu une fortune, **celle** de sa femme. _____
5. La mort de sa tante **procurerait** à Philippe de l'argent. _____
6. Il **n'**avait **qu'**à prendre patience. _____
7. Philippe **ne** m'aime **guère**. _____
8. Je sais **ce que** je dis. _____
9. Je **suis allée** rue des Récollets. _____
10. Vous **vous présentez** rue des Récollets. _____
11. Vous **aviez accompagné** Joséphine Croizier? _____
12. Mme. Croizier **a été assassinée**. _____

B. Lisez le passage suivant en remplaçant les tirets par le mot convenable. Faites les changements nécessaires.

auprès de	comme	dès
pour que	sinon que	

Je vous explique la situation __1__ vous compreniez. Quand j'ai débuté __2__ bonne chez Mme Croizier, elle ne savait rien de moi __3__ j'étais orpheline. Mais __4__ le début elle m'a aimée et elle a décidé de me garder __5__ elle.

C. Lisez le passage suivant en remplaçant les mots en **caractères gras** par un synonyme.

au plus	chez	donc
puis	vers	

Cécile vit **dans la maison de** (1) Mme Croizier. Elle l'aime beaucoup. **Pour cette raison** (2) elle est désolée d'apprendre que Mme Croizier est morte. Mme Croizier était allée à Caen. Caen est à une demi-heure **à peine** (3) de Bayeux. Cécile y est allée **à environ** (4) quatre heures de l'après-midi. **Ensuite** (5) elle est retournée à Bayeux le même jour.

D. Lisez le passage suivant en remplissant les tirets par le mot convenable.

bonne   cuisinière   soigner
prêter   craintes   exige
larmes

Chez les Deligeard la préparation du dîner est faite par la ___1___. Le service est fait par la ___2___. Mais ils ne sont pas riches. Philippe doit demander à la banque de lui ___3___ de l'argent, et la banque ___4___ des garanties de paiement sérieuses. Sa tante, qui est riche, est allée à Caen pour se faire ___5___ les dents. Elle y est morte. Quand Cécile y pense elle a les ___6___ aux yeux. Elle accuse les Deligeard. Mais Maigret lui dit que les vieilles femmes ont des ___7___ irrationnelles.

E. Lisez le passage suivant en remplaçant les mots en **caractères gras** par un synonyme. Faites attention aux changements de genre.

accident   porter plainte   ce que valent
regarde   les faits   se renseigner
préoccupation   vaut mieux

Maigret **jette les yeux sur** (1) la lettre du Procureur. Le Procureur lui dit qu'il **est préférable d'** (2) être prudent. Il paraît qu'il est arrivé un **malheur** (3) à une vieille dame. Mais Cécile croit que Philippe, le neveu de la dame, l'a assassinée. Elle va donc **le dénoncer** (4). Elle veut qu'il y ait justice. C'est son premier **soin** (5). Mais Maigret se demande **quelle est la valeur de** (6) ces accusations. Avant de continuer l'enquête Maigret veut **s'informer** (7). Il veut savoir **ce qui est vraiment arrivé** (8).

L'art de lire

Under this heading, techniques and strategies that will assist your reading of the **lexique**, the **grammaire** and the **récit** will be considered. A basic principle to follow is reading for meaning. If you feel unsure of the meaning, do not translate word for word, but try to grasp the thought of the phrase through context. You can often make sense of a phrase by leaving out words you don't know, or that don't seem to help, or words that appear between commas, and moving on to see how the text continues. Use what you do know to try and clarify what is new.

Voici les réponses à l'exercice A: 1. pronom objet direct, 2. participe présent ou gérondif, 3. imparfait, 4. pronom démonstratif, 5. conditionnel, 6. restriction, 7. négation, 8. pronom relatif, 9. passé composé, 10. verbe pronominal, 11. plus-que-parfait, 12. construction passive

La Vieille Dame de Bayeux

(Première Partie)

—Asseyez-vous, mademoiselle, a soupiré Maigret, en retirant à regret sa pipe de la bouche.[1] Et il a jeté les yeux sur la lettre du Procureur qui disait: "Affaire de famille. Entendez Cécile Ledru, mais gardez la plus grande circonspection."

—Je vous écoute, mademoiselle Ledru. Votre âge?

—Vingt-huit ans.

—Profession?

—Je suppose qu'il vaut mieux tout vous expliquer pour que vous compreniez ma situation. J'étais orpheline et j'ai débuté dans la vie, à quinze ans, comme bonne…

—Continuez, je vous en prie…

—Le hasard m'a placée chez Mme Croizier à Bayeux. Je vous parlerai d'elle après. Je vous dirai seulement qu'elle s'est prise d'affection pour moi.[2] Plus tard, c'est comme demoiselle de compagnie[3] qu'elle m'a gardée auprès d'elle et elle voulait que je l'appelle tante Joséphine…

—Donc, vous habitez Bayeux avec Mme Joséphine Croizier?

Les yeux de la jeune fille se sont voilés de larmes.

—Tout cela est du passé, dit-elle. Tante Joséphine est morte hier, ici à Caen, et c'est pour vous dire qu'elle a été assassinée que…

—Pardon! Vous êtes sûre que Mme Croizier a été assassinée? Vous étiez là? Quelqu'un vous l'a dit?

—Ma tante elle-même!

—Comment! Votre tante vous a dit qu'elle avait été assassinée?

—Je vous en prie, monsieur le commissaire, ne me prenez pas pour une folle… Je sais ce que je dis… Ma tante m'a répété

1. Que fait Maigret avant d'interroger Cécile Ledru?

2. Que dit la lettre du procureur?

3. Quels sont l'âge et la situation de famille de Cécile?

4. Qu'est-ce qui montre que la dame l'aime?

5. La dame est-elle vraiment sa tante?

6. Comment explique-t-elle la mort de la dame?

7. Qui lui a dit que la dame a été assassinée?

---

[1] **la bouche?** Où met-on sa pipe?
[2] **elle s'est prise d'affection pour moi:** *she took a liking to me*
[3] **demoiselle de compagnie:** *lady's companion*

plusieurs fois que si un malheur lui arrivait dans la maison de la rue des Récollets, mon premier soin devrait être d'exiger une enquête…

—Un instant! Quelle est cette maison de la rue des Récollets?

—La maison de son neveu, Philippe Deligeard… Tante Joséphine était venue passer quelques semaines à Caen, pour se faire soigner les dents. J'étais restée à Bayeux parce que Philippe ne m'aime guère…

Sur un bout de papier Maigret nota: "Philippe Deligeard."

—Quel âge, ce neveu?

—Quarante-quatre ou quarante-cinq ans…

—Profession?

—Il n'en a pas. Il avait de la fortune, celle de sa femme, mais je crois que depuis plusieurs années cette fortune n'existe plus. Mais ils continuent à habiter une grande maison, rue des Récollets, et à avoir cuisinière, valet de chambre, et chauffeur. Plusieurs fois Philippe est venu à Bayeux supplier sa tante de lui prêter de l'argent.

—Elle en a prêté?

—Jamais! Elle répondait à son neveu qu'il n'avait qu'à prendre patience et attendre sa mort…

—En somme, mademoiselle Cécile, il n'y a aucune base sérieuse à votre accusation, sinon que Philippe avait besoin d'argent et que la mort de sa tante lui en procurerait?

—Je vous ai déjà dit que Mme Croizier elle-même a toujours prétendu que, si elle mourait rue des Récollets…

—Excusez-moi, mais vous devez savoir ce que valent ces craintes de vieilles femmes… Voulez-vous maintenant me dire quels sont les faits?

—Ma tante est morte hier, vers cinq heures de l'après-midi. On essaie de prétendre qu'elle a succombé à une crise cardiaque.

—Vous étiez à Bayeux à ce moment?

—Non… J'étais à Caen…

—Je croyais que vous n'aviez pas accompagné Joséphine Croizier?

—C'est exact… Mais il y a à peine une demi-heure de route entre Caen et Bayeux… J'étais venue faire des courses…

—Et vous n'avez pas essayé de voir Mme Croizier?

—Je suis allée rue des Récollets…

—A quelle heure?

—Vers quatre heures… On m'a dit que Mme Croizier était sortie…

8. Qu'est-ce que la dame lui a dit de faire si un malheur lui arrivait?
9. Pourquoi la dame est-elle allée à Caen? Et pourquoi sans Cécile?

10. Décrivez Philippe: âge? profession? finances? mariage? domestiques? résidence?

11. Que demandait-il à sa tante, et comment répondait-elle?

12. Comment Maigret appelle-t-il les craintes de la dame?

13. Quelle est l'explication officielle de la mort de la dame?
14. Où était Cécile ce jour-là?
15. Qu'est-ce qu'elle y faisait?

16. Où est-elle allée quand elle était à Caen?

17. Que lui a-t-on dit?

—Où êtes-vous allée ensuite?

—En ville. J'avais des courses à faire… Puis je suis retournée à Bayeux, et, ce matin, dans le journal, j'ai appris que ma tante était morte…

18. Quand a-t-elle appris la mort de la dame? Comment?

—Curieux…

—Vous dites?

—Je dis que c'est curieux. A quatre heures de l'après-midi quand vous vous présentez rue des Récollets on vous annonce que votre tante est sortie. Vous rentrez à Bayeux et, dès le lendemain matin, vous apprenez par le journal qu'elle est morte quelques minutes seulement, une heure au plus, après votre visite… Est-il exact que vous ayez porté plainte, mademoiselle Cécile?

19. Qui a porté plainte?

—Oui, monsieur le commissaire. Je n'ai aucune fortune, mais je donnerais le peu que je possède pour qu'on découvre la vérité et qu'on punisse les coupables… Vous allez faire une enquête, n'est-ce pas?

20. Que veut Cécile?

21. Que va faire Maigret?

—Je vais me renseigner et, si besoin est… Au fait, où pourrai-je vous trouver?

—Je serai à l'hôtel Saint-Georges…

Activités sur le récit

Exercises under the heading **Résumé de l'action**—true/false, multiple choice, completion, and various identification exercises—provide a check on your understanding of actions, characters, and themes of the story and are a means of review. You should write out answers to as many of these exercises as possible. As you write, pay attention to the meanings and forms of words and to the simple sentence structures. The **Sujets de discussion, de composition, de recherche, et de présentation** invite you to consider similar questions in a more active way. Here the challenge is to determine motives, values, and relationships that lie under the surface of the text and to talk about them in class, write sentences and paragraphs about them, and learn to tell the story yourself. The objective of this book is to develop your reading. Listening in class, writing the exercises, telling or acting out the stories in your own words, and writing analytical and more personal essays about them will not only help develop these other language skills, they will also help secure your understanding of what you read and keep it available for use in other contexts in and beyond whatever course of study you take through this book. The **Sujets de discussion** will suggest ways to assimilate the information from the text in role-playing activities to emphasize the dramatic potential (**L'aspect dramatique**) of these stories. Reading involves thinking, understanding how parts fit together, making judgments, testing hypotheses. Some written exercises will ask you to analyse aspects of how these stories work (**L'analyse**). You will also be encouraged to explore information beyond the text and present it to the class (**A la recherche**). Questions that ask you to locate a town on a map, for instance, or challenge you to find a picture of something mentioned in the text, move beyond reading, and beyond this book, to understanding aspects of visual culture and access to information. It can be useful to consider how a journalist might handle some of this kind of information in order to report on it. Libraries, periodicals, search engines and other tools on the world-wide-web, the press, and sometimes your teacher's office, or a departmental bookshelf are good places for discovering contexts to help expand your knowledge in the art of reading.

Résumé de l'action

A. Résumez l'action en corrigeant les phrases fausses.

EXEMPLE: *La phrase fausse:*   Philippe est le fils de Mme Croizier.
            La correction: Philippe est le neveu de Mme Croizier.

1. La conversation se passe dans le bureau du commissaire Maigret.
2. Cécile a encore son père et sa mère.
3. Cécile est une jeune fille qui a à peine vingt ans.
4. C'est la vieille dame qui a demandé à Cécile de l'appeler tante Joséphine.
5. C'est pour rendre visite à son neveu que la vieille dame est allée à Caen.
6. Cécile est sûre que Mme Croizier a été assassinée.
7. Maigret a les larmes aux yeux pendant leur conversation.
8. Cécile n'a pas accompagné la dame à Caen parce que Philippe ne l'aime guère.
9. Philippe venait souvent à Bayeux supplier sa tante de lui prêter de l'argent.
10. Elle lui prêtait de l'argent, mais seulement de temps en temps.
11. Cécile était à Caen le jour où Mme Croizier est morte.
12. Elle a même vu Mme Croizier ce jour-là, un peu avant sa mort.
13. Le lendemain Cécile a lu dans le journal que Mme Croizier est morte assassinée.
14. La vieille dame avait dit à Cecile d'exiger une enquête si un malheur arrivait à son neveu Philippe.
15. Philippe et sa femme habitent une grande maison, rue des Récollets.
16. La fortune des Deligeard était celle de Philippe.
17. Mme Deligeard fait la cuisine elle-même.
18. Les Deligeard n'ont pas d'automobile.
19. Cécile demande ce que valent ces craintes de vieille femme.
20. Cécile a peur parce que Maigret va faire une enquête.
21. Nous ne savons pas encore si on a vraiment commis un crime.

B. Résumez l'action en identifiant le personnage qui prononce ou pourrait prononcer chacune des phrases suivantes.

1. Je vais demander à ce commissaire parisien de questionner cette Cécile Ledru, mais de le faire avec prudence.

2. Je suis certaine que les Deligeard ont assassiné Mme Croizier, et je donnerais le peu que je possède pour qu'on les punisse.

3. L'accusation que fait cette jeune femme, basée sur des craintes de vieille dame, me semble assez improbable.

4. M. Deligeard a une grande maison et trois domestiques, tout ça c'est très beau, mais il ne nous paie jamais.

5. Je te supplie de me prêter de l'argent maintenant et de ne pas me faire attendre.

6. Tout ce qu'il fait c'est de me demander de l'argent. Je préfère la compagnie de ma petite Cécile.

Si vous n'avez pas trouvé la réponse vous pouvez la chercher dans la liste suivante.

Maigret	le valet de chambre	Cécile Ledru
Philippe Deligeard	Mme Croizier	le Procureur

Sujets de discussion, de composition, de recherche, et de présentation

C. L'analyse: l'argent. Considérons les questions suivantes pour établir les bases de quelques paragraphes sur le rôle de l'argent dans cette histoire.

1. Qui en avait mais n'en a plus?

2. Qui en veut et pourquoi?

3. Qui avait une fortune à laisser à ses héritiers?

4. Qui est sans fortune mais veut donner le peu qu'elle a?

5. Qu'est-ce qu'elle veut accomplir avec ce peu qu'elle a?

6. L'argent est-il la cause la plus fréquente du crime en général? Quelles sont les autres raisons pour lesquelles on commet un crime?

D. L'analyse: l'intrigue *(the plot).* Y a-t-il une certaine contradiction dans les actions de Mme Croizier? Considérez les questions suivantes pour une discussion en classe.

1. Sous quelles conditions Cécile doit-elle exiger une enquête?

2. Qui lui a dit de le faire?

3. Pourquoi Mme Croizier est-elle allée à Caen?

4. Où habite-t-elle quand elle y est?

5. Qui est-ce qu'elle craint?

6. Quelle contradiction y a-t-il là?

7. Pourquoi donc n'est-elle pas allée à l'hôtel? Trouvez une raison.

E. L'aspect dramatique: jouer des rôles. If you were to turn this story into a play or a film, you would naturally emphasize dialogue. You would have to follow the text, though you could take some liberties. Having read the selection and gone through the above exercises, you are ready to reproduce your version of the dialogue between Maigret and Cécile. Make decisions concerning their attitudes towards each other: distant? gruff? timid? irritated? Drama ultimately depends on conflict. What, if any, conflict is perceptible in this interview? Play these roles in class taking different attitudes or approaches.

F. A la recherche: Caen. Sur une carte de France, trouvez Caen et Bayeux. Où peut-on trouver des photos de ces villes? Dans quelle région de la France sommes-nous ici? Où est Paris?

La Vieille Dame de Bayeux

Georges Simenon

DEUXIÈME PARTIE

Préparation à la lecture

L'art de lire: la projection du récit

While successful reading requires an active memory, sorting out events and characters to keep in mind their significance, it also requires a number of projection techniques: how is this story likely to continue? Your understanding of the text is in part based on your ability to see how events, space, and character are likely to develop. In the beginning of this passage, Maigret stands in front of a house smoking his pipe **avant d'entrer**. A certain future of the text is projected: he will enter and what will happen then? What is he going to do there? Who will he meet? How will he get along with them? What will they say? We know he is concerned with the death of an old lady. Do you believe this death will turn out to be from natural causes, a **crise cardiaque**? If you think we may learn she was murdered, what is it that prompts you to make that projection?

Le Lexique

Vocabulaire

Maigret visite les **lieux**.	*Maigret visits the **place** (the scene of the action).*
C'est une vaste maison **grise**.	*It's a big **grey** house.*
Il **suit** le valet.	*He **follows** the valet.*
Il a un **entretien** avec Philippe.	*He has a **conversation** with Philippe.*
—Cécile a un **amant**.	*"Cécile has a **lover**.*

Bien entendu, c'était mon **devoir** de le dire à ma tante. Elle n'était pas dupe jusqu'au **bout**.	*Of course*, it was my *duty* to tell my aunt. *She wasn't a dupe right up to the* ***end***."
Maigret **joue** bien son rôle.	*Maigret **plays** his part well.*
Il **laisse** sa pipe dans sa poche, puis il la **tire** de sa poche, comme s'il oubliait où il **se trouvait**.	*He **leaves** his pipe in his pocket, then he **takes** it **out** of his pocket, as if he was forgetting where he **was** (literally: where he **found himself**).*
Quand la crise a **eu lieu** le chauffeur **était en congé**, le valet était au **rez-de-chaussée**, la cuisinière dans la **cuisine**, et Philippe était allé au cercle **à pied**.	*When the attack **took place**, the chauffeur **had the day off (was on vacation)**, the valet was on the **ground floor**, the cook in the **kitchen**, and Philippe had gone to the club **on foot**.*
Il n'a pas pris la **voiture**.	*He didn't take the **car**.*
Son histoire est-elle **croyable**?	*Is his story **credible**?*
Quel est votre **avis**?	*What is your **opinion**?*
A-t-il vraiment **tué** sa tante?	*Did he really **kill** his aunt?*
Le valet **reconduit** Maigret.	*The valet **shows** Maigret **out**.*
Quand Maigret **quitte** l'**hôtel particulier** de Philippe, il va au **bureau** du Procureur.	*When Maigret **leaves** Philippe's **mansion**, he goes to the district attorney's **office**.*

L'art de lire: *même*

Words vary in meaning according to context, and sometimes according to whether they follow or precede a noun. Consider the meanings of **même**:

Philippe est le type **même** du bourgeois de province.	*Philippe is the **very** type of the provincial bourgeois.*
Ce n'est pas la **même** chose qu'un Parisien.	*That is not the **same** thing as a Parisian.*
Même Philippe l'avouerait.	***Even** Philippe would admit it.*
Il le sait lui-**même**.	*He knows it him**self**.*

L'art de lire: *on*

The personal subject pronoun **on** can be rendered in a number of different ways in English: *you, they, we, people*, the passive voice.

Philippe est le type même qu'**on** rencontre dans les villes de province.	*Philippe is the very type **you** often meet in provincial cities.*
On vous annonce que votre tante est sortie.	*You **are told** that your aunt has gone out (or **They tell you**).*

On m'a dit à quelle heure elle est rentrée.	*They told me what time she came back (or **I was told**).*
On essaie de prétendre qu'elle a eu une crise cardiaque.	*They try to claim that she had a heart attack.*
On prenait le café dans la cuisine.	*We were drinking coffee in the kitchen.*

Mots apparentés et partiellement apparentés

Philippe a trois **domestiques**.	*domestics*	*servants*
Il est **également** membre d'un **cercle** élégant.	*equally* *circle*	*also* *club (circle of friends)*
A ce moment **douloureux** on présente ses **condoléances**.	*dolorous* *condolences*	*sad, painful* *sympathy*
Maigret n'a pas **rendez-vous** avec lui, mais Philippe lui **accorde** dix minutes. Il se donne **la peine** de répondre, mais dit qu'il ne **supportera** pas un vrai **interrogatoire**. «Evidemment il ne va rien **avouer**», se dit Maigret.	*rendezvous* *accords* *pain* *support* *interrogation* *avow*	*appointment* *grants* *trouble* *stand for* *admit, confess*
Il garde sa pipe dans sa **poche** et écoute l'histoire que Philippe **raconte** en le regardant avec de **drôles** de petits yeux.	*pouch* *recounts* *droll*	*pocket* *tells* *funny*
—Mais cette fille **perfide**, je l'accuse de **calomnie**.	*perfidious* *calumny*	*deceitful* *slander*

French uses scientific or professional terms more commonly than English:

Elle va chez le dentiste pour un travail de **prothèse**.	*prosthesis*	*false teeth*

Faux amis

J'ai **profité** de la situation.	not: *profited from*	but: *took advantage of*
Cécile va **avertir** Maigret.	not: *to avert*	but: *to warn*

L'art de lire: les suffixes

1. Abstract nouns are often cognates that take the same or similar endings in French as in English: **-ment** or **–tion**, for example. Sometimes, however, the forms are switched between the two languages:

Je ne suis pas dupe du **dévouement** désintéressé de Cécile.	*devotion*
Je veux qu'elle reçoive la **punition** qu'elle mérite.	*punishment*

2. The suffix **-ieux** often corresponds to the *-ious* ending for adjectives:

sérieux   **envieux**   **studieux**

3. The suffix **-ier** often indicates profession:

Maigret est **policier**.   *policeman*

La **cuisinière** était dans la cuisine.   *cook*

4. The suffix **-ment**, like the ending *-ly* in English, turns an adjective into an adverb.

Il ne pouvait pas **décemment** garder sa pipe à la bouche.	*He could not **decently** keep his pipe in his mouth.*
L'indignation de Maigret était **admirablement** jouée. Il en profitait pour sortir sa pipe avec un air **parfaitement** innocent.	*Maigret's indignation was **admirably** played. He took advantage of it to take out his pipe in a **perfectly** innocent manner.*
Je quitte **généralement** mon hôtel vers quatre heures et demie.	*I **generally** leave my house around four thirty,*
J'étais donc **personnellement** absent.	*I was therefore **personally** absent.*

La Grammaire

Mots-clés

S'agit-il d'un crime?	*Is it a question of a crime?*
Quant à Philippe, c'est un homme du monde, **autrement dit**, un snob. **Autrement** il serait plus gentil avec Cécile. Il est **à la fois** snob et homme du monde.	*As for Philippe, he is a man of the world, **in other words**, a snob. **Otherwise** he would be nicer to Cécile. He is **both** a snob and a man of the world.*
Chaque jour, vers cinq heures, il joue au bridge. **Or**, il n'est pas riche. **Néanmoins**, il en a l'air, **car** il est toujours bien habillé.	*Each (every) day, around 5 O'clock, he plays bridge. **Now it so happens that** he's not rich. **Nonetheless**, he seems to be, **because** he is always well-dressed.*
Par contre, il a des dettes.	*On the other hand, he has debts.*
En a-t-il, **en effet**?	*Does he **really (in fact)**?*
Ou c'est vrai, **ou** c'est faux.	*Either it's true or it's false.*
Aussitôt que Maigret est arrivé on l'a mené **là-haut** **comme si** on ne voulait pas qu'on le voie.	*As soon as Maigret arrived they took him **up there** as if they didn't want him to be seen.*
Il était **à peu près** cinq heures.	*It was **about** five o'clock.*
Peu après, il est parti.	*A little later, he left.*

Exercices

A. Les structures. Lisez les phrases suivantes. Essayez de les comprendre. Ensuite, indiquez la structure grammaticale représentée en caractères gras dans chaque phrase. Vérifier vos réponses.

passé composé	construction passive
conditionnel	expression impersonnelle
passé du conditionnel	pronom personnel/sujet 3e personne du singulier
futur	pronom objet indirect
pronom relatif	participe présent ou gérondif
futur proche	imparfait

1. **Il** ne s'agit pas d'un interrogatoire. _____
2. Maigret finissait sa pipe **en regardant** la maison. _____
3. **Il** fumait encore un peu avant d'entrer. _____
4. Ça **va être** gai! _____
5. Philippe avait l'air de **lui** demander ce qu'il voulait. _____
6. Sa tante **est morte** vers cinq heures. _____
7. C'est sa femme **qui** le lui a dit. _____
8. **J'accuserais** Cécile si je n'étais pas sûr que ma tante est morte de mort naturelle. _____
9. Ma tante n'**a** pas **été tuée**! _____
10. Cécile **avait** un amant. _____
11. Pourquoi ne l'**aurais-je** pas **dit**? _____
12. **Je** ne **serai** plus troublé par cette histoire. _____

B. Lisez le passage suivant en remplissant les tirets par le mot ou expression convenable.

autrement dit	même	ou... ou...
en effet	par contre	quant à

Philippe est le type ___1___ du «bourgeois distingué», ___2___ une personnalité importante de la ville. ___3___ il est évident que Cécile est d'origine humble. ___4___ elle a débuté comme bonne. ___5___ Maigret, c'est un détective venu de Paris. C'est lui qui doit décider: ___6___ Cécile est coupable ___6___ elle est innocente.

C. Lisez le passage suivant en remplaçant les mots en **caractères gras** par un synonyme.

à la fois	car
à peu près	néanmoins

Philippe ne veut pas d'interrogatoire. **Mais** (1) il répond, **parce qu'** (2) il faut répondre aux questions d'un policier. On ne peut pas être innocent et coupable **en même temps** (3). Et Maigret est **presque** (4) certain que Cécile n'est pas coupable.

D. Lisez le passage suivant en remplissant les tirets par le mot convenable.

amant	eu lieu	rez-de-chaussée
à pied	il s'agit	suivre
croyable	jouer	tirer
chaque	laisser	

Le bureau de Philippe n'est pas au __1__ mais au premier. Pour monter au premier Maigret doit __2__ le valet. Il demande à Philippe de lui expliquer de quoi __3__ dans toute cette histoire. Il veut savoir dans quelle chambre la crise a __4__.

Philippe lui dit que ce jour-là il allait à son cercle __5__ et non en voiture. Il a préféré __6__ la voiture au garage. Mais quel rôle Philippe semble-t-il __7__ dans tout ceci? Et quelle conclusion faut-il __8__ de ses remarques? Est-ce que ce que Philippe dit est __9__? Dit-il la vérité quand il prétend que Cécile a un __10__ qui passe __11__ nuit avec elle?

E. Lisez le passage suivant en remplaçant les mots en **caractères gras** par un synonyme. Faites les changements de genre nécessaires.

avis	congé	tuer
bien entendu	devoir	voiture
bout	entretien	

Maigret va poursuivre cette enquête jusqu'à la **fin** (1). Il considère cela comme une **obligation** (2). Il a donc une **conversation** (3) avec Philippe. Il n'aime pas ce bourgeois prétentieux avec ses trois domestiques et son **automobile** (4) de luxe.

Naturellement (5), cela ne veut pas dire qu'il est coupable. Serait-il capable d'**assassiner** (6) la vieille dame? Maigret n'a pas encore d'**opinion** (7) à ce sujet. Mais il se demande pourquoi le chauffeur avait **la journée libre** (8) le jour de la mort de la dame.

L'art de lire: le cadre

1. La culture et le cadre extérieur. Since different languages reflect different cultures, references in texts may require a word of explanation. The city of Caen, like the smaller city, Bayeux, is a **ville de province**. In the 1930s, when the action takes place, provincial cities were generally considered to be staid, conservative, and parochial. Philippe Deligeard lives in an **hôtel particulier**— a *mansion in the city*. It has a **cour d'honneur**—a *main courtyard*—with lampposts for exterior lighting and a **porte cochère**—a *carriage entrance*. It is clear within this context that Philippe belongs to the **haute bourgeoisie**—the *upper-middle class*, the class that owns property, has uniformed servants, expects visitors to leave their cards, and so on.

2. La culture et le cadre intérieur. Maigret watches some very proper people going into a mansion to pay their final respects to the deceased Mme Croizier. When he enters he notices a **plateau d'argent**. **Argent** usually means *money*, and **plateau** looks like an easy cognate with a geographical meaning, but neither makes sense in this context: *a plateau of money*? A basic rule is that if a word does not make sense in a given context, it probably has another meaning. One way to find that meaning is to continue reading to identify the proper context. Often what follows will clarify the meaning. What he sees is a **plateau d'argent plein de cartes de visite**. It is easy enough to see that **cartes de visite** must mean *visiting cards*, and that makes what goes before easier to understand. **Plateau** could mean *plate* or *platter* and the other meaning of **argent** might not be too hard to guess in this context. People are putting their visiting cards on a *silver platter*.

La Vieille Dame de Bayeux

(Deuxième Partie)

Maigret finissait sa pipe en regardant avec de drôles de petits yeux la vaste maison grise, la porte cochère, la cour d'honneur aux candélabres de bronze.

C'était ce qu'il appelait une affaire sans pipe, autrement dit une enquête où le commissaire ne pouvait pas décemment garder sa pipe à la bouche.

C'est pourquoi il fumait△ encore un peu, avant d'entrer, observant les gens qui allaient et venaient, des dames en noir, des messieurs très corrects, toute la haute bourgeoisie de Caen, en somme, qui venait présenter ses condoléances.

—Ça va être gai! a-t-il soupiré. Et il est entré comme les autres, passant devant le plateau d'argent plein de cartes de visite.

Un homme tout en noir, lui aussi, les yeux rouges, le visage△ irrégulier, regardait Maigret avec l'air△ de lui demander ce qu'il venait faire, et le commissaire s'est approché de lui.

—Monsieur Philippe Deligeard, je suppose. Commissaire Maigret. Si vous pouviez m'accorder un moment d'entretien.

—Suivez-moi, monsieur. Mon bureau est au premier étage . . .

—Asseyez-vous, je vous en prie. Je suppose que cette fille continue ses manœuvres et que c'est à elle que je dois cette visite?

—Vous parlez de Mlle Cécile Ledru?

—Je parle en effet de cette fille perfide.

Maigret n'avait pas besoin d'examiner Philippe Deligeard. C'était le type même qu'on rencontre dans toutes les villes de province du grand bourgeois riche qui fait tout pour se distinguer du commun des mortels.△

Vous comprenez, monsieur le commissaire, qu'il me soit extrêmement désagréable de recevoir, en des moments aussi douloureux, la

1. Où se trouve Maigret?

2. Pourquoi fume-t-il avant d'entrer?

3. Pourquoi ces gens entrent-ils dans la maison?
4. Qu'est-ce qu'ils laissent sur le plateau?
5. Décrivez l'homme qui regarde Maigret. (Pourquoi est-il en noir?)

6. Où vont-ils?

7. De quelle fille parle-t-il?

8. Comment la caractérise-t-il?

9. Et Maigret, quel type voit-il en Philippe?

△A triangle indicates a cognate.

visite d'un policier. Je répondrai, néanmoins, à vos questions parce que je veux que Cécile reçoive la punition qu'elle mérite.

—C'est à dire?

—Ma pauvre tante n'a pas été dupe jusqu'au bout de cette fille et de son fameux dévouement désintéressé. Quand elle a appris que sa chaste demoiselle de compagnie avait un amant...

—Cécile avait un amant?

Ou l'indignation était réelle, ou elle était admirablement jouée. Il est vrai qu'il en profitait pour tirer sa pipe de sa poche avec un air parfaitement innocent, comme s'il oubliait où il se trouvait.

—Depuis deux ans! Il y a deux ans qu'ils sont amants et qu'ils se retrouvent presque chaque nuit. Lui s'appelle Jacques Mercier.

—Est-ce croyable? Et vous l'avez dit à votre tante?

—Bien entendu... Pourquoi ne l'aurais-je pas dit? N'était-ce pas mon devoir?

—Evidemment...

—Ma tante était donc décidée à mettre Cécile à la porte[1].... Seule la peur d'une vengeance la retenait...

—Je suppose que, néanmoins, vous n'accusez pas Cécile d'avoir tué votre tante?

—Mais ma tante n'a pas été tuée!... Il faut que cette fille soit à la fois folle et vicieuse pour avoir raconté cela... Ma tante est morte d'une crise cardiaque... Je ne vois pas comment...

—Bref![A] Vous n'accusez pas Cécile d'avoir tué votre tante?

—Je l'accuserais si je n'étais pas sûr que ma tante est morte de mort naturelle... Par contre, si cette fille continue à colporter de tels ragots,[2] je me verrai obligé de porter plainte contre elle pour calomnie.

—Une question, monsieur Deligeard... Votre tante est morte vers cinq heures, n'est-ce pas?

—Cinq heures et quelques minutes, oui... C'est ma femme qui me l'a dit, car j'étais personnellement absent...

—Très bien... Or, vers quatre heures Joséphine Croizier n'était pas dans la maison?

—Chaque jour, à quatre heures, elle avait rendez-vous chez son dentiste, car il s'agissait d'un très long travail de prothèse...

—Savez-vous à quelle heure votre tante est rentrée?

—On me l'a dit... A peu près cinq heures... C'est presque aussitôt

10. Qu'est-ce qui est désagréable pour Philippe?
11. Que voudrait-il que Cécile reçoive?

12. Quelle nouvelle Maigret apprend-il?

13. Que fait-il quand il l'apprend?

14. Que font les deux amants depuis deux ans?

15. A qui Philippe a-t-il raconté ce secret? Quelle raison donne-t-il?

16. Qu'a décidé la tante quand elle a appris le secret?
17. Qu'est-ce qui la retient?

18. Comment sa tante est-elle morte?

19. De quoi n'accuse-t-il pas Cécile?

20. Où sa tante est-elle allée?

---

[1] **mettre à la porte**: *to fire; to kick out*
[2] **colporter de tels ragots**: *spreading such malicious gossip*

après son arrivée que la crise l'a prise...

—La crise a eu lieu dans sa chambre?

—Oui... La chambre Louis XIV du second étage...

—Votre femme était là-haut?

—Ma femme est montée peu après, au moment où ma tante ouvrait sa porte pour appeler à l'aide...

—Puis-je vous demander où vous étiez?

—Je suppose, commissaire, qu'il ne s'agit pas d'un interrogatoire, car je ne le supporterais pas.

—Nullement![3] Il s'agit précisément de répondre à cette fille audacieuse qui...

—J'étais à mon cercle... Je quitte généralement mon hôtel vers quatre heures et demie ou cinq heures moins le quart, à pied, pour me donner un peu d'exercice... Je traverse ainsi une partie de la ville... Vers cinq heures, je joue au bridge et à sept heures et demie la voiture vient me reprendre pour le dîner...

—Vous avez été averti à votre cercle par un coup de téléphone?

—C'est cela...

—Et quand vous êtes arrivé?...

—Ma tante était morte et le médecin était déjà présent...

—Le médecin de la famille?

—Non! Il habite trop loin[4] et ma femme avait fait venir un docteur des environs, un jeune médecin...

—Les domestiques?

—Arsène, le chauffeur, avait congé... Le valet de chambre ne quitte jamais, l'après-midi, son poste au rez-de-chaussée. Quant à la cuisinière, je suppose que, comme son nom l'indique, elle était dans la cuisine... Y a-t-il encore quelque chose que vous veuilliez savoir, commissaire?... Je veux croire qu'après les explications que je me suis donné la peine de fournir, je ne serai plus troublé par cette indécente histoire... Le valet de chambre va vous reconduire.

Un quart d'heure plus tard, Maigret était chez le Procureur de la République, un Maigret placide et ironique, qui gardait sa pipe dans sa poche car le Procureur de Caen n'était pas un personnage à laisser fumer dans son bureau.

—Eh bien! Vous avez entendu cette demoiselle?

—Je suis allé également sur les lieux.

21. Qu'est-ce qui est arrivé quand elle est rentrée?
22. Où a eu lieu la crise?

23. Qui est monté quand la dame a appelé?
24. Quelle question irrite Philippe?
25. Qu'est-ce qu'il refuse de tolérer?

26. Quelle est la routine de Philippe?
27. Comment a-t-il appris la mauvaise nouvelle?

28. Quel docteur est venu, et pourquoi?

29. Où étaient les domestiques?

30. Où va Maigret ensuite?

31. Peut-il enfin fumer sa pipe?

---

[3] **nullement**: pas du tout
[4] **trop loin**? Pensez au contexte. On a fait venir un médecin des environs parce que le médecin de famille habite **trop loin**.

—Votre avis? Des ragots, n'est-ce pas?

—J'ai l'impression, au contraire, que cette bonne vieille Joséphine Croizier a été aidée à mourir... Mais par qui?... Voilà la question...

32. Que signifie «aider à mourir» ici?
33. Qu'est-ce que Maigret ne sait pas encore?

Activités sur le récit

Résumé de l'action

A. Résumez l'action en complétant les phrases suivantes.

1. Maigret n'entre pas tout de suite parce que dans la maison il ne peut pas décemment...

2. Les gens qu'il voit entrer et sortir viennent présenter...

3. Il demande à Philippe Deligeard de lui accorder...

4. Maigret voit en Philippe le type même du...

5. Philippe lui dit: «Il m'est très désagréable, en des moments aussi douloureux, de recevoir...

6. «Ma tante ne savait pas que Cécile...

7. «Je le lui ai dit parce que c'était...

8. «Ma tante avait décidé de...

9. Maigret interrompt: «Mais vous n'accusez pas Cécile...

10. Philippe répond: «C'est impossible! Ma tante est morte...

11. «Chaque jour, à quatre heures, elle avait...

12. «Elle est rentrée à cinq heures. Aussitôt après...

13. «Ma femme est montée au moment où ma tante ouvrait sa porte pour...

14. «Moi, à ce moment-là, j'étais...

15. «Généralement, vers quatre heures et demie, je...

16. «J'ai été averti par...

17. «Le médecin de la famille habite...

18. «Voilà pourquoi ma femme avait fait venir...

19. «Arsène, le chauffeur, avait...

20. «Le valet de chambre était à son poste au...

21. «La cuisinière, comme son nom l'indique, était...

22. «Je veux croire qu'après ces explications, je ne serai plus...

23. Un quart d'heure plus tard Maigret était chez...

24. «J'ai l'impression, dit-il, que la dame a été...

Si vous n'avez pas trouvé la réponse vous pouvez la chercher dans la liste suivante:

a. appeler à l'aide
b. assassinée, aidée à mourir
c. avait un amant
d. d'avoir tué votre tante
e. grand bourgeois riche
f. à mon cercle
g. leurs condoléances
h. congé
i. un coup de téléphone
j. d'une crise cardiaque
k. la crise l'a prise
l. dans la cuisine
m. mon devoir
n. un docteur des environs
o. garder sa pipe à la bouche
p. mettre Cécile à la porte
q. un moment d'entretien
r. le Procureur
s. quitte mon hôtel
t. rendez-vous chez son dentiste
u. rez-de-chaussée
v. trop loin
w. troublé par cette indécente histoire
x. la visite d'un policier

B. Résumez l'action en spécifiant où se trouvent les personnes ou les objets suivants:

1. la pipe de Maigret quand il est dans l'hôtel particulier
2. les candélabres de bronze
3. toute la haute bourgeoisie de Caen
4. les cartes de visite
5. le bureau de Philippe Deligeard
6. Mme Croizier, chaque jour à quatre heures
7. Mme Croizier quand la crise l'a prise
8. Philippe, chaque jour de cinq heures à sept heures et demie
9. le médecin de famille au moment de la crise
10. le jeune médecin quand on l'a fait venir
11. le valet de chambre, l'après-midi
12. la cuisinière, normalement
13. Maigret, un quart d'heure après son entretien avec Philippe

Si vous n'avez pas trouvé la réponse vous pouvez la chercher dans la liste suivante:

a. dans le bureau de monsieur le Procureur
b. dans son bureau, qui se trouve dans les environs
c. à son cercle
d. dans la cour d'honneur
e. au premier étage
f. dans la cuisine
g. au rez-de-chaussée
h. sur un plateau d'argent
i. dans la chambre Louis XIV
j. dans sa poche
k. chez le dentiste
l. trop loin pour qu'on l'appelle
m. en visite de condoléances chez les Deligeard

Sujets de discussion, de composition, de recherche, et de présentation

C. L'analyse: le milieu. Pour une discussion en classe et quelques paragraphes écrits sur le monde de Philippe Deligeard, considérez les questions suivantes.

1. Décrivez son hôtel particulier.
2. Quels sont ses domestiques?
3. Ses amis?
4. A quelle classe appartient-il?
5. Croyez-vous qu'il connaisse le Procureur de la République?
6. Pourquoi, selon vous, le Procureur a-t-il recommandé la circonspection à Maigret?
7. Quel est son style de vie?
8. De quoi a-t-il besoin?
9. Quelle opinion Maigret a-t-il de lui et de sa maison?

D. L'analyse: intrigue. Prenez des notes pour bien établir les faits.

1. Pourquoi est-ce que l'accusation de Cécile semble peu croyable?
2. Quel est l'alibi de Philippe?
3. Qui aurait pu tuer la vieille dame pendant l'absence de Philippe?
4. Mais qui l'aurait remarqué s'il y avait eu de la violence?
5. Par contre, quel médecin a-t-on fait venir?
6. Pour quelle raison?
7. Cela vous semble-t-il un détail important?

E. L'aspect dramatique Préparez une partie du dialogue entre Maigret et Philippe pour en développer les aspects dramatiques. Quelles surprises y a-t-il pour Maigret? Comment est-ce qu'il réagit? Quel ton, quelle émotion, donner à Philippe? à Maigret?

La Vieille Dame de Bayeux

Georges Simenon

TROISIÈME PARTIE

Préparation à la lecture

Le Lexique

Vocabulaire

Cécile **est accourue** à Caen
aussi **vite** que possible.

*Cécile **rushed** to Caen
as **quickly** as possible.*

Elle **pleurait** car
elle était **émue**.

*She **was crying** because
she was **upset (moved)**.*

Maigret **se rend** chez le médecin.

*Maigret **goes** to the doctor's.*

—**J'ai mis** sept minutes pour aller
chez eux.

*"**It took me** seven minutes to
get to their place.*

Je suis monté par **l'escalier**
à la **chambre de droite**,
la chambre **jaune**,
une pièce **meublée** en Louis XIV.

*I went up the **staircase**
to the **room on the right**,
the **yellow** bedroom,
furnished in the Louis XIV style.*

Le **corps** était
déshabillé mais les vêtements
ne **traînaient** pas dans la pièce.
Mais qu'est-ce qui est **en jeu** ici?

*The **body** was
undressed, but her clothes
weren't **lying around** the room.
But what's **at stake** here?"*

—La **tête** d'un homme est en jeu.

*"The **head (life)** of a man is at stake.*

Ils feront **l'impossible**
pour détruire votre **témoignage**.

*They will do their **utmost**
to destroy your **testimony**."*

—Ils n'y **parviendront** pas.

*"They won't **succeed**."*

Mots apparentés et partiellement apparentés

Remember to hide the English and concentrate on the words in context before you confirm meanings.

Maigret aime la **paix** provinciale de ce petit café où il parle avec Cécile. Elle a des **projets** de mariage. Il y a deux ans	*peace*	
	projects	*plans*
que ça **dure**. Mais ils n'ont pas **fixé** la date.	*cf. duration*	*has lasted*
	fixed (the date of a meeting. etc.)	*set, determined*
Pour Mme Croizier ce mariage serait une **trahison**.	*treason*	*betrayal*
Maigret s'excuse de **déranger** le docteur Liévin.	*derange*	*bother*
Les **vêtements** du jeune médecin montrent qu'il n'est pas riche.	*vestments*	*clothing*
Le médecin ne **conduit** pas.	*conducts*	*drives*
Il prend l'escalier qui **conduit** au second étage.	*conducts*	*leads*
C'est Mme Deligeard qui l'a **conduit** dans la chambre où il confirme	*conducted*	*led*
le **décès** de Mme Croizier en signant **l'acte** de décès.	*cf. deceased*	*death*
	act	*certificate*
Le **récit** du docteur surprend Maigret.	*recital*	*story*
Il se passe la main sur le **front**.	*front*	*forehead*
Voici ce qui va **se passer**: quand le médecin fera sa déposition	*to come to pass*	*to happen*
à la barre	*at the bar (of justice)*	*in court*
un **avocat**	*advocate*	*lawyer*
habile	*able*	*clever*
demandera des **précisions**	*precisions*	*details*
et voudra la **détruire**. Mais ce que le docteur a dit, il va le **maintenir**.	*to destruct*	*to destroy*
	maintain	

The ending **-tenir** often corresponds to -*tain*: **contenir** (*to contain*); **appartenir** (*to appertain; to belong*); **retenir** (*to retain; to hold back, to remember*).

Faux amis

J'aime mieux vous **prévenir**.   not: *to prevent*   but: *to warn*

cf. **avertir**   not: *to avert*   but: *to warn*

Philippe n'est pas **gentil**.   not: *gentle*   but: *nice*

Le médecin a une **infirmière**.   not: *infirmary*   but: *nurse*

Dans quelle **pièce** est-elle morte?   not: *(here) piece*   but: *room*

La Grammaire

Mots-clés

Philippe n'est pas gentil **à l'égard de** Cécile.	*Philippe is not nice **to** Cécile.*
Qu'est-ce que ça peut **vouloir dire**?	*What can that **mean**?*
Maigret **se doute de** quelque chose.	*Maigret **suspects** something.*
On **a fait appeler** un docteur des environs.	*They **had** a local doctor **called**.*
Il y a longtemps qu'ils connaissent le médecin? Non, il **ne** le connaissent **que depuis** hier. Le médecin est entré par la porte de **derrière**.	***Have** they known the doctor a long time? No, they know him **only since** yesterday. The doctor entered by the **rear** door.*
D'abord il n'a pas compris.	***At first** he did not understand.*
Puis il a vu que la dame **venait de** mourir.	*Then he saw that the lady **had just** died.*
La mort était **pour ainsi dire** instantanée.	*Death was **so to speak** instantaneous.*
Ainsi elle est morte dans la chambre jaune?	***So** she died in the yellow room?*
Oui, c'est **ainsi** que ça s'est passé.	*Yes, that is **how** it happened.*
Eh bien, **soit**.	*Well, **so be it**.*

L'art de lire: la phrase

Discovering the subject, verb, and object of sentences, and the recognition of parts of speech that this involves, is an essential part of constituting the meaning. The process is mostly an unconscious one, but when you cannot see what a passage means, it helps to work your way systematically through each sentence, identifying words by parts of speech and seeing how they fit together. Verbs and their tenses are recognized by their endings and their auxiliaries; nouns are usually preceded by articles; the adjectives that modify them agree with them in number and gender; adverbs are invariable and often end in **-ment**; abstract nouns likewise have easily recognized endings, and so on.

L'art de lire: les adverbes de temps

Stories typically refer to events in sequence. Sequence is often not expressed directly in the text but is usually implied and should be followed. These words can help you.

J'ai **d'abord** vu le valet,	*first*
puis des hommes.	*then*
Ensuite, j'ai vu une dame.	*then*
J'ai **aussitôt** compris que c'était ma tante.	*immediately*
Soudain on entendit la voix de Maigret.	*suddenly*
Tout à coup l'occasion se présente.	*right away, suddenly*
Que s'est-il passé **alors**?	*then*

Practice using these words when you tell the story yourself.

L'art de lire: *devoir*

Stories often refer to a set of rules: what should and should not be done. At the same time, they express ways of knowing and understanding. One important verb, **devoir**, covers a lot of this ground, expressing both obligation and supposition (like the English word *must*) as the following examples show.

1. Obligation

Philippe **doit** de l'argent à la banque.	*Philippe **owes** money to the bank.*
Il **devrait** être plus prudent.	*He **ought** to be more prudent.*
Cécile **doit** le respect à sa tante.	*Cécile **owes** respect to her aunt.*
Elle **devait** l'accompagner partout.	*She **had to** go with her everywhere.*
J'**aurais dû** la protéger.	*I **should have (ought to have)** protected her.*

2. Supposition

Philippe **doit** être riche.	*Philippe **must be (appears to be)** rich.*
La clientèle du médecin ne **doit** guère être nombreuse.	*The clientele of the doctor **can** scarcely be numerous.*
Ils **avaient dû** laisser la voiture dehors.	*They **must have** left the car outside.*

L'art de lire: le gérondif

Stories usually express a variety of time relationships and also develop causes and effects. The present participle or gerund, the verb form ending in **-ant**, can express both simultaneity and cause.

1. Simultaneity

Asseyez-vous, dit Maigret, **en retirant** sa pipe de la bouche.

*Sit down, said Maigret, **removing** his pipe from his mouth.*

Maigret finissait sa pipe **en regardant** la maison.

*Maigret finished his pipe **while looking at** the house.*

2. Cause

En entrant par la porte de derrière on peut monter au second.

By entering through the rear door you can go up to the second floor.

N'ayant plus personne, elle me considérait sa chose.

Having no one left, she considered me her possession.

L'art de lire: la ponctuation

Stories often alternate between the language of the narrator and what the characters say. Simenon, as you can tell, emphasizes dialogue. Use punctuation marks to guide your understanding. In dialogue, each interlocutor's speech is introduced by a dash—**un tiret**—and no quotation marks are used. Quotation marks—**les guillemets**—are used for quotations other than dialogue. Find examples of these.

Exercices

A. Les structures. Lisez le passage suivant en indiquant les parties du discours et les temps du verbe qui devraient être utilisés dans les tirets, et en les remplissant par un mot convenable.

adjectif	verbe au participe présent
adverbe	verbe au conditionnel
nom	verbe à l'imparfait
nom abstrait	verbe à l'impératif
préposition	verbe à l'infinitif
verbe au passé composé	

___1___-ez-moi de ce Philippe, dit Maigret en ___2___-ant sa pipe de la bouche.

—Il avait de la ___3___, a répondu Cécile, celle de sa femme. Mais il l'___4___-ée depuis longtemps. Néanmoins, ils habitent dans une ___5___-e maison.

Cécile parlait si ___6___ -ment qu'il pouvait à peine l'entendre. Mais Maigret avait l'impression qu'elle disait la ___7___ -té et il a décidé de ___8___ -re une enquête.

Pendant toute cette conversation il garde sa pipe ___9___ sa poche. Je ___10___ -rais bien fumer, se ___11___ -ait-il, mais ce ne serait pas poli.

B. Remplacez les mots en caractères gras par un synonyme.

à mon égard	elle aura lieu
avoir une idée	signifier
d'abord	seulement

Philippe n'a pas été très cordial **avec moi** (1). Je ne sais pas ce que cela peut **vouloir dire** (2). **Au début** (3) je croyais qu'il disait la vérité. Je **ne** l'ai vu **qu'**une (4) fois, mais je commence à **me douter** (5) de son vrai caractère. Cécile veut que je fasse une enquête? Eh bien, **soit** (6).

C. Lisez le passage en remplissant les tirets par le mot convenable.

accourue	meublée
déshabiller	parvenir
émue	pleurait
escalier	se rendre
jaune	témoignage
en jeu	traîner
impossible	

La chambre de Mme Croizier est ___1___ en Louis XIV. Elle n'est pas de couleur ___2___ mais de couleur bleue. L'après-midi elle y monte pour se reposer, mais sans se ___3___, car c'est une femme énergique qui n'aime pas ___4___ dans sa chambre. Elle descend par l'___5___ et elle sort pour aller chez le dentiste. Comment pouvait-elle croire que sa vie était ___6___? Quand Cécile a appris que la dame était morte elle était très ___7___. Elle ___8___ tellement qu'elle ne pouvait pas parler. Elle voulait ___9___ à Caen aussitôt que possible. Alors elle y est ___10___. Elle fera l'___11___ pour prouver que les Deligeard sont coupables. Mais qui est-ce qui va croire à son ___12___? Est-ce qu'elle va ___13___ à persuader Maigret de faire une enquête?

La Vieille Dame de Bayeux

(Troisième Partie)

Quand Cécile est arrivée à l'hôtel Saint-Georges il y avait déjà une bonne demi-heure que Maigret attendait.

—Vous désirez me parler? questionne-t-elle.

—Je voudrais vous demander quelques précisions, oui. Vous ne voulez pas que nous entrions quelques minutes dans un café?

Quelques instants plus tard ils étaient installés△ dans un café où des hommes jouaient au billard.

—Tout d'abord, laissez-moi vous faire remarquer, mademoiselle Cécile, que ce n'est pas très gentil de ne m'avoir pas parlé de M. Mercier.

—J'aurais dû me douter que Philippe vous en parlerait.

Son regard suivant les billes[1] de billard, Maigret, qui fumait à toutes petites bouffées voluptueuses,[2] semblait savourer△ la paix grise mais pénétrante de la province.[3]

—En somme, il y a deux ans que ça dure?

—Deux ans que nous nous connaissons, oui.

—Et depuis combien de temps M. Mercier a-t-il pris l'habitude△ de passer ses nuits dans la maison de la vieille dame?

—Plus d'un an...

—Vous n'avez pas eu l'idée de vous marier?

—La vieille dame, comme vous dites, ne l'aurait pas permis. Plus exactement, elle aurait considéré ce projet comme une trahison à son égard. Elle était jalouse△ de mon affection. N'ayant plus personne dans la vie, sinon des neveux qu'elle détestait, elle me considérait un peu comme sa chose. C'est pour elle que j'ai accepté de n'avoir avec Jacques que des relations cachées.

1. Que fait Maigret à l'hôtel?

2. Où propose-t-il d'aller avec Cécile?

3. Qu'est-ce que Cécile ne lui a pas dit?

4. Qu'est-ce que Maigret aime dans ce café?

5. Où Mercier passe-t-il ses nuits? Avec qui? Depuis quand?

6. Pourquoi ne se sont-ils pas mariés?

7. Que pensait la dame de ses neveux? Et de Cécile?

---

[1] **billes**? Suivez le contexte.
[2] **à toutes petites bouffées voluptueuses**: *with voluptuous little puffs*
[3] **la province**: *provincial life, small-town or countryside, outside of Paris*

—Très bien! Maintenant, mademoiselle, dites-moi... Quand vous avez appris la mort de Joséphine Croizier par le journal, je suppose que vous avez demandé à Mercier de vous conduire à Caen... Vous êtes arrivée rue des Récollets à quelle heure?

—Vers neuf heures et demie du matin.

—Il y avait donc une nuit entière que la vieille dame était morte. Voulez-vous me préciser ce que vous avez vu?

—Que voulez-vous dire? J'ai d'abord vu le valet de chambre, puis des hommes dans le grand corridor, puis Philippe Deligeard qui s'est avancé vers moi en me disant d'un air sarcastique: «Je me doutais que vous alliez accourir!»

«Ensuite, j'ai vu ma tante...

—Attention! C'est ici que votre récit m'intéresse. Vous avez vu le cadavre de votre tante? Vous avez reconnu son visage? Vous en êtes certaine?

—Absolument!

—Vous n'avez rien remarqué d'anormal?△

—Mais non... Je pleurais... J'étais très émue... J'aurais voulu rester seule un moment avec elle mais c'était impossible.

—Une dernière question. Je connais l'entrée principale de la rue des Récollets. Mais je suppose qu'il y en a une autre?

—Il y a une petite porte derrière.

—En entrant par cette porte peut-on monter au second étage sans passer près du valet de chambre ou de la cuisinière?

—Oui! On prend le petit escalier, comme on l'appelle, qui conduit au second étage.

—Je vous remercie, mademoiselle.

***

Chez le docteur Liévin, qu'on avait fait appeler quand Joséphine Croizier avait sa crise cardiaque, Maigret trouve un homme très jeune.

—Je vous dérange, docteur? Excusez-moi mais j'ai besoin de quelques précisions au sujet de la mort de Mme Croizier.

Liévin avait à peine vingt-sept ans et venait de s'installer△ à Caen où sa clientèle, à en juger△ par l'aspect des lieux, ne devait guère être nombreuse.△

—Aviez-vous déjà eu l'occasion d'être appelé chez M. Deligeard?

—Jamais! Comme vous avez compris en entrant ici, je débute et

8. Qui a conduit Cécile à Caen?

9. Quelle était l'attitude de Philippe?

10. De quoi Maigret veut-il être certain?

11. En quel état était Cécile?
12. Qu'est-ce qu'elle aurait voulu faire?
13. Qu'est-ce que Maigret veut savoir?

14. Qui est le docteur Liévin?

15. De quoi Maigret a-t-il besoin?

16. Que montre l'aspect de son bureau?

ma clientèle est de condition très modeste. J'ai été assez surpris quand on m'a appelé dans un des plus beaux hôtels particuliers de la ville...

—Quelle heure était-il? Pouvez-vous fixer ce point avec certitude?

—Avec une certitude rigoureuse, car j'ai une petite infirmière qui vient chaque après-midi pour ma consultation et qui part à cinq heures. Or, elle partait quand le téléphone a sonné.

—Donc, il était cinq heures exactement. Combien de temps avez-vous mis à vous rendre rue des Récollets?

—En tout, sept à huit minutes.

—Vous avez été reçu par le valet de chambre qui vous a conduit au second étage?

—Non, pas précisément. Le valet de chambre m'a ouvert la porte, mais, presqu'aussitôt, une femme a crié du second étage: «Venez vite, docteur!»

C'était Mme Deligeard, qui m'a conduit en personne dans la chambre de droite...

—Pardon! Vous avez dit la chambre de droite? Il s'agit bien d'une chambre bleu pâle?

—Vous faites erreur, commissaire. La chambre de droite est une chambre jaune...

—Meublée en Louis XIV?

—Excusez-moi! Je connais assez bien les styles et je puis vous affirmer que la chambre de droite est meublée en style Régence...

—Soit! Vous voici là-haut et il est à peu près cinq heures dix. Où est le corps?

—Sur le lit, bien entendu.

—Déshabillé?

—Mais oui! Naturellement...

—Des vêtements traînaient-ils dans la pièce?

—Je ne pense pas... Non!... Il n'y avait aucun désordre...

—Et il ne s'y trouvait que Mme Deligeard?

—Oui... Elle était très nerveuse... Elle m'a décrit l'attaque que sa tante avait eue. J'ai aussitôt compris que la mort avait été pour ainsi dire instantanée^...

—Vous avez pu déterminer approximativement l'heure de la mort?

—La mort a eu lieu vers quatre heures et quart.

—Hein?... Quoi?... Quatre heures et quart?

—Mais oui! Mme Deligeard avait essayé d'appeler deux autres médecins, ce qui avait pris quelque temps...

17. Quelle était sa réaction quand on l'a appelé?

18. Comment sait-il l'heure exacte à laquelle on l'a appelé?

19. Qui l'a reçu à la porte?

20. Qui l'a appelé?
21. Qu'a-t-elle dit?

22. De quelle couleur était la chambre, et dans quel style était-elle meublée? (Philippe a-t-il donné la même description de la chambre?)

23. Où est le corps?

24. Qui y était?

25. A quelle heure est-elle morte?
26. Quelle est la réaction de Maigret?

—Quatre heures et quart!... répétait Maigret en se passant la main sur le front... Je ne voudrais pas vous vexer, docteur... Mais vous êtes débutant^... Etes-vous certain de ce que vous avancez? Maintiendriez-vous votre affirmation si la tête d'un homme ou d'une femme était en jeu?

—Je ne pourrais que répéter...

—Bien! Je vous crois... Mais j'aime mieux vous prévenir qu'il faudra presque sûrement recommencer cette déposition à la barre et que les avocats feront l'impossible pour détruire votre témoignage...

—Ils n'y parviendront pas.

—Avez-vous autre chose à me dire? Que s'est-il passé ensuite?

—Rien. J'ai signé l'acte de décès... Mme Deligeard m'a payé deux cents francs...

—C'est votre prix?

—Non, mais elle l'a fixé elle-même...

—Et vous n'avez rencontré personne d'autre?

—Personne.

27. Pourquoi le médecin n'est-il arrivé que bien après la mort de la dame?

28. Qu'est-ce qui pourrait dépendre de son témoignage?

29. Où faudra-t-il répéter cette déposition?

30. Quel était le prix du docteur et qui l'a fixé?

Activités sur le récit

Résumé de l'action

A. Résumez l'action en corrigeant les phrases fausses.

1. Dans leur première conversation Cécile n'a pas parlé de son amant à Maigret.
2. Jacques et Cécile se retrouvent depuis un an dans la maison de Jacques.
3. A cause de la vieille dame, Cécile a refusé d'avoir des relations avec Jacques.
4. Maigret est curieux de savoir si Cécile a reconnu le visage de sa tante morte.
5. Cécile n'a pas montré son émotion devant le cadavre de la vieille dame.
6. Dans l'hôtel des Deligeard il y a à la fois un petit et un grand escalier.
7. Malgré sa jeunesse, le docteur Liévin a beaucoup de patients et ils sont tous prospères.
8. Le bureau du docteur Liévin n'est qu'à sept ou huit minutes de l'hôtel particulier des Deligeard.
9. Ne connaissant pas les styles, le docteur ne peut pas affirmer dans quelle chambre la dame se trouvait.
10. La dame portait les mêmes vêtements qu'elle avait quand elle était allée chez le dentiste.

11. Le docteur est certain que la mort a eu lieu vers quatre heures et quart.

12. Le docteur hésiterait à témoigner devant la barre.

13. Le docteur a signé l'acte de décès.

14. Le docteur a fixé le prix, mais Mme Deligeard lui a donné plus d'argent qu'il n'en demandait.

15. Dans la chambre de la dame morte il y avait trois personnes: le docteur, le valet et Mme Deligeard.

B. Résumez l'action en identifiant le personnage qui prononce ou pourrait prononcer chacune des phrases suivantes:

1. Ce n'est pas très gentil de ne m'avoir pas parlé de M. Mercier.

2. Si elle se mariait je considérerais cela comme une trahison à mon égard.

3. Voilà pourquoi j'ai accepté de n'avoir que des relations cachées avec lui.

4. Depuis un an je passe mes nuits dans sa maison mais elle ne sait pas que je suis là.

5. Ah vous voilà... Je me doutais que vous alliez accourir à la nouvelle de sa mort.

6. Je pars toujours de chez le docteur Liévin à cinq heures, après sa consultation.

7. Je débute et ma clientèle est de condition très modeste.

8. Je lui ai ouvert la porte mais je ne suis pas monté au second étage avec lui.

9. Montez vite, docteur, je crois qu'elle a eu une crise cardiaque!

10. Le témoignage de ce médecin va condamner mon client. Je vais faire l'impossible pour le détruire.

Si vous n'avez pas trouvé la réponse vous pouvez la chercher dans la liste suivante:

a. un avocat de la défense
b. Mme Croizier
c. Philippe Deligeard
d. Mme Deligeard
e. l'infirmière
f. Cécile Ledru
g. le docteur Liévin
h. Maigret
i. Jacques Mercier
j. le valet de chambre

Sujets de discussion, de composition, de recherche, et de présentation

C. L'analyse: le personnage dans l'intrigue. Pour une discussion en classe et écrite, étudions le projet de mariage de Cécile.

1. Quelle raison donne-t-elle pour ne pas s'être mariée?

2. Quelles sont les obligations de Cécile envers la vieille dame?

3. Depuis combien de temps est-elle sa demoiselle de compagnie?

4. A-t-elle raison de lui cacher ses relations avec Jacques?

5. Comment jugez-vous sa conduite?

6. Et Maigret, comment semble-t-il la juger?

7. Qui a révélé à la vieille dame les relations cachées de Cécile et de son amant? Pourquoi?

8. Imaginez la conversation entre Philippe et sa tante à ce sujet.

9. D'après Philippe, quelle décision la vieille dame a-t-elle prise quand elle a appris la nouvelle?

10. Toujours d'après Philippe, pourquoi hésitait-elle à faire ce qu'elle avait décidé de faire?

11. Est-ce qu'il dit la vérité, croyez-vous?

12. Il semble plus que probable qu'il craignait cette grande affection de la vieille dame pour Cécile. Pourquoi?

D. **L'analyse: l'indice et l'intrigue.** Dans le roman policier (*detective story*), les indices (*clues*) jouent un rôle important. Analysons, à travers les questions qui suivent, les indices—ou les contradictions mystérieuses—que Maigret a découverts au cours de son entretien avec le docteur Liévin. Ensuite, prenez le rôle de Maigret. Ecrivez une lettre à votre patron à Paris pour expliquer les faits tels que vous les comprenez maintenant. Quels problèmes restent à résoudre?

1. **La chambre où la dame est morte.** Qui prétend que c'est la chambre bleue meublée en Louis XIV? Mais d'après le médecin, de quel style et de quelle couleur était la chambre de la dame?

2. **L'état de la chambre.** La dame venait de rentrer de chez le dentiste quand la crise l'a prise. Où est-elle quand le médecin la voit? En quel état est la chambre? Où sont ses vêtements? Expliquez ce qu'il y a de contradictoire dans la situation.

3. **L'heure de la mort.** Philippe dit qu'il est parti pour son cercle vers quatre heures et demie et qu'il n'était pas là quand elle est morte. A quelle heure est-elle morte d'après lui? Et d'après le docteur? Aurait-il eu le temps de la tuer avant de partir? Mais d'après le docteur quelle est la cause de la mort de la dame? Pouvez-vous expliquer ce mystère?

E. **A la recherche: le décor.** 1. Cherchez des images d'une cour d'honneur avec une porte cochère. Il y en a une, par exemple, au château de Versailles. Elle serait plus grande que celle de Philippe. 2. Que veut dire "Chambre Louis XIV" ou "Régence"? Comment sont ces styles? Où en trouver des exemples? Attention! "Régence," un style français, n'est pas le même que "Regency," un style anglais.

La Vieille Dame de Bayeux

Georges Simenon

QUATRIÈME PARTIE

Préparation à la lecture

Le Lexique

Vocabulaire

Assis dans un restaurant **poussiéreux**, Maigret joue **au chat et à la souris** avec le criminel. Un monsieur **hautain** tuerait-il pour de l'argent?

*Seated in a **dusty** restaurant, Maigret plays **cat and mouse** with the criminal. Would a **haughty** gentleman kill for money?*

Il alla **sonner** chez les Deligeard. Le valet **vint à sa rencontre.**

*He went **to ring** the doorbell at the Deligeards'. The valet **came forward to meet him.***

—C'est à vous que je veux parler, **mon vieux.**

*"You're the one I want to talk to, **old man (pal, friend).**"*

Le valet n'**osa** pas protester.

*The valet didn't **dare** protest.*

Le chauffeur avait pris **congé.**

*The chauffeur had had **the day off.***

Maigret apprend sans **étonnement** qu'il y a des traces de **boue** dans la voiture. **Et pourtant,** il ne **pleuvait** pas.

*Maigret learns without **astonishment (surprise)** that there are traces of **mud** in the car. **And yet,** it wasn't **raining.***

—Mme Croizier n'était pas **fière,** dit le valet. Elle nous **adressait la parole.** Elle nous a dit que les dentistes ne **font** pas **mal.**

*"Madame Croizier was not **proud,"** **(haughty)** says the valet. "She **would speak** to us. She told us that dentists don't **cause pain (hurt).***

Elle était **bien portante.**

*She was **in good health.**"*

Mots apparentés et partiellement apparentés

Dans ce **milieu** solennel	*milieu*	*environment*
et **volontairement** austère	*voluntarily*	*willfully, deliberately*
apparaît la **bête** humaine.	*beast*	*animal*
Philippe a des **dettes** énormes.	*debts*	
Il est **reçu** partout.	*received*	*known and accepted*
Il se sent **rassuré**, mais il a tort.	*reassured*	
Il **paraît** que Maigret joue avec lui.	*appears*	
L'hôtel est à deux **pas**.	*paces*	*steps*
Maigret y va sans **se presser**.	*pressing on*	*hurrying*
Le **patron** a donné congé au chauffeur.	*patron*	*boss*
La chambre jaune ne **sert** jamais.	*serves*	*is used*
Madame était toute **émue**.	*moved*	*emotional*
Le préfixe **dé-(dés)**	*dis-*	*un-*
Le chauffeur avait **déboutonné** son uniforme.	*unbuttoned*	
Le corps était **déshabillé**.	*undressed*	

Faux amis

Le valet voulait **introduire** Maigret.	not: *to introduce, to present*	but: *to introduce, to show in*
La cuisinière était une **grosse** femme.	not: *gross*	but: *fat, big*
La **vilaine** bête	not: *villainous*	but: *ugly*
Un **ancien** officier	not: *ancient*	but: *former*

But when **ancien** follows a noun, it does mean *ancient*

un monument **ancien**	*an **ancient** monument*

La Grammaire

Mots-clés

Comme il a faim, il va au restaurant. C'est un restaurant **comme** les autres.	***Since** he is hungry, he goes to a restaurant. It is a restaurant **like** the others.*
Au fond Maigret n'**a** pas **tort**.	***Basically (fundamentally)** Maigret **is** not **wrong**.*
Il y a des criminels **sous** cette apparence digne.	*There are criminals **under** that dignified appearance.*
On les aura!	***We'll get them!***
Mais **auparavant** il doit voir le chauffeur.	*But **beforehand** he must see the driver.*

Il va **dehors**.	*He goes **outside**.*
Puisque l'hôtel est à deux pas, il y va à pied.	***Since** the mansion is two steps away, he goes there on foot.*
Il y va non pas **tout à l'heure** mais **tout de suite**.	*He goes there not **later on** but **right away**.*
Quant au valet, c'est un **ancien** officier.	***As for** the valet, he is a **former** officer.*
Des deux chambres, **celle** de gauche ne sert **pour ainsi dire** jamais.	*Of the two rooms, **the one** on the left is used **as it were (so to speak)** never.*

Exercices

A. Les structures. Lisez les phrases suivantes. Essayez de les comprendre. Ensuite, indiquez la structure grammaticale représentée en **caractères gras** dans chaque phrase. Vérifier vos réponses.

passé composé	pronom personnel sujet
imparfait	pronom relatif
passé simple	participe présent ou gérondif
négation	construction impersonnelle
restriction	pronom objet indirect
pronom interrogatif	pronom démonstratif

1. Maigret **alla** dîner. _____
2. Le Procureur **lui** avait répété d'être prudent. _____
3. **Que** faisiez-vous quand j'ai sonné? _____
4. La cuisinière était une femme **que** l'intrusion de Maigret dans son domaine ne paraissait pas rassurer. _____
5. A quelle heure est-ce que Mme Croizier **est sortie**? _____
6. Où **était** la voiture à ce moment-là? _____
7. Elle **n**'a vu **que** vous dans la maison? _____
8. **Il est** venue Mlle Cécile. _____
9. **Celle-là** c'est la chambre Régence. _____
10. **En téléphonant** au cercle, vous avez dit à Monsieur Philippe qu'elle avait eu une crise? _____
11. Est-ce qu'**il** savait qu'elle était morte? _____
12. **Personne** d'entre nous n'est monté. _____

B. Lisez le passage suivant en remplaçant les mots en caractères gras par un synonyme. Faites les changements de genre nécessaires.

au fond	et pourtant	tout à l'heure
auparavant	osé	tout de suite
avoir tort	puisque	l'étonnement
sous		

Comme (1) Maigret sait qu'il s'agit d'un crime, il cherche le coupable. Il ne peut pas décider **immédiatement** (2). Il doit parler au médecin **d'abord** (3). Il décidera sans doute **bientôt** (4). Imaginez **la surprise** (5) de Maigret quand il voit que le médecin est certain de ne pas **faire erreur** (6). Il y a donc un crime caché **derrière** (7) cette façade digne. Et c'est Cécile qui a **eu le courage de** (8) le dénoncer. **Après tout** (9), elle a eu raison. **Mais** (10) comment trouver le coupable?

C. Remplissez les tirets dans les phrases suivantes par les mots convenables.

ancien	fière	poussiéreuse
bien portante	hautaines	sonner
boue	mon vieux	souris
faire mal		

1. Une personne qui n'est pas du tout malade est une personne _____.
2. A la campagne quand il pleut beaucoup il y a de la _____.
3. Les gens fiers ont souvent des manières _____.
4. Il était officier mais il ne l'est plus. C'est un _____ officier.
5. Les gros chats terrorisent les petites _____.
6. En général ce n'est qu'à des amis qu'on dit _____.
7. On a peur d'aller chez le dentiste parce qu'on pense que ça va _____.
8. On n'entre presque jamais dans la chambre jaune, donc elle est assez _____.
9. Il est devenu médecin à l'âge de vingt-sept ans, et sa mère en est très _____.
10. Vous êtes à la porte d'un hôtel particulier. Pour entrer il faut _____.

Voici les réponses à l'exercice A: 1. passé simple, 2. pronom objet indirect, 3. pronom interrogatif, 4. pronom relatif, 5. passé composé, 6. imparfait, 7. restriction, 8. construction impersonnelle, 9. pronom démonstratif, 10. participe présent ou gérondif, 11. pronom personnel sujet, 12. négation

L'art de lire: les pronoms personnels et les adjectifs possessifs

Learn to identify and follow references. In order for a grouping of sentences to cohere together as a text, words have to refer back and forth to each other and make links of various kinds beyond the sentence level. Many of the words presented as **mots-clés** perform this kind of operation. Pronouns provide one of the means by which language establishes coherent frames of meaning. This selection begins by referring to Maigret by name and continues to indicate what he does with the subject pronouns **il** (*il ne se pressait pas; il alla sonner rue des Récollets*) and **je** (*je mettrai tout cela en ordre*). Possessive adjectives also refer back to the hero (**Contrairement à** *son* **habitude; ayant terminé** *son* **dîner**). It is important not to confuse references. The first time Maigret uses the term **mon vieux** he is talking to himself; the second time he is addressing the valet. Other pronouns play similar roles. Follow the references in the following dialogue in which Maigret is questioning the valet:

— ... Mme Joséphine Croizier est sortie... Ensuite?

— **Il** est venue Mlle Cécile...

— A quelle heure?

— Quatre heures dix... **Je lui** ai appris que **sa tante** venait de sortir et **elle** est partie.

The pronoun **il** is impersonal. The valet refers to himself with **je**. The indirect object pronoun **lui** refers to Mlle Cécile; **sa tante** is Cécile's aunt; the subject pronoun **elle** refers to Cécile again (not to the aunt).

La Vieille Dame de Bayeux

(Quatrième Partie)

Maigret alla dîner dans un restaurant célèbre pour ses soles normandes et ses tripes à la mode de Caen.[1] Le restaurant, comme tous les milieux où Maigret s'était trouvé ce jour-là, avait quelque chose de poussiéreux et de solennel,△ de volontairement austère.

Maigret se disait qu'au fond c'était une affaire comme il les aimait: une façade digne,△ des gens graves, toutes les apparences de la vertu,△ et sous tout cela, sous les vêtements sombres et les visages hautains, la bête humaine, la vilaine bête, la plus inexcusable, celle qui tue par intérêt sordide, pour des questions d'argent!

Contrairement à son habitude, il ne se pressait pas et prenait plaisir△ à travailler lentement, comme s'il jouait au chat et à la souris avec l'assassin.

Le Procureur lui avait répété:

—Faites le nécessaire mais soyez prudent!... Philippe Deligeard est un homme connu qui a peut-être des dettes mais qui est reçu partout... Soyez prudent, commissaire!

Et Maigret se disait:

—Mais oui, mon vieux! Seulement on les aura...

—Tout à l'heure je mettrai tout cela en ordre, se promit-il. Auparavant, il faut que j'aie un entretien avec ce fameux valet de chambre...

Et ayant terminé son dîner, il alla sonner rue des Récollets, retint le domestique qui voulait l'introduire dans l'antichambre.

—Non, mon vieux, c'est à vous que j'ai à parler. Vous savez qui je suis, n'est-ce pas? Que faisiez-vous quand j'ai sonné?

—On prenait le café dans la cuisine...

—J'irai donc prendre le café avec vous!

1. Quelle est l'atmosphère du restaurant?

2. Qu'y a-t-il sur la façade de cette affaire?
3. Et derrière la façade?

4. Dans le jeu de Maigret, qui est le chat? Qui est la souris?

5. Comment le Procureur décrit-il Philippe?

6. Qui va-t-il voir?

7. Que voulait faire le valet?

8. Que faisaient-ils quand il a sonné? Qui va les rejoindre?

---

[1] **tripes à la mode de Caen**: *tripe*, une spécialité de la ville; **soles normandes**: *sole*, poisson préparé avec de la crème, une spécialité de la Normandie

Il s'invitait. Il s'imposait. L'homme n'osait pas protester, annonçait à la cuisinière et à Arsène, le chauffeur:

—C'est le commissaire qui demande une tasse[2] de café...

Arsène portait un uniforme gris très élégant, mais qu'il avait déboutonné pour être plus à l'aise[A3] et la cuisinière était une grosse femme que l'intrusion de Maigret dans son domaine ne paraissait pas rassurer.

—Ne vous dérangez pas pour moi, les enfants! Restez à votre aise, Arsène! Au fait, pourquoi avez-vous pris congé avant-hier? C'était votre jour?

—Pas précisément... Le matin le patron m'a dit comme ça[4] que, puisqu'il ne pourrait pas me donner de congé la semaine prochaine, à cause d'un voyage dans le Midi,[5] je n'avais qu'à prendre mon jour...

—M. Philippe a donc conduit lui-même?

—Oui... Je croyais qu'il n'aurait pas besoin de l'auto, mais j'ai remarqué qu'il s'en est servi, puisqu'il y avait des traces de boue à l'intérieur.

—Comme il ne pleuvait pas, il est donc allé à la campagne?[6]

—Vous savez, ici, la campagne ne commence pas bien loin de la maison...

Quant au valet de chambre, qui s'appelait Victor, il affectait dans ses réponses une précision toute mathématique et Maigret apprit sans étonnement que c'était un ancien sous-officier d'artillerie.

—Pouvez-vous me dire à quelle heure Mme Croizier est sortie?

—Quelques minutes avant quatre heures, comme tous les jours. C'est à quatre heures qu'elle avait rendez-vous chez son dentiste qui habite à deux pas d'ici.

—Elle était bien portante?

—Comme toujours! C'était une personne très bien conservée, très gaie, pas fière, qui ne passait jamais sans nous adresser la parole.

—Elle ne vous a rien dit de spécial?

9. Pourquoi le valet ne proteste-t-il pas?

10. Décrivez Arsène. Quelle est l'attitude de la cuisinière?

11. Pourquoi Arsène avait-il congé?

12. Comment sait-il que son patron a utilisé la voiture?

13. Pourquoi Mme Croizier est-elle sortie?

14. Comment était-elle avec les domestiques?

---

[2] **tasse**? Dans quoi est-ce qu'on boit du café?

[3] **à l'aise**? Pourquoi est-ce qu'on déboutonne son uniforme?

[4] **le patron m'a dit comme ça**: *A popular turn of speech. An English equivalent might be: the boss he says to me...*

[5] **le Midi**: la partie sud de la France

[6] **à la campagne**? Maigret suggère qu'il y a toujours de la boue à la campagne, même quand il ne pleut pas.

—Non! Elle m'a dit: «A tout à l'heure, Victor... »

—Elle allait à pied chez le dentiste?

—Mme Croizier n'aimait pas l'auto. Même quand elle retournait à Bayeux elle préférait prendre le train.

15. Pourquoi va-t-elle à pied ou par le train?

—Pourriez-vous me dire où était la voiture à ce moment?

—Non, monsieur!

—Elle n'était pas au garage?

—Non, monsieur... Monsieur et Madame étaient sortis avec, tout de suite après le déjeuner... Ils sont rentrés environ une heure plus tard, mais ils avaient dû laisser l'auto dehors...

16. Qu'ont fait les Deligeard après le déjeuner?

—Donc, Monsieur et Madame, comme vous dites, sont rentrés vers trois heures... Une heure après, un peu avant quatre heures, Mme Joséphine Croizier est sortie... Ensuite?

—Il est venue Mlle Cécile...

17. Qui est venu?

—A quelle heure?

—Quatre heures dix... Je lui ai appris que sa tante venait de sortir et elle est partie...

18. Pourquoi est-elle partie?

—Elle n'a vu que vous dans la maison?

—Que moi.

—Ensuite?

—Monsieur est sorti... Il était quatre heures vingt-cinq... J'ai regardé l'heure, car il était un peu en avance sur l'heure à laquelle il se rend chaque jour au cercle...

19. Où est allé Philippe? En quoi sa routine était-elle un peu différente de celle des autres jours?

—Continuez...

—Il n'y a rien eu d'autre à ce moment... Et il allait être vers cinq heures quand Mme Croizier est rentrée...

—Toujours bien portante?

—Elle était même de bonne humeur. Elle m'a dit comme ça, en passant, qu'on a tort de croire que les dentistes sont des gens qui font mal...

20. Comment allait la dame quand elle est rentrée? Que dit-elle?

—Elle est montée dans sa chambre?

—Elle est montée, oui!

—Sa chambre est bien la chambre Louis XIV?

—Bien sûr!

21. A quoi s'intéresse Maigret tout particulièrement? (Pourquoi?)

—Celle de droite, la chambre jaune?

—Mais non! Celle-là est la chambre Régence, qui ne sert pour ainsi dire jamais.

—Que s'est-il passé alors?

—Je ne sais pas... Des minutes sont passées... Madame est descendue, toute émue...

—Pardon! Combien de minutes sont passées?

—Vingt... En tout cas, il était plus de cinq heures quand Madame m'a demandé de téléphoner à Monsieur au cercle, pour l'avertir que sa tante venait d'avoir une crise...

—Et en téléphonant au cercle, vous avez dit qu'elle avait eu une crise?

—Oui...

—Vous n'avez pas dit qu'elle était morte?

—Non... Je ne savais pas encore qu'elle était morte...

—Vous êtes monté là-haut?

—Non... Personne de nous n'est monté... Un jeune docteur est venu et Madame est allée à sa rencontre... Ce n'est qu'à sept heures qu'on nous a annoncé la mort de Mme Croizier et il était huit heures quand nous sommes tous montés la voir...

—Dans la chambre jaune?

—Non! Dans la chambre bleue...

22. En quel état était Mme Deligeard quand elle est descendue?

23. Qu'a-t-elle demandé au valet de faire?

24. Qu'a-t-il dit au téléphone?

25. Que n'a-t-il pas dit? Pourquoi pas?

26. Qui est venu ensuite?

27. Que leur a-t-on annoncé à sept heures?

Activités sur le récit

Résumé de l'action

A. Résumez l'action en complétant les phrases suivantes.

1. Le restaurant où Maigret dîne est célèbre pour ses...

2. Comme dans tous les milieux où il avait été ce jour-là, il y avait dans ce restaurant quelque chose de...

3. Maigret aime cette affaire. Derrière sa façade digne il voit la...

4. Il ne se presse pas. Il joue au...

5. Le Procureur lui avait répété: «Soyez...

6. Mais Maigret se disait: «Mais oui, mon vieux. Seulement,...

7. Après son dîner il a un entretien avec...

8. Il va dans la cuisine prendre une...

9. Il demande au chauffeur, Arsène, pourquoi il avait...

10. Le chauffeur dit qu'il avait congé ce jour-là à cause d'un...

11. Le chauffeur continue: «Je sais que le patron s'est servi de la voiture parce qu'il y avait...

12. Le valet de chambre, Victor, aime la vieille dame. Il dit qu'elle ne passait jamais sans leur...

13. Il continue: «Elle est sortie à quatre heures pour aller...

14. «Elle n'aime pas l'auto. Elle est donc allée...

15. «Ensuite, il est venue Mlle Cécile. Je lui ai dit que sa tante...

16. «Puis le patron est sorti pour aller...

17. «Quand Mme Croizier est rentrée elle était de bonne...

18. «Elle m'a même dit qu'on a tort de croire que les dentistes...

19. «Puis elle est...

20. «Quelques minutes plus tard, Madame Deligeard, tout émue, est descendue et m'a demandé de...

21. «J'ai téléphoné et j'ai dit à monsieur que sa tante...

22. «Je n'ai pas dit qu'elle était...

23. «Ce n'est qu'à sept heures qu'on nous a annoncé...

Si vous n'avez pas trouvé la réponse vous pouvez la chercher dans la liste suivante.

a. adresser la parole, parler
b. avait eu une crise
c. bête humaine
d. au cercle
e. chat et à la souris
f. chez le dentiste
g. congé
h. les domestiques
i. humeur
j. montée dans sa chambre
k. la mort de Mme Croizier
l. morte

m. on les aura!
n. à pied
o. poussiéreux et de solennel
p. prudent
q. soles normandes
r. sont des gens qui font mal
s. tasse de café
t. téléphoner à Monsieur au cercle
u. traces de boue à l'intérieur
v. venait de sortir
w. voyage dans le midi

B. Résumez l'action en indiquant où on peut trouver les personnes ou les objets suivants.

1. des soles normandes et des tripes à la mode de Caen
2. la tasse de café que prend Maigret
3. l'uniforme gris très élégant mais déboutonné
4. des traces de boue à l'intérieur
5. beaucoup de boue quand il pleut
6. l'équipement qu'il faut pour un travail de prothèse dentaire

7. la voiture quand on ne la conduit pas

8. Monsieur Deligeard au moment de la crise

9. le cadavre de la vieille dame

Si vous ne trouvez pas la réponse vous pouvez la chercher dans la liste suivante.

a. à la campagne

b. à son cercle

c. dans la chambre bleue (ou bien dans la chambre jaune?)

d. sur le dos du chauffeur

e. dans la cuisine

f. chez le dentiste

g. dans le garage

h. dans le restaurant

i. dans la voiture des Deligeard

C. Résumez l'action en identifiant le personnage qui prononce ou pourrait prononcer chacune des phrases suivantes.

1. Les soles normandes c'est une de nos spécialités.

2. Faites l'enquête, mais soyez prudent. Philippe Deligeard est une personne très connue, très distinguée.

3. Non, mon vieux, c'est à vous que j'ai à parler.

4. L'intrusion de ce commissaire dans mon domaine ne me rassure pas.

5. J'ai appris à penser, et donc à parler, avec une précision mathématique quand j'étais dans l'artillerie, et j'en suis fier.

6. Je sais qu'il s'en est servi, parce qu'il y avait des traces de boue dedans.

7. Puisque nous allons dans le Midi la semaine prochaine vous n'avez qu'à prendre votre jour aujourd'hui.

8. Je voyage toujours en train, jamais en auto.

9. Rassurez-vous, madame, ça ne va pas faire mal.

10. Puisque j'avais des courses à faire à Caen, je suis passée voir tante Joséphine.

11. Quelle mauvaise nouvelle! Rentrez tout de suite auprès de votre femme, elle a besoin de vous dans ces circonstances douloureuses.

Si vous ne trouvez pas la réponse vous pouvez la chercher dans la liste suivante.

a. Cécile Ledru

b. Mme Croizier

c. la cuisinière

d. le dentiste

e. le commissaire Maigret

f. le chauffeur

g. un serveur

h. un membre du cercle de Philippe

i. Philippe Deligeard

j. le valet de chambre

k. le Procureur

Sujets de discussion, de composition, de recherche, et de présentation

L'analyse: le milieu. Prenez quelques notes sur Caen, sur ses habitants, et surtout sur l'impression qu'ils font sur Maigret. Donnez des précisions sur:

1. le restaurant.
2. l'hôtel particulier des Deligeard.
3. les gens qui présentent leurs condoléances (costume, visages, etc.).
4. le cercle de Philippe. A quoi est-ce qu'on joue?
5. Philippe lui-même; ses manières.
6. l'Hôtel Saint-Georges. Imaginez-le. Quelle sorte d'hôtel Cécile choisirait-elle?
7. le café où il a son deuxième entretien avec Cécile. A quoi est-ce que les hommes jouent? Lui laisse-t-il la même impression que le restaurant? Est-ce peut-être une exception à son impression générale de la ville de Caen?

E. L'analyse: l'indice et l'intrigue. Prenez des notes pour une discussion en classe sur (1) les nouveaux indices et (2) sur les contradictions entre le témoignage du docteur et celui des domestiques.

1. La voiture. Qui l'a utilisée? Le chauffeur a-t-il conduit? Qu'y avait-il à l'intérieur?
2. La mort de Mme Croizier. D'après le valet, quand est-elle sortie, quand est-elle rentrée et de quelle humeur, et quand a-t-elle eu sa crise? Mais d'après le docteur quand est-elle morte?

F. A la recherche: la cuisine. Qu'est-ce que c'est que les tripes? Comment les préparer "à la mode de Caen"? Est-ce que cela se mange aux Etats-Unis? Chez vous? Et la sole normande? Est-ce qu'il s'agit de la "nouvelle cuisine"? Où trouver des recettes?

La Vieille Dame de Bayeux

Georges Simenon

CINQUIÈME PARTIE

Préparation à la lecture

Le Lexique

Vocabulaire

Maigret a un **sourire** aux **lèvres**.	*Maigret has a **smile** on his **lips**.*
Il aime avoir l'air **bête**.	*He likes to appear **stupid**.*
Il entre avec la **lourdeur** d'un policier bête.	*He enters with the **clumsy heaviness** of a dumb cop.*
Il ne **manque** que les moustaches.	*Only the mustache is **missing**.*
Le Procureur parle d'un ton **sec et dur**.	*The prosecutor speaks in a **dry, hard** tone.*
Maigret continue: J'ai quelque chose à **ajouter**. D'abord **j'ai failli** le croire.	*Maigret goes on: I have something to **add**. At first **I almost** believed him (**came close** to believing him).*
Plus tard j'ai eu des **soupçons**.	*Later on I had **doubts**.*
Selon le docteur, elle **est morte** à quatre heures vingt.	*According to the doctor, she **died** at four twenty.*
Mais le valet dit qu'à cinq heures Mme Croizier **plaisantait** avec lui.	*But the valet says that at five o'clock, Madame Croizier **was joking** with him.*
Et le dentiste **prétend** qu'elle était dans son cabinet.	*And the dentist **maintains** that she was in his office.*
Qui **ment**?	*Who **is lying**?*
«Vous faites une enquête, c'est **entendu**, dit le Procureur.	*"You're investigating, that's **understood**," says the prosecutor.*

Je vous **entends** parler, mais je ne comprends pas.	*"I **hear** you talking, but I don't understand.*	
Dites-moi ce que vous **entendez** par vos remarques.»	*Tell me what you **mean** by your remarks."*	

Mots apparentés et partiellement apparentés

Maigret a reçu une **convocation**.	*convocation*	*order to appear*
Il est assis sur un **banc**.	*bench*	
Il a osé **commettre** une faute.	*to commit*	
Il ne peut pas le **nier**.	*to deny*	
Son action était **hâtive**.	*hasty*	
Il est dans le **cabinet** du Procureur.	*cabinet*	*office*
Il joue le rôle du policier **maladroit**.	*maladroit*	*clumsy*
Il aime avoir l'air plus bête que **nature**.	*nature*	*usual*
Je vous présente mes **hommages**.	*homage*	*respects*
J'ai commis une **faute**.	*fault*	*error*
J'en suis **désolé**.	*desolate*	*sorry*
Cela **suffit**, dit le Procureur.	*suffices*	*is enough*
J'ai **horreur de** votre ton de **raillerie**.	*feel horror for raillery*	*can't stand sarcastic banter*
Alors j'explique sans **tarder**.	*cf. tardy*	*delaying, taking long*
Je ne veux pas vous **attarder**.	*to retard*	*to delay*
Quand on m'a **signalé** des traces de boue, je suis allé dans le **quartier** où demeure Caroline.	*signaled* *quarter*	*pointed out* *part of town*
Irez-vous a **l'enterrement** de Caroline: Mais qui est Caroline?	*interment*	*burial (funeral)*
Le visage de Philippe **se décomposa**.	*decomposed*	*fell apart, distorted*
Il voulait **se précipiter**.	*to precipitate*	*to rush forward*
C'est **inutile**, dit Maigret, d'une voix **paisible**.	*cf. utility* *peacable*	*useless* *quiet*

La Grammaire

Mots-clés

Nous n'avons pas **tout à fait** terminé.	*We have not **completely** finished.*
J'expliquerai **volontiers**, si vous le **voulez bien**.	*I will **gladly** explain, if you are **willing**.*
Je n'en ai pas pour longtemps.	***It won't take me** long.*

D'abord je n'ai pas compris **non plus**.	*At first I didn't understand **either**.*
D'ailleurs, qu'y avait-il à comprendre?	***Besides**, what was to understand?*
Mais en effet c'est **plutôt** simple.	*But in fact it's **rather** simple.*
Surtout quand on y pense.	***Especially** when you think about it.*
Il est parti au cercle **plus tôt** que d'habitude. Il aime avoir des amis **autour de** lui.	*He left for the club **earlier** than usual. He likes to have friends **around** him.*
C'était **autour de** cinq heures.	*It was **around** five o'clock.*
Pourquoi faire une **telle** chose?	*Why do **such** a thing?*
Alors qu'on parlait d'une crise cardiaque, je **me suis rendu compte** qu'il s'agissait **tout bonnement** d'un crime affreux.	***While** they were talking about a heart attack, I **realized** that it was a matter **quite simply** of a dreadful crime.*

L'art de lire: *bien*

The meaning of the adverb **bien** is most familiar in sentences like **Il parle bien** (*He speaks well*). It is often used, however, to emphasize the word it modifies. It is a word that can be omitted without much loss of meaning as you read. Yet, it can be helpful to notice the various ways in which **bien** adds to the meaning when it is used for emphasis.

Il est **bien** fatigué.	*He is **very** tired.*
C'est **bien** ce que je vous reproche.	*That is **exactly** what I am reproaching you for.*
Vous voyez **bien** que nous n'avons pas terminé.	*You **do** see that we haven't finished.*
A cinq heures elle était **bien** en vie.	*At five o'clock she was **perfectly** alive.*
La chambre bleue est **bien** la sienne.	*The blue room is hers **all right**.*
Bien le bonjour, monsieur.	*A **very** good day **to you**, sir.*

In the expression **vouloir bien**, however, **bien** serves not to emphasize the verb, but to attenuate it. **Je veux bien** is not *I do want, I want very much*, but *I am willing, it's all right with me*.

Je **veux** y aller.	*I **want** to go.*
Je **veux bien** y aller.	*I **am willing** to go.*

L'art de lire: les démonstratifs

When he has heard enough from Maigret, the Procureur says **Cela suffit!** summing up what Maigret has been saying and doing in one demonstrative pronoun (neuter form). Maigret himself has used the word **ça**, which has the same meaning in less formal discourse, to summarize Cécile's love affair: **il y a deux ans que ça dure?** In both cases, these words establish links, extending the meaning from one part of the text to another, repeating notions in a kind of shorthand. Grasping marks of coherence is fundamental to understanding a text.

The same characters are regularly referred to in a variety of ways. When Philippe hears Maigret mention Caroline, **l'homme** (Philippe) almost attacks **le commissaire**, that is, Maigret. To refer to Maigret directly afterwards, the text uses the masculine demonstrative:

    Celui-ci fermait la porte.   *He* *was closing the door.*

The demonstrative pronoun can mean *the latter*, but English here would use a personal pronoun. To specify which room Madame Croizier went to, Maigret asks:

    Celle de droite?   *The one* *on the right?*

    Non! **Celle-là** est la chambre Régence.   *No!* *That one* *is the Régence room.*

These masculine and feminine forms of demonstrative pronouns have more explicit references than the neuters.

L'art de lire: *or*

The little word **or** (which has nothing to do with either **l'or**—*gold*—or with **ou**—*or*) helps coordinate the presentation of narrative discourse at the beginning of sentences. Simenon uses it frequently in recounting events. After the scene is set, establishing which was Mme Croizier's room, **or** introduces first one event: **Or, à cinq heures...** ; and then another: **Or, quand le médecin...** Further on, **or** follows another statement of the situation regarding which doctor was called, to introduce another event: **Or il constate que la mort remonte...** The meanings here may not have obvious English equivalents. Sometimes *now, well then,* or *so* can give the sense. At other times, English may not use any word at all. At other times, **or** may have more meaning in English. To fix the precise time of the telephone call, the doctor says his nurse always leaves at five o'clock: **Or, elle partait quand le téléphone a sonné**. We might say something like *Now, it so happens that...*

L'art de lire: l'ironie

Behind the language used in stories we interpret an attitude toward the world. Simenon's narrator does not take center stage and is hardly present at all. He even expresses a certain hesitation regarding Maigret's motivation: **il y avait peut-être une bonne part d'affectation**. But without much direct statement there are still very clear understandings in this particular world regarding right and wrong: the upper classes here tend to have degraded moral values. Their mansions with rooms decorated in Louis XIV and Régence styles may protect them from the likes of the Procureur but not from Maigret. Maigret reveals that appearances are false. He is said to be playing: **comme s'il jouait au chat et à la souris**. We are able to interpret Maigret's game, where other characters usually cannot, though the Procureur does sense his tone of **raillerie**. We know that he does not mean it, for instance, early in the second selection, when he says to himself: **Ça va être gai!** His game continues in this section. We understand an irony, as Philippe and the Procureur do not, when he uses the greeting **Bien le bonjour, monsieur Deligeard.**

Exercices

A. **Les structures.** Lisez les phrases suivantes. Essayez de les comprendre. Ensuite, indiquez la structure grammaticale représentée en **caractères gras** dans chaque phrase. Vérifiez vos réponses.

présent	inversion interrogative
imparfait avec adjectif	article défini
plus-que-parfait	pronom objet indirect
passé simple	pronom objet direct
impératif de savoir	pronom sujet
pronom relatif	impératif d'un verbe pronominal

1. **Asseyez-vous**! _____

2. **Qu'entendez-vous** par être chez quelqu'un? _____

3. Je suis allé voir **les** traces de boue. _____

4. Je **vous** en parlerai tout à l'heure si vous le désirez. _____

5. Je suppose que **vous** ne le niez pas? _____

6. Si **j'avais su** ne pas déranger M. Deligeard, je me serais fait annoncer à lui. _____

7. Je voudrais, si vous **le** permettez, poser une question. _____

8. Le Procureur **fut** stupéfait du résultat de ces paroles. _____

9. Je commence par le mystère du bleu et du jaune **qui** m'a confirmé dans mes soupçons. _____

10. **Sachez** que Mme Croizier occupait la chambre de gauche. _____

11. La vieille femme **était** déjà **déshabillée**. _____

12. Il n'y avait même pas le désordre qui **suit** un hâtif déshabillage. _____

B. Lisez le passage suivant en remplaçant les mots en **caractères gras** par un synonyme.

accepte	plutôt	surtout
autour de	en a pour	tout à fait
découvrir		

Le dîner de Maigret est **relativement** (1) paisible. Il aime la cuisine normande, **particulièrement** (2) les tripes. Mais il veut **se rendre compte de** (3) ce qui s'est passé. Il va donc chez les Deligeard. Il **met** (4) cinq minutes pour y aller. Il est **à peu près** (5) huit heures quand il sonne chez eux. «Vous voulez m'interroger? dit le chauffeur. Moi, je **veux bien** (6).» Maigret semble **complètement** (7) à son aise parmi les domestiques.

C. Même exercice.

à bientôt	était sur le point de	pendant que
avant	exactement	volontiers

«Au revoir, dit Philippe, en partant. **On se retrouvera plus tard** (1).» Mais c'est **bien** (2) ce que je disais: Il **a failli** (3) manquer son bridge. Les autres sont arrivés **plus tôt que** (4) lui. Il était encore chez lui **alors que** (5) ses amis l'attendaient. Ils auraient accepté un autre partenaire **sans aucune hésitation** (6).

D. Substituez à la description suivante d'une personne aimable la description d'une personne désagréable, en remplaçant les mots en **caractères gras** par un mot qui signifie le contraire.

bête	manque	sec
éliminer de	mentir	des soupçons
lourdeur	parler sans sourire	

On dit que cet homme est **intelligent** (1). De plus, il a la réputation de **dire la vérité** (2). Il a l'habitude de **plaisanter** (3). Il fait tout ce qu'il fait avec **grâce** (4). Il **possède beaucoup** (5) de vivacité et de charme. Dans ses actions il inspire **confiance** (6). Il vous parle toujours d'un ton **cordial** (7). C'est un nom à **ajouter à** (8) la liste des invités.

Voici les réponses à l'exercice A: 1. impératif d'un verbe pronominal, 2. inversion interrogative, 3. article défini, 4. pronom objet indirect, 5. pronom sujet, 6. plus-que-parfait, 7. pronom objet direct, 8. passé simple, 9. pronom relatif, 10. impératif de savoir, 11. imparfait avec adjectif, 12. présent

La Vieille Dame de Bayeux

(Cinquième Partie)

—Monsieur le Procureur vous prie d'attendre...

Maigret se trouva sur un bout de banc dur, dans le corridor poussiéreux du Palais de Justice de Caen.

1. Où se trouve Maigret?

Il était dix heures du matin. Maigret avait reçu le matin une convocation assez sèche du Procureur, le priant d'être à son cabinet à dix heures précises.

A dix heures dix il se leva de son banc et s'approcha de l'huissier.[1]

2. Pourquoi y est-il?

—Il y a quelqu'un chez le Procureur?

—Oui.

—Vous ne savez pas s'il en a pour longtemps?

—Je suppose! Il est déjà là depuis neuf heures et demie. C'est M. Deligeard...

Un drôle de sourire flotta△ sur les lèvres de Maigret.

Enfin on appela l'huissier, qui revint annoncer:

3. Qu'est-ce qu'il apprend de l'huissier, et quelle est sa réaction?

—M. le Procureur vous attend!

Or Philippe Deligeard n'était pas sorti. Maigret entra avec une lourdeur où il y avait peut-être une bonne part d'affectation. Il lui arrivait ainsi, en certaines occasions, surtout quand il était de très bonne humeur, d'aimer avoir l'air plus bête que nature, et alors il paraissait plus gros, maladroit, véritable policier de caricature, à qui il ne manquait que les fortes moustaches.

4. De quelle humeur est-il en entrant?

5. Quel rôle joue-t-il?

—Mes hommages, monsieur le Procureur. Bien le bonjour, monsieur Deligeard...

—Fermez la porte, commissaire... Avancez... Vous me mettez dans une situation extrêmement délicate et désagréable... Que vous avais-je recommandé hier?

—La prudence, monsieur le Procureur...

—Ne vous avais-je pas dit aussi que je ne croyais pas aux ragots

6. Quelle recommandation le Procureur lui avait-il faite?

---

[1] **huissier**: *bailiff*

de cette jeune fille, cette Cécile?

—Vous m'avez dit en tout cas que M. Deligeard est un personnage important de la ville et que, dans ces conditions, il fallait user de ménagements[2] à son égard...

Et Maigret, souriant avec affabilité, lançait un petit coup d'œil vers Philippe.

—Asseyez-vous! Cessez de marcher! J'ai horreur des gens qui marchent quand on leur parle...

7. Qu'est-ce qui irrite le Procureur?

—Volontiers, monsieur le Procureur.

—Où étiez-vous hier vers neuf heures du soir?

—Vers neuf heures?... Attendez! Je devais être chez M. Deligeard...

8. Où était Maigret vers neuf heures?

—Qu'entendez-vous par être chez quelqu'un?

—Dans la maison, évidemment!

—C'est entendu! Mais vous y étiez frauduleusement,[Δ] sans mandat de perquisition.[3]

—J'avais quelques questions à poser aux domestiques.

Et Maigret se donnait le malin plaisir de baisser humblement les yeux.

9. Quelle raison donne-t-il?

—C'est bien ce que je vous reproche et contre quoi M. Deligeard, ici présent, porte plainte. Mais ce n'est pas tout, et le reste est beaucoup plus grave. Après être sorti de la maison, vous n'avez pas tardé à y rentrer par la porte du jardin.[Δ] Je suppose que vous ne le niez pas?

10. Comment y est-il rentré?

—Hélas,[Δ] monsieur le Procureur! Je voulais seulement savoir par où on avait introduit le cadavre...

—Qu'est-ce que vous dites?

11. Quelle raison donne-t-il pour y être rentré?

Le Procureur s'était levé, Philippe aussi, et ils étaient aussi pâles l'un que l'autre, mais sans doute pour des raisons différentes.

12. Comment les deux hommes réagissent-ils?

—Je vous en parlerai tout à l'heure si vous le désirez. Quant au jardin, il était désert.[Δ] Je me suis rendu compte que le garage n'était pas loin et, ne voulant pas déranger M. Deligeard pour si peu, surtout en de douloureuses circonstances, je suis allé voir les traces de boue qu'Arsène m'avait signalées... C'est tout... Je me rends compte que j'ai commis une faute... Je vous en demande pardon et je m'en expliquerai comme je pourrai...

13. Qu'est-ce qu'il est allé voir dans le garage?

14. Comment s'excuse-t-il? (Ses excuses semblent-elles sincères?)

---

[2] **ménagements**? Comment faut-il traiter un personnage important?
[3] **mandat de perquisition**? Qu'est-ce qu'un policier doit avoir pour entrer dans une maison en toute légalité?

—C'est à dire qu'il s'agit tout bonnement d'effraction![4] Vous, un commissaire de la brigade mobile qui vous permettez de...

—Je suis désolé, monsieur le Procureur... Encore une fois, si j'avais su ne pas déranger M. Deligeard, je me serais fait annoncer à lui, pour lui poser quelques questions...

—Cela suffit! J'ajoute que je n'aime pas le ton de raillerie que vous semblez prendre... Monsieur Deligeard, je crois que nous pouvons considérer cet incident comme clos[Δ] et que je vous ai donné toutes satisfactions désirables...

15. Qu'est-ce qui irrite le Procureur? Qui traite-t-il avec ménagements?

—Je vous remercie, monsieur le Procureur. La conduite[Δ] de cet homme était telle que je ne pouvais décemment...

Et il s'avançait pour serrer la main[5] du magistrat.

—Merci! Et à bientôt...

—Je serai d'ailleurs demain à l'enterrement et...

Soudain[Δ] on entendit la voix[Δ6] paisible de Maigret qui disait:

16. Où vont se revoir les deux hommes?

—Monsieur le Procureur de la République, je voudrais, si vous le permettez, poser une question, une seule, à cet homme.

Et Maigret murmura:

—Pourriez-vous me dire, monsieur, si vous irez à l'enterrement de Caroline?

17. A l'enterrement de qui??? (Savons-nous qui c'est?)

Le Procureur fut stupéfait[Δ] du résultat[Δ] de ces paroles. En un instant le visage de Philippe se décomposa, l'homme perdit contenance,[Δ] et faillit, dans un réflexe, se précipiter sur le commissaire.

18. Quelle est la réaction de Philippe?

Celui-ci, toujours placide, trop placide, refermait la porte.

—Vous voyez bien que nous n'avons pas tout à fait terminé! Je vous demande pardon de vous attarder, mais je crains que ce ne soit pour assez longtemps...

19. De quoi s'excuse Maigret?

—Je vous prie de vous expliquer plus clairement.

—Aussi clairement que je le pourrai sans abuser de votre temps... Je vais commencer, si vous le voulez bien, par le mystère du bleu et du jaune, qui est à la base de mes découvertes,[Δ] ou plutôt qui m'a confirmé dans mes soupçons... Ne regardez pas vers la porte, monsieur Deligeard... Vous savez bien que c'est inutile...

20. Que fait Philippe à ce moment? (Pourquoi?)

—J'attends, soupira nerveusement le Procureur.

—Sachez donc qu'au second étage de la rue des Récollets, Mme Joséphine Croizier occupait la chambre de gauche, appelée chambre

---

[4] **effraction**? Quel crime Maigret a-t-il commis?
[5] **serrer la main**? Que fait-on quand on se dit au revoir?
[6] **la voix**? Qu'est-ce qu'on entend quand quelqu'un parle?

Louis XIV, une chambre bleu pâle. Or, à cinq heures moins quelques minutes, Joséphine Croizier, bien en vie, rentrait à l'hôtel, plaisantait avec le valet de chambre, et montait chez elle. Elle pénétrait donc dans la chambre bleue qui était la sienne.

21. A qui est cette chambre Louis XIV?

«Or quand le médecin, appelé par téléphone, le docteur Liévin, arrivait, à cinq heures dix, on l'introduisit dans la chambre de droite, la chambre Régence. qui est du plus beau jaune. Et dans cette chambre, la pauvre vieille femme était, non seulement morte, mais déjà déshabillée, sans même autour d'elle le désordre qui suit un hâtif déshabillage... Que pensez-vous de ce problème, monsieur le Procureur?

22. Qu'a fait la dame en rentrant de chez le dentiste?

23. Dans quelle chambre était la dame quand le docteur est arrivé?

—Continuez, répondit sèchement celui-ci.

—Ce mystère n'est pas le seul. En voici un autre: le jeune docteur Liévin, qui vient seulement de s'installer dans le quartier, et qui donne des consultations à dix francs aux pauvres gens, est appelé dans l'hôtel des Deligeard de préférence à tout autre médecin. Or il constate[7] que la mort remonte[8] à quatre heures vingt environ. Qui ment? Le docteur, ou le valet de chambre qui a vu entrer Mme Croizier un peu avant cinq heures? Et, dans ce cas, le dentiste ment aussi, qui prétend qu'à quatre heures vingt la vieille dame de Bayeux était dans son cabinet...

24. Quelle est la situation du docteur Liévin?

25. D'après lui, quand la dame est-elle morte?

26. Mais qui l'a vue encore en vie après cette heure?

—Je ne comprends pas...

—Patience! Je n'ai pas compris tout de suite... comme je n'ai pas compris non plus pourquoi ce jour-là, parti plus tôt que d'habitude[Δ] de son domicile, M. Deligeard est arrivé à son cercle à cinq heures un quart, alors que ses partenaires[Δ] habituels s'impatientaient et étaient sur le point de chercher un autre quatrième . . .[9]

27. Quand est-ce que Philippe a quitté la maison?

28. Et quand est-il arrivé au cercle?

—On peut marcher plus ou moins vite...

C'était le Procureur qui répondait, car Deligeard, le visage pâle, gardait une immobilité rigoureuse.

---

[7] **il constate**: il remarque
[8] **la mort remonte à quatre heures vingt**: *death occurred as early as 4:20*
[9] **un quatrième**? Ils jouent au bridge, jeu où il y a quatre joueurs

Activités sur le récit

Résumé de l'action

A. Résumez l'action en corrigeant les phrases fausses.

1. Maigret se trouve dans le corridor du Palais de Justice.
2. Il est assis dans une chaise confortable.
3. Il a reçu une convocation très aimable du Procureur.
4. M. Deligeard est dans le cabinet du Procureur.
5. Maigret affecte une manière élégante et aisée en entrant.
6. Il s'assied tout de suite sans attendre que le Procureur l'y invite.
7. Le Procureur est charmé par son attitude.
8. Il l'accuse d'être entré frauduleusement chez les Deligeard.
9. Maigret le nie.
10. Il dit qu'il n'a commis aucune faute.
11. Il était surpris de trouver les traces de boue dans la voiture car personne ne les lui avait signalées.
12. Le Procureur n'aime pas son ton de raillerie.
13. Quand Maigret prononce le nom de Caroline, Philippe garde un calme parfait.
14. Il explique que Mme Croizier est montée dans sa chambre bleue.
15. Les signes d'un déshabillage hâtif montrent que la crise l'a prise très rapidement.
16. D'après le docteur, la mort remonte à quatre heures vingt.
17. Ses partenaires de bridge prétendent que Philippe est arrivé au cercle à l'heure habituelle.

B. Résumez l'action en complétant les phrases suivantes.

1. Maigret a reçu une convocation assez sèche...
2. En entrant dans le bureau, Maigret affecte les manières d'un vrai policier de caricature à qui il ne manque que...
3. Le Procureur lui demande où il était hier vers neuf heures du soir. Maigret...
4. Maigret explique qu'il est entré dans le garage...
5. Il prétend qu'il ne s'est pas fait annoncer à M. Deligeard parce qu'...
6. Le Procureur dit que ça suffit, et ajoute qu'il n'aime pas...
7. En disant au revoir à Deligeard le Procureur lui dit qu'il va le voir...
8. Maigret pose une seule question à Philippe. Il veut savoir s'il...
9. En un instant le visage de Philippe se décomposa, et il faillit...
10. Le Procureur demande à Maigret...

11. Maigret dit que quand Joséphine Croizier est rentrée à l'hôtel...

12. Il ajoute que le docteur Liévin a examiné la pauvre vieille femme...

13. D'après le docteur Liévin, dans la chambre où il a examiné la vieille femme...

14. Maigret explique que le docteur Liévin...

15. D'après le docteur Liévin la mort de la dame a eu lieu...

16. Au cercle, les partenaires habituels de Philippe prétendent...

Si vous n'avez pas trouvé la réponse vous pouvez la chercher dans la liste suivante. Attention! Il y a quelques réponses fausses dans la liste.

a. à l'enterrement de Mme Croizier

b. à quatre heures vingt environ

c. au Palais de Justice

d. dans la chambre bleue qui était la sienne

e. dans la chambre Régence, qui est jaune

f. de ne plus continuer son enquête

g. de s'expliquer plus clairement

h. donne des consultations aux pauvres gens

i. du Procureur

j. elle est montée dans la chambre bleue

k. elle est morte aussitôt d'une crise cardiaque

l. fera un voyage dans le Midi

m. il était allé à son cercle

n. il n'y avait aucun signe d'un déshabillage hâtif

o. il ne voulait pas le déranger

p. ira à l'enterrement de Caroline

q. le ton de raillerie

r. les fortes moustaches

s. pour voir les traces de boue

t. qu'ils cherchaient un autre quatrième

u. répond qu'il devait être chez M. Deligeard

v. se précipiter sur le commissaire

w. un peu avant cinq heures

Sujets de discussion, de composition, de recherche, et de présentation

C. **L'analyse: le jeu du chat et de la souris.** Ecrivez quelques paragraphes sur l'attitude que prend Maigret pendant cette scène. Faites un texte qui répond à quelques-unes des questions suivantes mais dans lequel il n'est pas évident à votre lecteur que vous aviez ces questions devant vous.

1. Quelle opinion Maigret a-t-il du Procureur?

2. Qu'est-ce qui a pu contribuer à cette opinion?

3. Par contre, quelle est l'attitude du Procureur envers Maigret?

4. S'agit-il peut-être de la suspicion d'un provincial envers un parisien?

5. Pourquoi Maigret est-il de si bonne humeur?

6. Décrivez le rôle qu'il aime jouer quand il est de bonne humeur.

7. Quelles excuses donne-t-il pour ses deux entrées frauduleuses?

8. Qu'est-ce qui montre que le Procureur n'est pas dupe de cette fausse humilité?

9. Qu'est-ce qui montre que le Procureur et Philippe Deligeard appartiennent à la même classe sociale?

10. Qui est le chat? Qui est la souris? A quel moment précis le chat montre-t-il ses griffes (*claws*)? Comment la souris réagit-elle?

11. Qui joue le rôle de spectateur dans le jeu? Est-ce un spectateur impartial?

D. L'aspect dramatique.

1. Le Procureur aime parler. Préparez un monologue où il ne laisse parler personne d'autre.

   a. Dites à Maigret de fermer la porte et d'avancer.

   b. Dites-lui ce que vous lui aviez recommandé.

   c. Dites-lui qui vous lui aviez dit de ne pas croire.

   d. Dites-lui avec qui il fallait user des ménagements.

   e. Dites lui de s'asseoir. Dites-lui quels sont les gens qui vous font horreur.

   f. Dites-lui où il était hier soir.

   g. Dites-lui comment il y est entré.

   h. Dites-lui ce qu'il a fait après être sorti de la maison.

   i. Demandez-lui s'il le nie.

   j. Ajoutez une remarque sur ce que vous n'aimez pas dans son ton.

   k. Dites à M. Deligeard—d'un ton amical—comment il peut considérer cet incident.

   l. Dites-lui où vous le verrez demain.

   m. Demandez à Maigret—d'un ton sec—quelle est cette question qu'il veut poser à M. Deligeard.

2. Maigret a toutes les réponses et n'a pas besoin d'écouter les autres. Préparez un monologue où on comprend ses ironies.

   a. Posez la question qui laisse le Procureur stupéfait.

   b. Demandez-lui pardon de l'attarder.

   c. Dites-lui ce qui vous a confirmé dans vos soupçons.

   d. Dites à M. Deligeard ce qu'il est inutile de faire.

   e. Dites quelle chambre Mme Croizier occupe.

   f. Dites dans quelle chambre et en quelle condition le docteur a trouvé la vieille dame.

   g. Expliquez qui est le docteur Liévin.

   h. Dites où il a été appelé et pourquoi cela l'a étonné.

   i. Dites ce que le docteur a constaté quant à la mort de la vieille dame.

   j. Dites ce que faisaient les partenaires habituels de M. Deligeard à environ cinq heures et quart.

E. **A la recherche: le visuel.** Trouvez des images de Maigret. L'acteur Jean Gabin joue le rôle dans trois films, *Maigret tend un piège* (dir. J. Delannoy, 1957), *Maigret et l'Affaire Saint Fiacre* (dir. J. Delannoy, 1959), et *Maigret voit rouge* (Dir. G. Grangier, 1963). Quels autres acteurs ont animé ce personnage? Quels aspects physiques sont développés le plus souvent? A quels autres détectives ressemble-t-il de ce point de vue?

LECTURE 1

La Vieille Dame de Bayeux

Georges Simenon

SIXIÈME PARTIE

Préparation à la lecture

Le Lexique

Vocabulaire

Philippe n'a pas de **métier**, et on n'en apprend pas **du jour au lendemain**.

*Philippe has no **trade** (**profession**), and you don't learn one **from one day to the next**.*

Il veut continuer à **vivre** selon ses **goûts**.

*He wants to go on **living** according to his **tastes**.*

Il est **à peine** arrivé au **salon de jeu** que le valet lui téléphone.

*He has **just** arrived at the **card-room** when the valet calls him.*

Sa tante a eu **une crise**.

*His aunt has had **an attack**.*

Philippe annonce sa mort.

Philippe announces her death.

Mais le **cœur** de Mme Croizier était en excellent état.

*But Madame Croizier's **heart** was in excellent shape.*

C'est Caroline, l'**ancienne** servante, qui a eu une **crise cardiaque**.

*It's Caroline, the **former** servant, who had **a heart attack**.*

Mme Deligeard va à son **chevet**.

*Madame Deligeard goes to her **bedside**.*

M. Deligeard **la ramène**.

*Monsieur Deligeard **brings her back**.*

Pour comprendre ce qui s'est passé il faut **parcourir** le même **chemin** que Maigret, aller dans **la banlieue**, parler aux **voisins** qui ont remarqué ces **allées et venues**.

*To understand what happened you must **travel** the same **path** as Maigret, go to **the suburbs** speak to the **neighbors** who noticed these **comings and goings**.*

66

Quand Mme Croizier entre dans sa chambre, elle est **aussitôt** assassinée à l'aide d'un **couteau**.	*When Madame Croizier enters her room, she is **immediately** murdered by means of a **knife**.*	
Le silence qui **suit** le récit de Maigret **pèse**, et Philippe finit par **baisser** les yeux.	*The silence that **follows** Maigret's story **weighs heavily**, and Philippe finally **lowers** his eyes.*	
Il fallut lui donner un **verre d'eau**.	*It **was necessary** to give him a **glass of water**.*	

Mots apparentés et partiellement apparentés

Caroline est **malade**.	cf. *malady*	*sick*
Elle ne se **sent** pas bien.	*sense*	*feel*
Elle est seule dans son **logis**.	*lodging*	*house*
Philippe va la **secourir**.	*to succor*	*to help*
Il **charge** son corps dans sa voiture, puis il étrangle la dame avec un **lacet**.	*charges (a firearm)* cf. *lace*	*loads* *shoelace*
D'abord elle s'**agite**.	*agitates*	*struggles*
Mais bientôt elle ne **bouge** plus.	*budge*	*move*
Tout ceci est **inquiétant**.	*disquieting*	*worrisome*
Maigret **grommela** une mauvaise **plaisanterie** entre ses dents.	*grumbled* *pleasantry*	*joke*

L'art de lire: les mots apparentés

Philippe voulait **supprimer** sa tante. Il n'a presque rien **négligé**.	*to suppress* *neglected*
Il a voulu se **créer** un alibi.	*to create*
Il l'a **étranglée**.	*strangled*

The **-primer** ending can correspond to *-press*: **exprimer**, **opprimer**, **réprimer**.

The ending in **-iger** often corresponds to *-ict* or *-ect*: **corriger**, **infliger**, **ériger**.

The **-er** ending can correspond to *-ate*: **spéculer**, **pénétrer**, **aggraver**, **tolérer**.

Words that begin with **é-** often correspond to words that begin with *s-*: **état**, **étude**, **étranger**, **écarlate**, **épice**, **épouse**, **étable**.

It should be easy to see what English words correspond to the above. Let these patterns help you understand other similar words when you encounter them.

La Grammaire

Mots-clés

Ils vont **souvent** voir Caroline.	*They **often** go to see Caroline.*
Tout à coup une occasion se présente. **Voilà qu'**elle est **à nouveau** malade. Maigret fait une enquête **à ce sujet**.	***Suddenly** an opportunity comes along. **It happens that** she is sick **again (anew)**. Maigret makes an investigation **about it**.*
Il veut en savoir **davantage**.	*He wants to know **more** about it.*
Selon lui, Philippe est coupable.	***According to** him, Philippe is guilty.*
Son plan était **pour le moins** ingénieux.	*His plan was, **to say the least**, ingenious.*
Afin d'avoir un alibi, il est allé au cercle où il serait **parmi** ses amis.	***In order to** have an alibi, he went to the club where he would be **among** his friends.*
Cependant, c'était en vain, **puisque** Maigret a compris.	***However**, it was in vain, **since** Maigret understood.*
Malgré les précautions de Philippe, Maigret **a fini par** découvrir la vérité.	***In spite of** Philippe's precautions, Maigret **finally** discovered the truth.*

L'art de lire: la phrase

As we have seen, you have to know the structure of a sentence to understand it. This means identifying the subject, verb, and object of the main clause and then seeing how any dependent clauses or phrases may relate to them. Usually this happens unconsciously, but in longer sentences you may have to think about how the parts relate to one another. Consider this sentence:

> Or quand le médecin, appelé par téléphone, le docteur Liévin, arrivait, à cinq heures dix, on l'introduisit dans la chambre de droite, la chambre Régence, qui est du plus beau jaune.

To get to the heart of the sentence, find the verb, **arrivait**, and its subject, **le médecin**, and pass more lightly over the phrases between commas until you find some sort of complement for the verb, a direct object or, as in this case, the main clause which begins: **on l'introduisit.** This gives us a dependent clause **or quand le médecin arrivait** and the main clause. The main clause consists of the subject, **on**, the direct object, **l'**, and the verb, **introduisit**, followed by an object of the preposition, **dans la chambre**. That is the essential part of the sentence. The phrases between commas are nouns in apposition, prepositional phrases, or dependent clauses that offer further specification and qualification of who, what, why, where, and when.

dependent clause, subject: how was he summoned? who was he?	Or quand **le médecin**, appelé par téléphone, le docteur Liévin,

dependent clause, verb:	**arrivait**,
when?	à cinq heures dix,
main clause, subject, object, verb:	**on l'introduisit**
where?	dans la chambre de droite,
specification:	la chambre Régence,
further specification:	qui est du plus beau jaune.

L'art de lire: *ce qui et ce que*

We have seen how texts cohere through references that work beyond sentences. When Maigret tells the **Procureur** what he was doing in the Deligeard mansion, his temporary boss summarizes this overall event in order to criticize Maigret's tactics:

C'est bien **ce que** je vous reproche.

What is the antecedent of **ce que**? It is not a precise thing or person but an overall event. At the end of the story, the **Procureur** compliments Maigret but proceeds to warn him about his methods. Maigret catches his meaning and summarizes it for him with a similar relative pronoun:

Ce qui signifie... que je ne resterai pas longtemps à Caen?

Like other pronouns, these relatives establish quick references to antecedents, though here the antecedents tend to be sentences and larger concepts, and help project what is past or not known into the present. Short, summary references like these help make a text readable. Can you account for the difference in meaning between **ce que** and **ce qui**?

Exercices

A. **La structure de la phrase.** Identify the subject, verb, and object of the main clause of the following sentence. They express the main thought: what happened to whom. Then, skimming over words of which you are unsure, using the cognates, and observing the structure of the sentence, try to discover what the dependent clauses and phrases say about how, when, and why.

Grâce à la mort inopinée de son mari, survenue au cours d'un voyage d'affaires en Angleterre, Mme Croizier, qui jusqu'au moment de l'accident avait vécu plus que modestement, héritait d'une fortune d'autant plus inattendue que son mari lui avait caché la manie qu'il avait de s'assurer excessivement, signant des polices avec toutes les compagnies possibles et imaginables.

First, the main thought:

subject: who   *verb:* action, event   *object:* what

Then, what the dependent clauses and phrases add:

about the subject: how is it qualified and described?
about the action: why and how did it happen?
about the object: how is it qualified and described?

B. Lisez le passage suivant en remplissant les tirets par le mot convenable.

     d'ailleurs   malgré
     puisque   selon

Philippe est un personnage important dans la ville, ___1__ le Procureur. ___2__,
Philippe est son ami personnel. Mais, ___3__ tout cela, Maigret continue son
enquête. D'abord il ne comprend pas, ___4__ Philippe semble avoir un alibi.

C. Lisez le passage suivant en remplaçant les mots en **caractères gras** par un
synonyme.

     entre   plus   puis
     fréquemment   pour   sur lui
     néanmoins

Quant à Philippe, Maigret a des doutes **à son sujet** (1). Il compte **parmi** (2) les
gens les plus distingués de la ville. Le Procureur le lui a dit fermement et **souvent**
(3). **Cependant** (4) Maigret continue à avoir des doutes. Il veut **davantage** (5) de
preuves. Il questionne d'abord le chauffeur, **ensuite** (6) le valet. Puis il examine la
voiture **afin de** (7) vérifier les allégations du chauffeur.

D. Corrigez ce passage en remplaçant les mots en **caractères gras** par un mot
ou une expression qui signifie le contraire. Faites les changements de genre
nécessaires.

     à nouveau   bouleverser   mourir
     au centre de la ville   est sans occupation   goût
     baisser   jour précédent

La tante de Philippe est venue **vivre** (1) à Caen. Le départ de Philippe pour le Midi,
c'était le **lendemain** (2).

Quant à Philippe, c'est un homme qui **a un métier** (3) dans la vie. Il demeure dans
un hôtel particulier **dans la banlieue** (4). Il a une **aversion** (5) pour les objets
rares et la vie somptueuse.

Maigret le confronte **pour la première fois** (6) dans le bureau du Procureur. Ce
que Maigret lui dit semble le **calmer** (7). Il commence à **lever** (8) la tête.

E. Remplissez les tirets dans les phrases suivantes par le mot convenable.

chemin	parcourir	verre
cœur	pèse	voisin
couteau	tuée	

1. Il a eu une crise cardiaque car il avait une maladie du _____.

2. Donnez-moi un _____ d'eau, s'il vous plaît.

3. La personne qui demeure à côté de vous est votre _____.

4. Mme Croizier a été «aidée à mourir», c'est à dire qu'on l'a _____.

5. L'arme utilisée par l'assassin était un _____.

6. Maigret est un homme assez gros. Il _____ quatre-vingts kilos.

7. Je vais vous accompagner. Nous suivons le même _____.

8. Pour bien connaître un pays il faut le _____ d'un bout à l'autre.

La Vieille Dame de Bayeux

(Sixième Partie)

—Alors répondez à cette question, monsieur le Procureur. M. Philippe est à peine arrivé que son valet de chambre lui téléphone que sa tante vient d'avoir une crise. Le valet n'en dit pas davantage puisqu'il ne sait rien de plus. Cependant, M. Deligeard rentre au salon de jeu, tout bouleversé, et annonce que sa tante vient de mourir...

Le Procureur jeta un assez vilain regard à Philippe qui ne bougeait toujours pas et qui avait fini par baisser les yeux.

—Maintenant des questions secondaires. Pourquoi, ce jour-là précisément, M. Deligeard donne-t-il congé à son chauffeur sous prétexte qu'il aura besoin de lui tous les jours de la semaine suivante? Hasard? Soit! Pourquoi sort-il la voiture à deux heures de l'après-midi? Où se rend-il avec sa femme?

—Auprès d'une personne malade! répliqua△ soudain Philippe.

—Auprès de Caroline, c'est exact, de Caroline qui habite dans la banlieue, ce qui explique les traces de boue. Nous sommes en présence, monsieur le Procureur, d'un des crimes les plus ignobles que je connaisse, en même temps que d'un crime presque parfait...△ Pour que vous compreniez, il faut que je vous fasse parcourir rapidement le chemin que j'ai moi-même parcouru... Philippe Deligeard, qui n'a jamais rien fait dans la vie, sinon épouser△ une femme riche, et spéculer avec si peu de bon sens△ qu'il a perdu toute sa fortune, est aux abois[1] depuis trois ans et sa seule ressource est sa tante, qui refuse de le secourir...

«On n'apprend pas un métier à son âge... On ne change pas d'existence du jour au lendemain...

«La tante est vieille... Malgré cette fille inquiétante, Cécile Ledru, elle ne déshéritera△ pas son neveu...

«Philippe, d'ailleurs, prend ses précautions en révélant à la vieille

---

[1] **aux abois**? Quelle est en effet la situation financière de Philippe?

Side questions:
1. Qui a téléphoné?
2. Quel est le message?

3. Et que dit Philippe?

4. La réaction du Procureur? Et de Philippe?

5. A qui est-ce que Philippe donne congé, et sous quel prétexte?

6. Comment Maigret décrit-il: le crime de Philippe?

7. sa vie?

dame que la jeune fille reçoit chaque nuit un amant dans la maison de sa protectrice...

«Vous me suivez, monsieur le Procureur? On pourrait dire que le crime est décidé, qu'il est nécessaire... Il faut que Joséphine Croizier meure pour que les Deligeard continuent à vivre selon leurs goûts...

«Je répète que le crime est virtuellement décidé.

«Ce qui manque c'est l'occasion, l'occasion de supprimer la vieille dame sans aucun risque...

«Et voilà que tout à coup cette occasion se présente. Philippe a une vieille nourrice,[2] à peu près de l'âge de Mme Croizier, qui vit seule dans une maison de banlieue et n'a pas de famille.

«Cette nourrice, qui a déjà eu plusieurs crises cardiaques, en a une nouvelle et le couple, alerté, va la voir à deux heures de l'après-midi, revient une heure plus tard, sachant que Caroline—c'est son nom—n'en a plus que pour deux heures à vivre...

«La disposition de la maison est favorable, mais il ne faut négliger aucun détail.

«Mme Deligeard repart aussitôt par la porte de derrière et retourne au chevet[3] de la nourrice qui meurt vers quatre heures vingt minutes.

«Philippe, lui, ne quitte l'hôtel qu'à peu près à son heure habituelle, un tout petit peu plus tôt, à cause de son impatience. Il retrouve sa voiture, va chez Caroline, charge le corps dans la voiture et ramène sa femme par la même occasion.

«Tous deux, toujours par la porte de derrière, introduiront le cadavre dans la maison et l'installeront dans la chambre jaune du second étage.

«Pour les domestiques, Mme Deligeard n'est pas sortie. Quant au mari, il est en route pour son cercle...

«Ils sont dans la maison. Ils attendent le retour△ de la tante, qui ne peut tarder...

«Elle arrive, pénètre dans sa chambre, la chambre bleue, et est aussitôt assassinée...

«Il ne reste à Philippe qu'à aller à son cercle—par la porte de derrière, en auto—afin de se créer un alibi.

8. Quelle précaution Philippe prend-il?

9. Pourquoi faut-il que la dame meure?

10. Qu'est-ce qu'ils attendent?

11. Caroline: âge, domicile, famille?

12. Que lui arrive-t-il?

13. Que font-ils du cadavre chez Caroline?

14. et chez eux?

15. Décrivez le retour de la dame.

---

[2] **nourrice**: wet-nurse. At the time Philippe was born, which could be in the 1890s, it was still a fairly common practice in bourgeois families for a newborn child to be breastfed by a wet-nurse—a woman other than the mother. A wet-nurse would naturally have a closer bond to the family than the average servant. This may explain why the Deligeards have remained in touch with her over the years.

[3] **chevet**? Où se met-on quand on est auprès d'un malade?

«Au médecin, qu'on choisit parmi ceux qui ne connaissent pas la maison ni Joséphine Croizier, on montre le corps de Caroline, morte de mort naturelle, et il délivre évidemment un acte de décès.

«Il suffira ensuite de transporter à nouveau le corps de la nourrice dans son logis...

—Qu'est-ce qui vous a fait penser à Caroline? questionna le Procureur après un silence.

—La logique! Le médecin ne pouvait pas avoir examiné le corps de Joséphine Croizier. J'ai donc acheté le journal du lendemain. J'ai lu la liste des décès. J'étais sûr de trouver le nom d'une vieille femme et quand je l'ai trouvé j'ai fait une enquête à son sujet... Les voisins ont remarqué plusieurs allées et venues en auto, mais ne s'en sont pas inquiétés, sachant que les anciens patrons de la vieille venaient assez souvent la voir...

Le silence pesa. Le magistrat questionna d'une voix hésitante:

—Vous avouez, Philippe Deligeard?

—Je ne répondrai qu'en présence de mon avocat.

Formule traditionnelle! Il était très pâle. Quand il se leva il tremblait et il fallut lui donner un verre d'eau.

***

L'autopsie de la pauvre Joséphine Croizier révéla avant tout que le cœur était en excellent état, ensuite qu'elle avait été tuée maladroitement, d'abord à l'aide d'un lacet avec lequel on avait essayé de l'étrangler, puis, sans doute parce qu'elle s'agitait encore, de deux coups de couteau.

—Je ne peux que vous féliciter, dit le Procureur à Maigret, en accompagnant ces mots d'un sourire glacial. Vous êtes bien l'as[4] qu'on nous avait annoncé. Cependant j'aime mieux vous avouer que vos méthodes, dans une petite ville, sont pour le moins périlleuses... ^

—Ce qui signifie, n'est-ce pas, que je ne resterai pas longtemps à Caen?

—Il est certain que...

—Je vous remercie, monsieur le Procureur.

—Mais...

—Je me sentais, moi aussi, assez mal à l'aise dans le pays. Ma femme m'attend à Paris. Tout ce que je veux, c'est que le jury de cette ville ne se laisse pas impressionner par l'hôtel particulier de

16. Comment le médecin est-il dupé?

17. Pourquoi a-t-il pensé à la substitution d'un autre cadavre?

18. Que cherchait-il dans le journal?

19. Pourquoi les voisins ne se sont-ils pas inquiétés des allées et venues chez Caroline?

20. Réaction de Philippe à la narration de Maigret?

21. Comment a-t-on tué la dame?

22. Ces deux hommes s'aiment-ils?

23. Que pense Maigret de Caen? de Philippe?

---

[4] **l'as**? mot apparenté. Mais attention! Lequel? Maigret est-il bête ou intelligent?

cette crapule intégrale de Philippe[5] et qu'ils exigent sa tête...

Et il grommela entre ses dents une mauvaise plaisanterie:

—Ainsi, il pourra continuer à faire le mort[6] au bridge!

24. Que craint-il de la part du jury?
25. Quelle sentence veut-il?

---

[5] **cette crapule intégrale de Philippe**: *that unmitigated scum of a Philippe*

[6] **faire le mort**: Au bridge, il y a un quatrième joueur qui ne joue pas. En anglais il s'appelle *the dummy*, en français, **le mort**. Maigret fait «une mauvaise plaisanterie», un jeu de mots, sur **le mort**—*the dummy*, et **le mort**—*the dead man*.

Activités sur le récit

Résumé de l'action

A. Résumez l'action en complétant les phrases suivantes.

1. Le valet téléphone à M. Philippe que sa tante vient d'...

2. Mais celui-ci annonce au salon de jeu que sa tante vient de...

3. Avec sa femme il se rend auprès de Caroline, qui habite...

4. Maigret est indigné. «Nous sommes en présence, dit-il, d'un...

5. Philippe n'a jamais rien fait dans la vie, sinon...

6. A son âge on n'apprend pas...

7. Sa seule ressource est...

8. Sa tante ne va pas laisser sa fortune à Cécile. D'ailleurs, il prend ses précautions en lui révélant que...

9. Il faut que Joséphine Croizier meure pour que les Deligeard continuent à...

10. Sa vieille nourrice, Caroline, a déjà eu plusieurs...

11. Quand elle meurt Philippe va chez elle et charge...

12. Ils introduisent le cadavre dans la maison, et l'installent dans la...

13. La tante arrive, pénètre dans sa chambre, et elle est aussitôt...

14. Mme Deligeard appelle un médecin qui ne connaît pas...

15. Elle montre au médecin le corps de...

16. Le médecin délivre un...

17. Il suffira ensuite de transporter à nouveau le corps de Caroline...

18. Je savais que le médecin ne pouvait pas avoir examiné le corps de Joséphine Croizier. J'ai donc lu dans le journal...

19. J'étais sûr d'y trouver le nom...

20. Mon enquête m'a appris que cette vieille femme avait été...

21. L'autopsie a révélé que Mme Croizier avait été tuée maladroitement, d'abord à l'aide...

22. et ensuite de deux coups de...

23. Tout ce que je veux c'est que le jury exige...

24. Ainsi cette crapule intégrale de Philippe pourra continuer à...

Si vous n'avez pas trouvé la réponse vous pouvez la chercher dans la liste suivante:

a. acte de décès

b. assassinée

c. avoir une crise

d. dans la banlieue

e. Caroline

f. Cécile a un amant

g. chambre jaune du second étage

h. le corps dans la voiture

i. crime des plus ignobles

j. crises cardiaques

k. couteau

l. épouser une femme riche et spéculer avec si peu de bon sens qu'il a perdu toute sa fortune

m. faire le mort au bridge

n. d'un lacet

o. la liste des décès

p. dans son logis

q. la maison

r. un métier

s. mourir

t. la nourrice des Deligeard

u. sa tante

v. sa tête

w. d'une vieille femme

x. vivre selon leurs goûts

B. Résumez l'action en spécifiant ce qui est désigné par chacune des phrases suivantes.

1. l'endroit où Philippe joue au bridge

2. le moyen de communication par lequel il apprend la mauvaise nouvelle

3. ce que Philippe a donné à son chauffeur le jour de l'assassinat

4. la partie de la ville où habite Caroline

5. ce que Philippe a perdu en spéculant avec peu de bon sens

6. ce qu'on n'apprend pas à l'âge de Philippe

7. la personne que Cécile reçoit chaque nuit dans la maison de la vieille dame

8. la porte par laquelle on introduit le cadavre de Caroline dans la maison

9. ce que Philippe essaie de se créer en partant pour son cercle aussitôt après avoir tué sa tante

10. ce que Maigret lit dans le journal pour apprendre qui est mort le même jour que Mme Croizier

11. la personne sans la présence de qui Philippe refuse de répondre

12. ce avec quoi on a d'abord essayé d'étrangler la vieille dame

13. l'arme qu'on a utilisée ensuite

14. les personnes de la ville de Caen qui vont déterminer l'innocence ou la culpabilité de Philippe

Si vous n'avez pas trouvé la réponse vous pouvez la chercher dans la liste suivante.

a. un alibi
b. son amant
c. son avocat
d. la banlieue
e. un couteau

f. sa fortune
g. un jour de congé
h. le jury
i. la liste des décès
j. un lacet

k. un métier
l. la porte de derrière
m. le salon de jeu
n. le téléphone

Sujets de discussion, de composition, de recherche, et de présentation

C. **L'aspect dramatique.** Dans une version dramatique de cette histoire, le dénouement pourrait avoir lieu non pas dans le bureau du Procureur mais pendant le procès de Philippe. Imaginons que Mme Deligeard, pour se sauver la vie, va tout avouer. En utilisant les questions ci-dessous, préparez les questions que le Procureur pourrait lui poser à la barre, pendant le procès de Philippe, pour bien établir les faits. Jouons la scène pour expliquer ce qui s'est passé. Quelle serait la réponse de l'avocat de Philippe? de Philippe lui-même?

1. Qui est Caroline?
2. De quelle maladie souffre-t-elle?
3. Où et avec qui vit-elle?
4. Qui va la voir de temps en temps?
5. Pourquoi Philippe donne-t-il congé au chauffeur quand il apprend que Caroline va mourir dans quelques heures?
6. De quoi meurt-elle et à quelle heure?
7. Que font les Deligeard dès qu'elle est morte?
8. Quel docteur appellent-ils?
9. Pourquoi pas le médecin de la famille?
10. Quel cadavre le docteur a-t-il examiné?
11. Qui croyait-il examiner?
12. D'après l'acte de décès qu'il a signé, qui est la morte et quelle est la cause de sa mort?
13. Qu'ont fait les Deligeard dès que Mme Croizier est montée dans sa chambre?
14. Qu'ont-ils fait du cadavre de Caroline?
15. Quelle erreur Philippe a-t-il faite quand il a annoncé la mauvaise nouvelle à ses partenaires?
16. Quel a été l'élément essentiel dans la solution du crime?

D. L'analyse: les indices et l'intrigue. Faites un essai écrit sur ce crime en vous basant sur les questions suivantes. Nous allons commencer par un court récit des événements et ensuite on va développer le caractère et les mobiles de ce crime. Exprimez vos sentiments personnels là-dessus.

1. Qui sont les criminels?
2. Quels sont leurs goûts, quel est leur style de vie? Donnez des détails.
3. Quelle a été la source de leur fortune?
4. Comment Philippe a-t-il su la perdre?
5. Qu'est-ce qu'il fait dans la vie, Philippe, et qu'est-ce qu'il ne fait pas?
6. Pourquoi commettent-ils ce crime?
7. Comment les jugez-vous moralement?
8. Diriez-vous que les craintes de Mme Croizier étaient justifiées?
9. Y a-t-il dans la réalité des gens distingués et élégants comme eux qui ont commis des crimes aussi ignobles?
10. A qui Philippe rend-il visite de temps en temps? Cela le montre-t-il peut-être sous un aspect moins ignoble que le reste de sa conduite?
11. Qu'est-ce que Maigret craint de la part du jury? Pourquoi seraient-ils indulgents pour Philippe? Y a-t-il une justice pour les pauvres gens, et une autre pour les gens distingués qui sont «reçus partout»?

E. A la recherche: 1. la nourrice. Le dictionnaire *Le Petit Robert* cite l'auteur Jean-Jacques Rousseau: "La véritable nourrice est la mère." La nourrice à gages, comme Caroline dans cette histoire, est un deuxième sens du mot. Comment nourrit-on son bébé? Comment se renseigner sur les nourrices? Est-ce que ce métier continue de nos jours? Qu'en pensez-vous?

2. La peine de mort. Pour marquer la fin de cette enquête, Maigret "grommela entre ses dents une mauvaise plaisanterie" sur la peine de mort. La mort de son ennemi est un élément du roman d'aventures. Est-ce que la peine de mort existe toujours en France? ici, ailleurs, chez vous? Qu'en pensez-vous?

L'Auberge aux Noyés

Georges Simenon

PREMIÈRE PARTIE

Préparation à la lecture

Le titre, le cadre. In this story we move from the stuffy provincial town of Caen to the banks of the Loing river, a hundred kilometers south of Paris, where the story centers on a shabby roadside inn with a sinister nickname near a dangerous curve on the truck route that runs along the river. As often happens in stories, the weather intensifies the atmosphere and even contributes to the action. It is raining from beginning to end.

Les personnages. Rather than having to display a show of deference to a **procureur** whose chief concern is not to offend the man who turns out to be the murderer, Maigret is in charge here, and is working with a colleague whom he likes and respects, **le capitaine** Pillement. Another character in the story, the well-to-do bourgeois Germain La Pommeraye, is as proper in his manner as the pretentious and haughty Philippe Deligeard, but he is presented as a kind and decent person.

L'action. The murder itself is very different from Philippe Deligeard's elaborately prepared and nearly perfect crime. The crime in *L'Auberge aux Noyés* is clumsy, rash, and stupid, **le crime dans toute sa bêtise**. Nonetheless Maigret must call upon all his powers of logic and observation, and his knowledge of human behavior, to catch the criminal.

Le Lexique

Vocabulaire

Quel **sale** temps!	*dirty (ugly)*
La **pluie** ne finit pas.	*rain*

Un accident a eu lieu **la veille**.	*the day before*
Un **camion** de dix tonnes	*truck*
a **heurté** une auto sans lumières.	*ran into*
L'auto a été **projetée** dans la rivière.	*thrown*
Pouvait-on l'**empêcher**?	*prevent*
On cherche des **noyés** dans la rivière.	*drowned people*
Il y a une **péniche** sur la rivière.	*barge*
Quelqu'un essayait de **nager**.	*to swim*
Maintenant, l'auto est **accrochée**	*hooked onto*
à une **grue** pour la	*crane*
retirer de l'eau.	*pull out*
Tout le monde l'**entoure**.	*surrounds*
Il y a des **badauds** partout.	*curious onlookers*
La grue fait un **bruit**,	*noise*
un **vacarme** insupportable.	*loud noise*
On a alerté la **gendarmerie**.	*police station*
A qui appartient la voiture?	*Who owns...?*
On tire Maigret par la **manche**.	*sleeve*
C'est le **propriétaire** de l'auberge,	*owner*
sous un grand **parapluie**.	*umbrella*
Un jeune couple a couché à l'**Auberge**	*inn*
des **Pêcheurs**.	*fishermen*
Ils ont **rempli**	*filled out*
la **fiche**.	*registration form*
L'auberge est **éclairée** la nuit. On trouve	*lit up*
le cadavre d'une femme **caché** dans	*hidden*
la voiture. Elle a eu la **gorge tranchée**.	*throat cut*

Mots apparentés et partiellement apparentés

Une voiture **de passage** s'arrête.	*passing*	
C'était une voiture **découverte**.	*uncovered*	*open, convertible*
Elle était sans **lumières**.	cf. *illumination*	*light*
Un camion qui **effectuait** le	cf. *to effect*	*to make*
service entre Paris et Lyon passait.		
La voiture a été projetée au **fond**	*foundation*	*bottom*
de la rivière.		
On a appelé au **secours**.	*succor*	*help*
Quand il a ouvert le **coffre** il a	*coffer*	*trunk*
reculé d'horreur devant	*recoiled*	*drew back*
ce qu'il **a aperçu**.	*perceived*	*saw, noticed*

| Maigret va **s'occuper** du crime mais pour le moment il attend les **événements**. | *to occupy himself* | *to pay attention* |
| | *events* | *developments* |

Faux amis

On l'appelle **couramment** l'Auberge aux Noyés.	not: *currently*	but: *usually*
Des **peupliers** bordaient le canal.	not: *people*	but: *poplars*
Le **brigadier** fait son rapport.	not: *brigadier*	but: *sergeant*

La Grammaire

Mots-clés

Au delà de la rivière des peupliers bordaient le canal.	*beyond*
Il n'y avait **aucune** lumière.	*no*
Que s'est-il passé **au juste** **à la suite de** l'accident **il y a** quelques heures?	*exactly* *following* *ago*
Lorsqu'il arrive à l'auberge Maigret commence son enquête.	*when*
Tour à tour, il voit tout le monde, **y compris** le patron, celui qui parle de l'accident **en** connaisseur.	*in turn* *including* *as a*
Il parle avec le marinier **dont** la péniche était amarrée tout près.	*whose*

L'art de lire: la substantivation

Adjectives, marked with any article, become nouns. Adding words can clarify the meaning in English.

Un **anonyme** a ouvert le coffre.	*Some **anonymous person** opened the trunk.*
Un des **curieux** était médecin.	*One of the **curious people** (spectators) was a doctor.*
Il y a **du nouveau**, **de l'assez vilain**.	*There is **something new**, **something rather ugly**.*
On cherche les **noyés**.	*They are looking for the **drowned people**.*
Ma fille est une **impulsive**.	*My daughter is an **impulsive girl** (person).*

L'art de lire: *que*

The simple word **que** has lots of meanings. Note and try to account for the following.

1. **Que** is a very frequently used conjunction:

   Maigret savait **que** dans le pays on l'appelait...

   L'aubergiste trouvait **qu'**on ne s'occupait pas assez...

   Des cheveux indiquaient **que**...

   Il m'a dit **que**...

2. **Que** can introduce the subjunctive in subordinate clauses:

   Il fallait attendre **que** l'auto fût accrochée à la grue.

3. It also introduces commands in the third person:

   Qu'on ne touche à rien!

4. **Ne... que** establishes a restriction (where English would use the word *only*):

   L'auberge **n'**est **qu'**à sept cent mètres.

   Il **n'**y avait **qu'**à se rapprocher des journalistes pour se rendre compte que...

5. **Que** is also a relative pronoun referring to a direct object:

   M. Daubois, **que** j'ai eu au téléphone...

6. Note its use as an interrogative pronoun and as a conjunction (as in Point 1 above) in the following dialogue:

   —**Que** vous a dit le chauffeur?

   —**Qu'**il allait prévenir la gendarmerie

L'art de lire: le temps

Narrative text uses verbal tense and adverbs to tell of situations and events in a number of time frames.

1. The narrator presents this story with the **plus-que-parfait** tense:

   Maigret **était venu** à Nemours.   *Maigret **had come** to Nemours.*

   See how the next two parts of the story begin. Description of character and weather is in the **imparfait** tense:

   Il pleuvait.   *It was raining.*

   The narrative action in this story starts, as it frequently does, with a **passé simple**:

   Maigret **entendit**....   *Maigret **heard**...*

Place is evoked with the **présent: la route nationale suit la rivière** and some nominative sentences (with no verb). Dialogue uses many tenses particularly the **présent**, the **passé composé**, and the **imparfait**, but also the **plus-que-parfait**. Look for examples of all of these as you read and consider their meanings.

2. French, unlike English, uses the present tense to express duration up through the present. Remember what Maigret says about Philippe:

Il est aux abois **depuis** trois ans.   *He has been hard-pressed (at bay) **for** 3 years.*

Duration up to a moment in the past is expressed with **depuis** and the **imparfait** where English uses a pluperfect:

Maigret **attendait depuis** une   *Maigret **had been waiting for***
demie heure.   *half an hour.*

This is the same structure as the sentence: **depuis quinze jours on vivait sous la pluie**.

3. **Il y a** can introduce items in space: **Il n'y avait aucune lumière**. **Il y a** also tells time by establishing a point in the past:

Il y a deux ans que ça dure.   *It has been going on **for** two years.*

Le garage a revendu la voiture   *The garage sold the car*
il y a trois jours.   *three days **ago**.*

4. We will learn that: **La mort remonte à trois jours**. In this sentence the present tense refers to the past in relation to the present. Can you figure out what it means?

5. Another way the past continues into the present of a story is with the **imparfait** and an adverb:

Il pleuvait **toujours**.   *It was **still** raining.*

6. That continuous time frame may be contrasted with the meaning articulated with **ne... plus**:

L'auto **n'**appartient **plus** à   *The car **no longer** belongs to*
M. Daubois.   *M. Daubois.*

Philippe **n'**avait **plus** d'argent.   *Philippe had **no more** money.*

7. Simultaneous time can be expressed in a number of ways:

lorsque vous êtes passé...   ***when** you went by*

pendant que vous cherchiez...   ***while** you were looking*

Il attendait, **se faisant offrir**   *He waited, **letting himself get offered***
à boire.   *drinks.*

8. The verb **devoir** can point to the future in the past:

Ils **devaient** y coucher encore.   *They **were supposed to** sleep there again.*

9. When it is not showing place, **ici** can also be used to mean the present:

On ne les retrouvera pas
d'ici longtemps.

*They won't be found
for a long time (from now)*

10. Consider the time frames invoked by the phrase: **Quant aux noyés de cette fois-ci...**

L'art de lire: le *faire* causatif

Characters are often presented in some hierarchy expressed directly or indirectly. Note the difference between these two sentences as they express authority:

On **a appelé** le docteur.

*They (we) **called** the doctor.*

On **a fait appeler** le docteur.

*They (we) **had** the doctor **called**.*

In the first, the action is performed by the subject. In the second, the action expressed by the infinitive is performed not by the subject but by someone else. The expression **faire** with an infinitive is the equivalent of *to have* in expressions like *to have one's hair cut*, but in French the verb precedes the noun. A family with servants, like the Deligeard couple, may frequently have their actions performed for them. Maigret also has authority.

Maigret **fait répéter**
sa déposition **au marinier**.

*Maigret **has the sailor repeat**.
his statement*

When, as in the above example, both the subject and the object of the infinitive are specified, the subject is introduced by **à** or **par** and comes at the end. The truck driver acquires a kind of authority by virtue of having a story to tell:

Le chauffeur **se faisait offrir** à boire
par les journalistes.

*The driver **was getting the journalists to offer him** drinks.*

Consider other ways in which authority is expressed in the telling of this story as you read it. Does the **tu** and **vous** distinction play a role?

L'art de lire: les conjonctions

Stories typically refer to events that have consequences. Conjunctions like **parce que** (*because*) and **donc** (*therefore*) establish and help sum up logical relationships of cause and effect. Maigret's bad joke at the end of *La Vieille Dame de Bayeux* is introduced by **ainsi** (*thus*). Causes and results are often not expressed directly in the text but can be inferred and should be followed.

Exercices

A. Lisez le passage suivant en remplaçant les mots en **caractères gras** par un synonyme.

à la suite de	cache	prévenir
au delà de	empêcher	tour à tour
au juste	il y a environ cent ans	y compris
badauds	lorsque	

On a construit l'auberge **quelques années après 1900** (1). Je ne sais pas **exactement** (2) où elle se trouve, mais on dit que pour la trouver il faut aller **plus loin que** (3) la ville.

C'est là que Maigret prend la déposition des témoins **l'un après l'autre** (4). Il interroge tout le monde, tous les **curieux** (5), **sans omettre** (6) le propriétaire. **Quand** (7) il arrive à l'auberge, le chauffeur téléphone à son patron pour l'**avertir** (8) qu'il est retenu par la police **à cause de** (9) l'accident. Maigret prend la précaution de **rendre impossible** (10) son départ. Peut-être que ce chauffeur **dissimule** (11) quelque chose.

B. Lisez le passage suivant en remplissant les tirets par le mot convenable.

accrocher	lumières	pluie
camions	nager	remplir
éclairée	noyée	tranchée
heurté	péniche	veille

Ils sont partis ensemble le 30 avril, c'est à dire la ___1___ du premier mai. L'auberge n'était pas encore ___2___ mais elle était ouverte, et ils sont entrés. Le propriétaire leur a donné une fiche qu'ils ont dû ___3___. Ne tolérant pas le bruit des ___4___ qui passaient sur la route nationale, ils sont sortis. Il y avait beaucoup de boue sur la route, car il y avait eu beaucoup de ___5___. Un camion qui n'a pas pu s'arrêter à temps a ___6___ leur voiture. Il n'a pas vu leur voiture parce qu'elle était sans ___7___. La voiture a été projetée à l'eau. Pour la retirer il a fallu l' ___8___ solidement à une grue (*crane*). La fille dans la voiture savait-elle ___9___? On dit qu'elle s'est ___10___ parce qu'elle ne savait pas nager. En tout cas, un marinier qui dormait dans sa ___11___ a entendu un cri dans la nuit. Mais le cri c'était peut-être cette femme qu'on a découverte, la gorge ___12___.

L'Auberge aux Noyés

(Première Partie)

Maigret était venu à Nemours pour une affaire d'importance secondaire qu'il avait à discuter^Δ avec le capitaine de gendarmerie Pillement. Le capitaine était un homme charmant, cultivé et sportif. Après le dîner, comme il pleuvait à torrents, il avait invité le commissaire à dormir dans la chambre d'amis.[1]

1. Qui est le capitaine Pillement?

2. Pourquoi Maigret a-t-il passé la nuit chez lui?

On était au plus mauvais de l'automne et depuis quinze jours on vivait sous la pluie.

A six heures du matin, alors que le jour n'était pas encore levé, Maigret entendit la sonnerie du téléphone.

3. Qu'est-ce qui le réveille?

Quelques instants plus tard, le capitaine murmurait derrière la porte:

—Vous dormez, commissaire?

—Non, je ne dors pas!

—Cela ne vous dit rien de[2] venir avec moi à quinze kilomètres d'ici? Il y est arrivé cette nuit un curieux accident.

4. Qu'est-ce qui est arrivé?

Maigret y était allé, bien entendu! Au bord^Δ du Loing, là où la route nationale suit la rivière, entre Nemours et Montargis. Un ciel bas et froid. La rivière d'un brun^Δ sale et au delà les peupliers^Δ bordant^Δ le canal.

5. Où l'accident a-t-il eu lieu?

Pas un village. La seule auberge, l'Auberge des Pêcheurs, était à sept cents mètres, et Maigret savait déjà que dans le pays on l'appelait couramment l'Auberge aux Noyés.

Quant aux noyés de cette fois-ci, on n'en savait encore rien!

Il fallait attendre, attendre que l'auto qui était là, sous les eaux rapides, fût solidement accrochée à la grue et retirée de la rivière.

6. Où est l'auto?

Ce qui s'était passé, on ne le savait pas au juste. La veille au soir, un camion de dix tonnes, qui effectuait^Δ un service régulier Paris-

---

[1] **chambre d'amis?** Le contexte indique ce que c'est. Que dit-on en anglais?
[2] **cela ne vous dit rien de...?** *would you be at all interested in...?*

Lyon, passait sur cette même route, un peu après huit heures. Il avait heurté une auto qui était arrêtée, sans lumières, et l'auto avait été projetée△ dans le Loing.

Le chauffeur, Joseph Lecoin, avait cru entendre des cris, et le marinier△ de la *Belle-Thérèse*, dont la péniche était amarrée³ dans le canal, à moins de cent mètres, prétendait avoir, lui aussi, entendu des appels au secours.

Les deux hommes avaient effectué de vagues recherches.△ Puis le chauffeur du camion avait continué sa route jusqu'à Montargis où il avait alerté la gendarmerie.

Le propriétaire de l'auberge était là, abrité⁴ sous un vaste parapluie, et il discutait la question en connaisseur.

—Si les corps ne sont pas coincés⁵ dans la voiture, on ne les retrouvera pas d'ici longtemps.

—Ils ne sont sûrement plus dans l'auto, répliquait△ le chauffeur du camion, puisque c'est une voiture découverte!

—C'est curieux.

—Pourquoi?

—Parce qu'hier j'avais deux petits clients en voiture découverte. Ils ont couché et déjeuné à l'auberge. Ils devaient y coucher encore et je ne les ai pas revus.

La grue faisait un vacarme insupportable et on voyait enfin sortir de l'eau une voiture...

Le capitaine notait la plaque△ avec le nom△ du propriétaire: R. Daubois, 135 avenue des Ternes, Paris.

Tout le monde, y compris une douzaine△ de curieux descendus d'autos de passage, entourait la voiture. Ce fut précisément un anonyme qui eut la curiosité d'ouvrir le coffre. Celui-ci s'ouvrit sans effort, et l'homme poussa un cri, recula de deux ou trois pas.

Maigret s'approcha comme les autres, et dit:

—Allons! Reculez! Qu'on ne touche à rien!

Il avait vu aussi. Il avait vu une forme humaine au fond du coffre. Des cheveux blonds platinés△ indiquaient qu'il s'agissait d'une femme.

—Capitaine, il y a du nouveau, de l'assez vilain...

Un des badauds était médecin. Il examina le cadavre.

—La mort remonte à trois jours au moins...

7. Qu'est-ce qui a heurté l'auto? Pourquoi?

8. Qu'est-ce qu'on a entendu?

9. Qui a alerté la police?

10. Pourquoi ne peuvent-ils pas être coincés dans la voiture?

11. Quelle sorte de voiture les deux clients de l'auberge ont-ils?

12. Qu'y a-t-il d'écrit sur la plaque?

13. Qui entoure la voiture?

14. Qu'a fait l'un d'eux? (Montrez son geste.)

15. Qu'y avait-il dans le coffre?

---

³ **amarrée**: attachée au bord du canal
⁴ **abrité**? Utilisez le contexte. Quelle est la fonction d'un parapluie?
⁵ **coincés**: *stuck, jammed*

On tirait Maigret par la manche. C'était Justin Rozier, le patron de l'Auberge aux Noyés.

—Je reconnais la voiture, déclara-t-il. C'est celle de mes petits clients!

16. Que dit Rozier?

—Vous avez leur nom?

—Ils ont rempli leur fiche.

Le médecin, à nouveau, intervenait:

—Vous savez qu'il s'agit d'un crime?

—Commis avec quoi?

—Un rasoir.▵ Cette femme a eu la gorge tranchée...

17. De quel crime s'agit-il? Commis avec quoi?

Il pleuvait toujours, sur l'auto comme sur le cadavre et sur toutes ces silhouettes noires.

Une motocyclette...▵ Le brigadier qui sautait à terre...

—L'auto n'appartient plus à M. Daubois, que j'ai eu en personne au téléphone. Il l'a vendue la semaine dernière à un garagiste▵ de la Porte Maillot.

18. Qu'est-ce que Daubois a fait de sa voiture?

—Et le garagiste?

—J'ai téléphoné. Le garage a revendu la voiture il y a trois jours à un jeune homme dont on n'a pas pris le nom.

19. Qui a acheté la voiture?

—Mais puisque moi j'ai le nom! s'impatienta▵ l'aubergiste qui trouvait qu'on ne s'occupait pas assez de lui. Venez seulement jusque chez moi et...

20. Qui sait le nom de l'acheteur et comment le sait-il?

Une heure plus tard, à l'Auberge aux Noyés, il n'y avait qu'à se rapprocher▵ de la cabine téléphonique, où les journalistes pénétraient tour à tour, pour se rendre compte qu'avant le soir l'auberge serait célèbre.

21. Où sont-ils une heure plus tard?

... *Le Mystère de l'Auberge aux Noyés... Le Crime de l'Auberge aux Noyés... Un cadavre dans un coffre... L'Enigme de l'auto grise...*

Maigret, calme et lourd, fumait sa pipe, dévorait un gigantesque sandwich au jambon arrosé de bière[6] et regardait sans curiosité cette agitation.

22. Où lira-t-on des titres sensationnels?

Dans tout ce monde, deux personnages seuls intéressaient Maigret: le marinier de la Belle-Thérèse et le chauffeur du camion.

Il fit répéter sa déposition au marinier:

—J'allais me coucher quand j'ai entendu un drôle de bruit... De l'intérieur de la péniche on ne se rend pas compte... Je suis sorti et il m'a semblé entendre une voix qui appelait au secours.

—Une voix d'homme ou de femme?

23. Qu'est-ce que le marinier a entendu quand il est sorti?

---

[6] **sandwich au jambon arrosé de bière**: *ham sandwich accompanied by (washed down with) a beer*

—Plutôt d'homme!

—Vous vous êtes donc dirigé dans cette direction?

—J'ai vu les lumières d'un camion. Puis j'ai aperçu un gros homme qui marchait...

—Le chauffeur... C'est bien celui-là?

24. Qui est le gros homme qu'il a rencontré?

—Oui... Il m'a dit qu'il avait heurté une auto et que celle-ci avait roulé△ dans la rivière... Je suis allé prendre ma torche électrique...

—Quand vous avez vu qu'il n'y avait rien à faire, que vous a dit le chauffeur?

—Qu'il allait prévenir la gendarmerie.

25. Qu'est-ce que le chauffeur a décidé de faire?

—Il n'a pas précisé laquelle?

—Non... Je ne crois pas...

—Vous n'avez pas pensé à lui dire qu'il pouvait téléphoner de l'auberge qui n'est qu'à sept cents mètres?

26. Où aurait-il pu téléphoner?

—J'y ai pensé après, quand j'ai vu qu'il continuait sa route...

Le chauffeur avait prévenu téléphoniquement son patron qu'il était retenu par la police à la suite d'un accident et il attendait sans impatience les événements, se faisant offrir à boire par les journalistes à qui, en échange, il répétait sans cesse△ son histoire.

Maigret le prit à part.△

—A quelle heure avez-vous quitté△ Paris?

27. Pourquoi le chauffeur attend-il sans impatience?

—A deux heures. Par la pluie je ne pouvais pas aller vite.

—Je suppose que vous vous êtes arrêté pour dîner dans un restaurant?

28. Pourquoi n'allait-il pas vite?

—Comme vous dites! Je me suis arrêté chez la mère Catherine qui fait de la fameuse cuisine.[7]

29. Où s'est-il arrêté?

—Et vous n'avez vu le roadster△ qu'au moment de l'accident?

—A quelques mètres, alors qu'il était trop tard pour empêcher le choc.△

—Il n'y avait aucune lumière?

—Aucune!

30. Pourquoi a-t-il heurté la voiture?

—Et vous n'avez aperçu personne?

—Je ne peux pas vous dire... Il pleuvait... Tout ce que je sais, c'est que, quand l'auto a été dans l'eau, il m'a semblé que quelqu'un, dans l'obscurité, essayait de nager. Puis j'ai entendu comme un appel au secours...

31. Qu'a-t-il entendu d'abord?
32. Et ensuite?

—Cette auberge, lorsque vous êtes passé, n'était-elle pas éclairée?

---

[7] **qui fait de la fameuse cuisine**? Que fait une cuisinière dans sa cuisine? Ici, **fameux** veut dire **très bon** plutôt que célèbre.

—Peut-être que oui!

—Vous faites souvent la route?

—Deux fois par semaine.

—L'idée ne vous est pas venue de téléphoner à l'auberge?

—Non! J'ai pensé que Montargis n'était pas loin et j'y suis allé...

—Personne, pendant que vous cherchiez au bord de la rivière, n'a pu se cacher dans votre camion?

—Je ne pense pas.

—Je vous remercie. Bien entendu, vous restez à ma disposition.

—Si cela peut vous être utile.

33. Pourquoi ne s'est-il pas arrêté à l'auberge?

34. Quelle dernière question Maigret lui pose-t-il?

Activités sur le récit

Résumé de l'action

A. Résumez l'action en complétant les phrases suivantes.

1. Maigret a passé la nuit...

2. Il est beaucoup question dans cette histoire du temps qu'il fait, c'est-à-dire...

3. Un curieux accident a eu lieu...

4. Un camion avait heurté une voiture parce que...

5. Quand le marinier a entendu des appels au secours il était...

6. Celui qui est allé alerter la gendarmerie à Montargis c'est...

7. Les occupants de la voiture ne sont certainement pas coincés dans la voiture parce que…

8. Ce qui fait un grand vacarme pendant cette scène c'est...

9. Un anonyme a poussé un cri et reculé de deux ou trois pas quand...

10. La femme qu'on a trouvée dans la voiture...

11. Un des badauds, celui qui a dit que la mort remontait à trois jours au moins, était...

12. Le propriétaire de l'auberge croit savoir le nom des occupants de la voiture parce que…

13. M. Daubois, le monsieur dont le nom est sur la plaque, ne peut pas être une des victimes de l'accident parce qu'...

14. Le propriétaire de l'auberge s'impatiente parce que…

15. De l'intérieur de la péniche le marinier...

16. Quand le marinier a entendu des appels au secours il avait l'impression que c'était...

17. Quand il s'est dirigé dans la direction d'où venaient ces bruits...
18. Comme le marinier et le chauffeur ne trouvaient personne...
19. Les journalistes se faisaient répéter l'histoire et offraient à boire...
20. Parti de Paris à deux heures, le chauffeur...
21. Quand le chauffeur a vu la voiture grise au milieu de la route il a essayé...
22. Quand l'auto a été dans l'eau il lui a semblé...
23. Il ne s'est pas arrêté pour téléphoner à l'auberge parce que...
24. A la fin de leur entretien Maigret lui demande...

Si vous n'avez pas trouvé la réponse vous pouvez la chercher dans la liste suivante. Attention! Il y a quelques réponses fausses dans la liste.

a. a entendu un drôle de bruit
b. a eu la gorge tranchée
c. à l'Auberge aux Noyés
d. à Maigret
e. a vu le camion projeter la voiture dans le Loing
f. au bord du Loing
g. au chauffeur
h. c'était une voiture découverte
i. chez le capitaine Pillement
j. d'éviter le choc
k. dans le camion
l. dans le Loing
m. dans sa péniche
n. de continuer sa route
o. de la pluie
p. de trouver les occupants
q. il a ouvert le coffre
r. il a pensé que Montargis n'était pas loin
s. il a vendu la voiture
t. il a vu le chauffeur qui marchait
u. il trouve qu'on ne s'occupe pas assez de lui

v. il veut rentrer dans son auberge
w. ils ont rempli leur fiche
x. l'auberge n'était pas éclairée
y. la grue qui retire la voiture de l'eau
z. la voiture allait trop vite
aa. la voiture était sans lumières
bb. le capitaine Pillement
cc. le chauffeur du camion
dd. le chauffeur est allé prévenir la gendarmerie
ee. le marinier
ff. le marinier est allé téléphoner à la police
gg. les voitures qui passent sur la route
hh. Maigret
ii. que quelqu'un essayait de nager
jj. s'est arrêté pour dîner
kk. si quelqu'un a pu se cacher dans son camion
ll. un médecin
mm. une voix d'homme

B. Résumez l'action en identifiant les endroits précisés dans les phrases suivantes.

1. où Maigret a passé la nuit
2. où se trouve la voiture grise après l'accident
3. où se trouvait le marinier au moment de l'accident
4. quelle était la destination du camion
5. où les deux petits clients ont couché et déjeuné
6. où il y avait une plaque avec le nom R. Daubois
7. où se trouve le garage qui a revendu la voiture
8. où l'on peut trouver le nom des personnes qui étaient dans la voiture
9. où se trouvait la femme aux cheveux blonds platinés
10. où les journalistes pénétraient tour à tour pour entrer en contact avec leur journal
11. où le chauffeur s'est arrêté pour dîner
12. où le chauffeur est allé pour avertir les autorités qu'un accident avait eu lieu

Si vous n'avez pas trouvé la réponse vous pouvez la chercher dans la liste suivante.

a.	à l'auberge	g.	à la gendarmerie
b.	dans la cabine téléphonique	h.	Lyon
c.	dans le coffre	i.	chez la mère Catherine
d.	dans la chambre d'amis du capitaine	j.	à Paris
e.	sous les eaux	k.	dans la péniche
f.	sur la fiche	l.	sur la voiture

Sujets de discussion, de composition, de recherche, et de présentation

C. L'analyse: le témoignage d'un personnage. Organisons quelques idées pour un paragraphe ou une discussion sur le marinier.

1. Quelle sorte de vie mène-t-il?
2. Où dort-il la nuit?
3. Que faisait-il quand l'accident a eu lieu?
4. Pourquoi est-il sorti?
5. Qui a-t-il vu dans l'obscurité?
6. Qu'est-ce qu'il est allé chercher?
7. Quel était le résultat de ses recherches?
8. Son témoignage semble-t-il honnête ou suspect?

D. Même exercice sur le chauffeur de camion.

1. Qu'est-ce qu'il fait deux fois par semaine?
2. Quel plaisir s'offre-t-il sur la route?
3. Croyez-vous qu'il a bu avant l'accident? Cela aurait-il de l'importance dans l'enquête?
4. Comment l'accident est-il arrivé au juste?
5. Quel temps faisait-il? Cela a-t-il pu jouer un rôle dans l'accident?
6. Par contre, quelle semble avoir été la cause majeure de l'accident?
7. A-t-il fait tout ce qu'on aurait pu faire pour trouver les victimes?
8. Y a-t-il dans son témoignage un élément qui vous semble suspect?
9. Semble-t-il impatient de continuer sa route vers Lyon?
10. Comment passe-t-il son temps à l'auberge?

E. A la recherche: la France. Sur une carte de France, entre Paris et Lyon, trouvez Nemours, Montargis et la rivière Le Loing. Où pourrait-on trouver des photos de ces endroits? Dans quelle région de la France sommes-nous ici? Quelles sont les activités de loisirs dans la région? Pourriez-vous trouver une auberge dans cette région? Comment?

L'Auberge aux Noyés

Georges Simenon

DEUXIÈME PARTIE

Préparation à la lecture

Le Lexique

Vocabulaire

Quelle **suite** d'événements!	*succession*
Les journalistes **emplissent** l'auberge de leur vacarme.	*fill*
Il y a **en outre** la jeune fille.	*in addition*
Comment s'est-elle trouvée **mêlée** à cette affaire?	*get mixed up*
La voiture était **vide**, donc Viviane peut être encore **vivante**.	*empty* *alive*
Elle portait un **manteau léger**.	*light coat*
Tenez! Voici un homme.	*Look!*
Je **parie** que c'est son père.	*bet*
Je ne crois pas **me tromper**.	*am wrong*
Ma foi, vous avez raison. Viviane avait rencontré Jacques à la **piscine**.	*Well (literally: my faith)* *swimming pool*
Il comptait sur sa **dot** pour la **faire vivre**.	*dowry* *support*
Les **propos** cyniques de Jacques m'étonnaient.	*remarks*
Il a l**aissé entendre** qu'elle voulait **s'enfuir** avec lui.	*let it be understood (implied, suggested)* *to run off*

Il y a deux jours de cela.	*It's been two days since then.*
Qu'est-ce qui l'**a amenée** à ça?	*brought*
Les hommes **se turent**.	*fell silent*
Ils continuent à **se taire**.	*not speaking*

Mots apparentés et partiellements apparentés

Le **portefeuille** de Jacques n'est pas vide.	*portfolio*	*wallet*
Il ne va pas mourir de **faim**.	cf. *famine*	*hunger*
Mais il n'a pas de **situation**.	*situation*	*job*
Il **compte** vivre de l'argent de sa femme.	*is counting on*	
Sa compagne était très jeune.	*his female companion, the woman with him*	
Ils sont sortis en **promenade**.	*promenade*	*stroll, ride, drive*
Son père ne voulait pas la **contrarier**, mais maintenant il commence à **s'inquiéter**.	*to be contrary to* *to be disquieted*	*to oppose* *to worry*

Faux amis

Ma fille est très **jolie**.	not: *jolly*	but: *pretty*
Elle **avait envie** de partir. Elle est **sans doute** partie avec ce jeune homme dont j'**ignore** l'origine.	not: *envied* not: *without doubt* not: *ignore*	but: *wanted to* but: *probably* but: *don't know*

L'art de lire: les familles de mots

One of the best ways of developing reading comprehension is to learn to recognize word families. When you know the meaning of a noun, for example, the meaning of the verb or adjective related to it is usually quite easy to grasp.

Je ne **crois** pas en cette théorie. (verb)	*I don't **believe** in that theory.*
Elle n'est pas **croyable**. (adjective)	*It isn't **believable**.*
Sa **croyance** en Dieu est ferme. (abstract noun)	*His **belief** in God is firm.*

The various English equivalents of a word family in French may not all belong to the same word family in English.

Votre **témoignage** est indispensable.	*Your **testimony** is indispensable.*
Vous allez **témoigner** contre le criminel.	*You are going to **testify** against the criminal.*
Vous êtes le seul **témoin**.	*You are the only **witness**.*

Sometimes the word and its relatives have more than one meaning. If you realize that **jouer** means not only to *play* but also to *gamble*, the family relationships of the word are clear.

Maigret **joue** le rôle du policier maladroit.

*Maigret **plays** the role of a clumsy policeman.*

Maigret est un **joueur** expert.

*Maigret is an expert **player**.*

Dans ce **jeu** c'est la vie d'un homme qui est **en jeu**.

*In this **game** the life of a man is **at stake**.*

La Grammaire

Mots-clés

Elle serait partie **n'importe quand** pour aller **n'importe où**, **pourvu que** ce fût avec lui.

anytime (no matter when)
anywhere (no matter where)
provided that

Elle fait **toujours** ce qu'elle **a envie** de faire.

always
wants to, feels like

Si bien que, **à tort ou à raison** cet accident m'inquiète. Est-elle **toujours** en vie?

So that
rightly or wrongly
still

Je ne comprends pas les événements **tels que** les journaux les ont retracés.

as (in the way that)

L'art de lire: les pronoms réfléchis

When the direct or indirect object of a verb is identical with the subject, the pronoun is reflexive. First and second person object pronouns remain **me**, **te**, **nous**, and **vous**, but the third person pronoun, singular or plural, direct or indirect, is **se**. Use context to grasp the meaning of these pronouns and consider these three possibilities.

1. The reflexive pronoun may correspond to *myself, herself, ourselves*, etc.

    Elle **s'**est faite sa complice.

    *She made **herself** his accomplice.*

    Maigret **s'**invite.

    *Maigret invites **himself**.*

    Vous **vous** êtes fait mal?

    *Did you hurt **yourself**?*

    Je **me** fais entendre.

    *I make **myself** understood.*

2. These pronouns may correspond to *each other* or *one another*, expressing reciprocal action.

    Ils **s'**aimaient mais maintenant ils **se** détestent.

    *They loved **each other** but now they hate **each other**.*

    Nous ne voulons pas **nous** quitter.

    *We don't want to leave **one another**.*

3. Frequently, the reflexive pronoun simply forms part of a pronominal verb. Here, to think of a separate meaning for the pronoun in English is clumsy or misleading.

Ils **s'**arrêtent à l'auberge.	*They stop at the inn.*
Vous **vous** inquiétez trop.	*You worry too much.*
Je ne peux pas **me** souvenir.	*I can't remember.*
Maigret n'aime pas **se** presser.	*Maigret doesn't like to hurry.*

Find examples of reflexive and reciprocal pronouns and pronominal verbs in these stories and account for their meanings.

Exercices

A. Expliquez le sens des mots en **caractères gras** dans chacune des phrases suivantes. Distinguez les verbes, les adjectifs, et les noms.

1. Elle **soigne** la malade. C'est son premier **soin**. C'est une bonne qui fait du travail **soigneux**. Son apparence est très **soignée**.

2. Elle va porter **plainte**. Elle **se plaint** de tout, cette femme. Elle a une voix **plaintive**.

3. Vos **craintes** sont des craintes de vieille dame. Vous **craignez** tout. Vous êtes trop **craintive**.

4. Vous allez **devoir** témoigner. C'est votre **devoir**.

B. Lisez le passage suivant en remplaçant les mots en **caractères gras** par un synonyme.

à tort ou à raison	laisser entendre	si bien que
en outre	n'importe quand	vouloir
encore	pourvu	

J'avais la valise **et donc** (1) je ne m'inquiétais pas quand ils ont quitté l'hôtel. **De plus** (2) ils avaient dit qu'ils rentreraient dîner. Je leur ai dit: «Vous pouvez sortir **à condition** (3) que vous laissiez la valise. Puisque la porte reste ouverte vous pouvez rentrer **à l'heure que vous voudrez** (4)». **Avoir envie de** (5) sortir de temps en temps c'est tout naturel. Rien ne pouvait **suggérer** (6) que c'étaient des criminels. **Correctement ou non** (7) j'ai cru qu'ils étaient honnêtes. Leur valise est **toujours** (8) là.

C. Même exercice.

amener à	propos	se tromper
s'enfuir	suite	vêtir
s'en mêler	se taire	

C'est l'affaire du capitaine Pillement. Maigret hésite à **s'y engager** (1). Mais le capitaine a besoin de son aide. Maigret essaie donc de comprendre la **succession** (2) des événements. Que veulent dire les **paroles** (3) du chauffeur et du marinier? Maigret avance lentement. Il vaut mieux **ne rien dire** (4) que de **faire une erreur** (5).

Et que dire de cette jeune fille qui a décidé de **prendre la fuite** (6) avec son amant? Elle n'a même pas pris le temps de s'**habiller** (7) convenablement. Qu'est-ce qui a pu la **persuader de** (8) faire une chose comme ça?

D. Lisez le passage suivant en remplissant les tirets par les mots convenables.

franchise	cheveux	faire vivre
légère	dot	vide
parier	s'emplir	vivante
piscine		

D'ordinaire, en hiver, il n'y a personne à l'auberge. Elle est absolument ___1___. Mais aujourd'hui elle commence à ___2___ de journalistes.

Le père de la jeune fille arrive. C'est un vieux monsieur aux ___3___ gris. Sa fille et son amant allaient nager ensemble dans la ___4___ d'un club sportif. Ce garçon lui disait qu'il voulait l'épouser mais qu'il n'avait pas assez d'argent pour la ___5___. Mais il ne l'aimait pas. Il voulait l'épouser seulement pour sa ___6___. Il a dit la vérité au père de la fille. Cela montre au moins sa ___7___. La jeune fille est partie impulsivement, portant une robe bien trop ___8___ pour la saison. Le père craint qu'elle ne soit morte. Il se demande si elle est encore ___9___. Mais Maigret trouvera la solution. Vous pouvez ___10___ là-dessus.

L'art de lire: les connaissances

All stories express what people know and how and when they get to know it. The search for knowledge characterizes mystery genres in particular.

1. With **voir** and other verbs of perception, the subject of an infinitive follows the verb (as in **faire** and the infinitive). The witness recounts what he has seen:

   J'**ai vu arriver** un jeune couple.   *I **saw** a young couple **arrive**.*

2. Witnesses also express thoughts and opinions with verbs like **penser** and **croire**:

   J'**ai pensé que** c'était des jeunes mariés.   *I **thought** they were newlyweds.*

   Je **crois qu'**ils se seraient arrêtés n'importe où...   *I **believe** that they would have stopped anywhere...*

   Compare these examples with the first examples of **que** used as a conjunction in the **L'art de lire** on **que** in the previous chapter.

3. **Croire** and **penser** can also be used with infinitives. Note that unlike English, the subject of the infinitive is not specified in French. If you have trouble understanding, put the pronoun corresponding to the subject of the verb in front of the infinitive.

Le père **croit se souvenir** que c'était à la piscine.	*The father **thinks he remembers** (that) it was at the pool.*
Le marinier **a cru entendre** des appels.	*The sailor **thought he heard** calls.*
J'**ai pensé mourir**.	*I **thought I would die**.*
Vous me **semblez connaître** bien votre fille.	*You **seem** (to me) **to understand** your daughter well.*

4. Information can be passed along in other ways:

Le médecin **laissait entendre** que le corps...	*let it be understood*
Je parie que voici son père.	*I bet*
Elle m'**a menacé** de s'enfuir.	*threatened*

5. The verb **devoir** expresses an understanding:

Le couple **devait** revenir.	*was supposed to*

6. Some expressions of what is known are never stated as such. Irony is one example (see **L'art de lire** on **l'ironie** in the fifth selection of the first story). Punctuation can also communicate information. **Points de suspension**—three periods that suspend discourse—are used sometimes to suggest nothing more than the hesitation of the **aubergiste** answering questions: **Ils paraissaient nerveux? Pas spécialement...** The same device manages also to express the couple's behavior and activities:

Ils ont passé une bonne partie de la journée d'hier dans leur chambre...

Ils se seraient arrêtés n'importe où pourvu qu'ils aient une chambre...

The **points de suspension** here help develop the phrase **ils pensaient à l'amour** and communicate the notion that the couple is not traveling as brother and sister. Later, Maigret apologizes to the father for using the word **amant**. Sexual love motivates stories through many oblique kinds of reference.

7. Sometimes the text allows, and sometimes it encourages, readers to make inferences—suppositions that may or may not turn out to be relevant. We learn that Viviane met Jean at the **piscine** or at a **club sportif**. We can make, if we want to, certain suppositions regarding her ability to swim and her athletic conditioning.

Try to notice and keep track of how information is presented and passed on in stories.

L'Auberge aux Noyés

(Deuxième Partie)

L'aubergiste avait déclaré à Maigret:

—Avant-hier, dans la soirée, j'ai vu arriver un jeune couple dans une auto grise, celle qui a été retirée de la rivière. J'ai pensé aussitôt que c'était des jeunes mariés. Voici la fiche que j'ai fait remplir.

1. A qui est l'auto?

On lisait:

«Jacques Vertbois, 20 ans, 18, rue des Acacias, à Paris.»

2. Qu'est-ce qu'on lit sur la fiche?

La réponse aux questions de la fiche était: venant de Paris, allant à Nice.

3. Quelle était leur destination?

Enfin, le jeune homme avait ajouté: «Et madame.»

—... Une jeune personne très jolie, de dix-sept à dix-huit ans, répondait le patron à Maigret. Elle était vêtue d'une robe trop légère pour la saison et d'un manteau de sport.

4. Comment était vêtue la jeune fille?

—Le couple avait des bagages?

—Une valise, elle est toujours là-haut...

5. Quels bagages avaient-ils?

—Ils paraissaient nerveux?

—Pas spécialement... A vous dire vrai, ils pensaient plutôt à l'amour et ils ont passé une bonne partie de la journée d'hier dans leur chambre...

6. Où ont-ils passé la journée?

—Ils ne vous ont pas dit pourquoi, allant à Nice, ils se sont arrêtés à moins de cent kilomètres de Paris?

—Je crois qu'ils se seraient arrêtés n'importe où, pourvu qu'ils aient une chambre...

7. Pourquoi leur arrêt à l'auberge est-il bizarre? Comment Rozier l'explique-t-il?

—Et l'auto?

—Elle était dans le garage... Vous l'avez vue...

—Vous n'avez pas eu la curiosité d'ouvrir le coffre?

—Je ne me permettrais jamais...

—En somme, le couple devait revenir chez vous pour coucher?

—Pour dîner et pour coucher...

8. Où devaient-ils dîner et coucher ce soir-là?

—A quelle heure la voiture est-elle sortie du garage?

—Vers quatre heures et demie... J'ai supposé que nos jeunes gens avaient envie, après être restés si longtemps enfermés dans leur chambre, de sortir... la valise était toujours là, si bien que je ne m'inquiétais pas pour la note...[1]

Si bien que cela se résumait ainsi:

Le lundi, vers cinq heures de l'après-midi, un certain Jean Vertbois, vingt ans, demeurant 18 rue des Acacias, à Paris, achetait une voiture qu'il payait avec cinq billets[2] de mille francs. (Le garagiste, on venait de le téléphoner à Maigret, avait l'impression que le portefeuille de son client contenait une liasse assez importante[3] de billets.)

De la journée de mardi on ne savait encore rien.

Le mercredi, à la soirée, le même Vertbois, avec sa voiture, arrivait à l'Auberge aux Noyés, à moins de cent kilomètres de Paris, en compagnie d'une très jeune fille que le patron de l'auberge prenait pour une personne de bonne famille.

Le jeudi, le couple sortait en auto comme pour une simple promenade dans la région et quelques heures plus tard l'auto était heurtée par un camion à sept cent mètres de l'auberge et le chauffeur du camion, ainsi qu'un marinier, croyaient entendre des appels dans la nuit.

De Jean Vertbois et de la jeune fille, aucune trace. Toute la gendarmerie du pays enquêtait depuis le matin dans la région. Dans les gares, rien! Dans les fermes, dans les auberges, sur les routes, rien!

Par contre, dans le coffre de l'auto, on découvrait le cadavre d'une femme de quarante-cinq à cinquante ans, très soignée, très coquette.

Et le médecin légiste[4] confirmait que cette femme avait été assassinée le lundi à coups de rasoir!

Avec moins d'assurance, le médecin légiste laissait entendre en outre que le corps avait été mis dans le coffre quelques heures seulement après la mort.

La conclusion était que, quand le couple était arrivé à l'auberge, il y avait déjà un cadavre dans la voiture!

Vertbois le savait-il?

Sa jeune compagne le savait-elle?

9. Selon Rozier, pourquoi sont-ils sortis?

10. Combien Vertbois a-t-il payé la voiture?

11. Qu'y avait-il dans son portefeuille quand il a payé?

12. L'auberge est à combien de kilomètres de Paris?

13. L'accident était à quelle distance de l'auberge?

14. Où cherche-t-on le couple? Avec quel résultat?

15. Décrivez la victime.

16. Quelle conclusion peut-on tirer?

---

[1] **la note**? Utilisez le contexte. De quoi s'inquiéterait un aubergiste?
[2] **billets**? Utilisez le contexte
[3] **une liasse assez importante**: *a rather big wad*
[4] **médecin légiste**: *forensic surgeon*

Que faisait leur voiture à huit heures du soir, sans lumières, au bord de la route?

Qui était dans l'auto à ce moment?

Et qui avait crié dans la nuit?

Les journalistes considéraient l'auberge comme terrain conquis^Δ et s'installaient en maîtres,^Δ emplissant toutes les pièces de leur vacarme.

17. Qui faisait du bruit dans l'auberge?

Le capitaine s'assit en face de Maigret.

—Je commence à croire que cet accident de la route, si banal au début, va devenir petit à petit une des affaires les plus mystérieuses qu'il soit possible d'imaginer...

Maigret se contenta de se servir de salade de pommes de terre, de sardines et de betteraves[5], qui sont les hors-d'œuvre classiques des mauvaises auberges.

—Quand nous saurons qui est cette jeune fille belle et amoureuse...

Une grosse auto, conduite par un chauffeur en livrée,^Δ s'arrêtait devant la porte, et un homme à cheveux gris en descendait.

—Tenez! murmura Maigret. Je parie que voici son père!

18. Un monsieur riche arrive. Comment sait-on qu'il est riche?

***

Le commissaire ne s'était pas trompé.

—Germain La Pommeraye, notaire[6] à Versailles. Vous l'avez retrouvée?

—Je vais être obligé, soupira Maigret, de vous poser un certain nombre de questions assez précises dont je m'excuse. Pouvez-vous me dire tout d'abord ce qui vous a fait penser que votre fille pouvait être mêlée à cette affaire?

19. Qui est cet homme et que veut-il savoir?

—Vous allez comprendre. Ma fille Viviane a dix-sept ans et en paraît vingt. Je dis a, alors que, sans doute, je devrais déjà dire *avait*...[7] C'est une impulsive... Et, à tort ou à raison, je me suis toujours refusé à contrarier ses instincts... J'ignore où elle a fait connaissance de ce Jean Vertbois, mais je crois me souvenir que c'est à la piscine, ou dans un club sportif...

20. Quelle sorte de fille Viviane est-elle?

21. Où a-t-elle rencontré Vertbois? (Sait-elle nager?)

---

[5] **salade de pommes de terre, de sardines et de betteraves**: *potato salad, sardines and beet (salad)*
[6] **notaire**: *official who draws up wills and marriage contracts and advises his clients on investments.* **Notaires** *are usually considered to be well-to-do, discreet, conservative, and dignified. These are also often thought to be characteristics of people from Versailles.*
[7] **avait**: Remarquez que le temps du verbe peut exprimer une situation pathétique.

—Vous connaissez personnellement Jean Vertbois?

—Je l'ai vu une fois. Ma fille, je le répète, est une impulsive. Un soir, elle m'a déclaré: «Papa, je me marie!»

22. Qu'a-t-elle déclaré à son père?

—Continuez, monsieur!

—J'ai d'abord pris la chose en plaisantant. Puis, voyant que c'était sérieux, j'ai demandé à voir le candidat. C'est ainsi qu'une après-midi Jean Vertbois est venu à Versailles. J'ai demandé au jeune homme avec quelles ressources il comptait faire vivre une femme et il m'a répondu avec franchise qu'en attendant une situation plus brillante la dot de ma fille empêcherait en tout cas celle-ci de mourir de faim. Comme vous le voyez, le type même du petit arriviste[8] cynique dans ses propos comme dans ses attitudes... Après une heure je l'ai mis à la porte.

23. Qui le père a-t-il voulu voir?

24. Que lui a-t-il demandé?

25. Qu'est-ce qui empêcherait Viviane de mourir de faim, selon Vertbois?

—Combien de temps y a-t-il de cela? questionna Maigret.

—Une semaine à peine. Lorsque j'ai vu ma fille, ensuite, elle m'a déclaré qu'elle n'épouserait pas d'autre homme que Vertbois, et, ma foi, elle m'a menacé, si je ne consentais pas au mariage, de s'enfuir avec lui... Or, depuis mardi après-midi, Viviane a disparu...△ Dès mardi soir, je me suis rendu au domicile de Vertbois, mais on m'a répondu qu'il était parti en voyage, accompagné d'une très jeune fille, c'est-à-dire de Viviane... Voilà pourquoi quand, ce midi, j'ai lu dans les journaux le récit des événements de la nuit...

26. Qu'a fait le père?

27. Que va faire Viviane?

28. Que fera-t-elle s'il n'y consent pas?

29. Qu'a-t-on dit au père quand il est allé chez Vertbois?

Il restait calme et digne.

—Je vous demande une seule chose, commissaire, la franchise! A votre avis, ma fille est-elle vivante?

30. Que veut-il savoir?

Maigret fut un bon moment sans répondre. Enfin il murmura:

—Laissez-moi d'abord vous poser une dernière question. Vous me semblez connaître très bien votre fille. Croyez-vous que votre fille, apprenant que Vertbois était un assassin, se serait fait sa complice△ par amour? Ne répondez pas trop vite. Supposez que votre fille arrive chez son amant... Je vous demande pardon, mais le mot est malheureusement exact... Elle apprend que, pour pouvoir s'enfuir avec elle et trouver l'argent nécessaire à cette fuite, il a été amené à tuer...

31. Maigret répond par une question. Laquelle?

32. Pourquoi Vertbois aurait-il tué quelqu'un?

Les deux hommes se turent. Enfin M. La Pommeraye soupira:

—Je ne sais pas...

—Je l'espère!

—Comment?

---

[8] **arriviste**: *unscrupulous social climber*

—Parce que, si Jean Vertbois n'a rien à craindre de sa compagne, il n'a aucune raison de la faire disparaître. Si, au contraire, par exemple, en découvrant le cadavre dans le coffre, votre fille a manifesté son indignation et l'a menacé...

—Je comprends ce que vous voulez dire, mais je ne comprends pas la suite des événements tels que les journaux nous les ont retracés. L'auto, au moment de la collision n'était pas vide, puisque le chauffeur du camion et un marinier ont entendu des cris. Vertbois et Viviane n'avaient aucune raison de se quitter... Il est donc probable...

—Depuis ce matin, on drague△ la rivière. Jusqu'ici on n'a obtenu aucun résultat.

—Croyez-vous qu'il me reste des chances de retrouver ma fille vivante?

Maigret n'osa pas lui répondre que, dans ce cas, Viviane La Pommeraye serait probablement inculpée[9] de complicité d'assassinat!

33. «Faire disparaître», autrement dit, c'est quoi? Pourquoi Jean voudrait-il «faire disparaître» Viviane?

34. De quoi Viviane risque-t-elle d'être accusée si elle est encore vivante?

---

[9] **inculpée**: accusée

Activités sur le récit

Résumé de l'action

A. Résumez l'action en corrigeant les phrases fausses.

1. L'aubergiste a tout de suite compris que le jeune couple n'était pas marié.
2. La jeune fille avait l'air encore plus jeune que son compagnon.
3. L'aubergiste n'a aucune idée pourquoi ils se sont arrêtés à moins de cent kilomètres de Paris.
4. Quand ils sont sortis ils ont emporté leur valise.
5. Vertbois venait d'acheter la voiture.
6. La gendarmerie cherchait partout dans la région des traces du jeune couple.
7. La femme dans le coffre avait à peu près le même âge que le jeune couple.
8. Pendant toute cette enquête les journalistes travaillent en silence.
9. Le monsieur qui arrive en voiture conduit lui-même.
10. La fille du monsieur s'appelle Viviane. Elle a dix-sept ans.
11. M. La Pommeraye se rend compte qu'il a été un père trop sévère.
12. Jean et Viviane se sont rencontrés soit à la piscine soit dans un club sportif.

13. M. La Pommeraye ne voulait pas rencontrer le jeune homme mais Viviane a insisté.

14. Vertbois a répondu avec franchise quand M. La Pommeraye a demandé comment il allait faire vivre Viviane.

15. Vertbois ne manifeste aucun intérêt dans la dot de Viviane.

16. M. La Pommeraye l'a mis à la porte.

17. Viviane a caché à son père le projet qu'elle avait de s'enfuir avec Jean Vertbois.

18. Quand son père se rend au domicile de Vertbois personne ne peut le renseigner.

19. C'est par le journal qu'il a appris la nouvelle de l'accident.

20. Il est certain que sa fille ne peut pas être la complice d'un assassin.

21. Si elle est sa complice Vertbois n'a aucune raison de la faire disparaître.

22. Le père sait que la voiture n'était pas vide quand elle a été projetée dans l'eau.

23. Mais puisque Viviane sait nager il est à peu près certain qu'elle est encore en vie.

24. Maigret pense qu'elle peut être accusée de complicité d'assassinat si elle est encore en vie.

B. Les phrases suivantes racontent les événements, mais dans le désordre. Mettez-les dans leur ordre chronologique.

1. Dès que la grue retire la voiture de l'eau, vendredi matin, on commence à draguer la rivière.

2. Ayant lu les journaux, M. La Pommeraye arrive à l'Auberge aux Noyés et demande à Maigret si sa fille est encore en vie.

3. Vertbois et sa compagne, allant de Paris à Nice, arrivent à l'Auberge aux Noyés mercredi.

4. Viviane déclare à son père: «Papa, je me marie avec Jean Vertbois.»

5. Maigret n'ose lui répondre que dans ce cas elle serait probablement inculpée de complicité d'assassinat.

6. M. La Pommeraye fait venir ce Jean Vertbois à Versailles, et, s'apercevant que c'est un petit arriviste cynique, le met à la porte.

7. Les journaux de vendredi annoncent la découverte d'un cadavre dans le coffre d'une voiture appartenant à Jean Vertbois.

8. Dès mardi soir, M. La Pommeraye se rend chez Vertbois et apprend qu'il est parti en voyage accompagné d'une très jeune fille.

9. Le lendemain le couple sort en auto comme pour une simple promenade dans la région. On ne les a plus revus depuis.

10. Peu après l'entretien entre M. La Pommeraye et Jean Vertbois, Viviane disparaît.

Sujets de discussion, de composition, de recherche, et de présentation

C. L'aspect dramatique.

1. Prenez le rôle de l'aubergiste. Imaginez que c'est un type qui parle beaucoup. Faites diverses observations à Maigret sur:

   a. ce que vous avez pensé aussitôt quand le jeune couple est arrivé à l'auberge

   b. ce que le jeune homme a écrit sur la fiche et ce qu'il y a ajouté

   c. la jeune fille: son apparence, ses vêtements, sa fortune, son attitude envers le jeune homme

   d. pourquoi ils voulaient une chambre

   e. les choses qu'on apprend à observer quand on est aubergiste

   f. le type de client qui vient dans votre auberge

   g. pourquoi un aubergiste doit être discret

   h. la sorte de curiosité qu'on ne doit pas se permettre

   i. pourquoi on appelle votre auberge ce qu'on l'appelle

   j. pourquoi le jeune couple est sorti en promenade

   k. pourquoi vous n'étiez pas inquiet

2. Prenez le rôle du père de Viviane. Expliquez à Maigret ce qui s'est passé. Si l'histoire ne dit rien sur certains sujets inventez quelque chose.

   a. vous vous présentez

   b. l'âge, l'apparence, la personnalité de Viviane

   c. les idées que vous avez eues sur la bonne façon d'élever un enfant, et ce que vous en pensez maintenant

   d. la mère de Viviane

   e. comment Jean et Viviane se sont rencontrés

   f. pourquoi vous avez demandé à voir Jean Vertbois

   g. ce que vous lui avez demandé

   h. comment il a répondu

   i. votre opinion de lui

   j. comment votre entretien avec lui s'est terminé

   k. ce que vous refusez de faire même s'ils se marient

   l. pourquoi vous espérez que ce refus va décourager Vertbois

   m. ce que Viviane a menacé de faire si vous ne consentez pas au mariage

   n. ce qu'on vous a dit quand vous êtes allé au domicile de Vertbois

   o. ce que vous voulez surtout savoir de Maigret

L'Auberge aux Noyés

Georges Simenon

TROISIÈME PARTIE

Préparation à la lecture

Le Lexique

Vocabulaire

Il se dirige vers le **seuil**	*doorstep*
et regarde par la **fenêtre**.	*window*
Il entend **nettement** ce qu'ils disent.	*clearly*
Il faut avoir l'attention **en éveil**.	*on the alert*
«Reconstitution?» **lança**	*called out*
un reporter assez **malin**.	*shrewd, sharp, critical*
Il **s'empresse** de répondre:	*hastens*
«Je le désire **vivement**, dit	*earnestly*
Maigret, **et après**?»	*so what?*
Il se met sur le **siège** du camion.	*seat*
Est-ce que les **freins** sont bons?	*brakes*
Juste à l'**endroit** de l'accident,	*place*
il **faillit** perdre son calme et	*almost*
s'en prendre au marinier.	*to take it out on*
«**Par exemple**...!»	*Well, I'll be...*
Il le regarde avec **méfiance**.	*distrust*

Mots apparentés et partiellement apparentés

Au cours du **repas**	*repast*	*meal*
Maigret décide de **tenter**	*to attempt*	*to try*
une **expérience**. Il en parle	*experience*	*experiment*
à voix **basse** au capitaine.	*bass*	*low*
Ce n'est pas une idée **banale**.	*banal*	*ordinary, everyday*
Cela sera pour lui une **façon**	*fashion*	*way*
de découvrir la vérité, et		
si les journalistes sont **sages**	*sage, wise*	*good, well-behaved*
et font ce qu'il leur dit de		
faire ils auront un bon **papier**.	*paper*	*newspaper article*
Il **cause** avec le chauffeur	not: *causes*	but: *chats*
qui dit qu'il veut bien **rendre service**	*render a service*	*do a favor*
à Maigret, faire une **commission** pour lui,	*commission*	*errand*
le **déposer** chez le capitaine,	*to depose*	*to drop off*
par exemple, s'il veut **descendre** là,	*to descend*	*to get out, to get off*
au **coin** de la rue.	not: *coin*	but: *corner*
Lentement, son **humeur**	*humor*	*mood*
devient moins **franche**.	*frank*	*open*
Maigret lui fait des **ennuis**.	*annoyances*	*difficulties, trouble*
La situation semble l'**ennuyer**.	*to annoy*	*to bother*
Que vont dire ses **copains**?	*companions*	*buddies*
Il semble **angoissé** par cette	*anguished*	*worried*
reconstitution du crime.	*reconstitution*	*reconstruction*
Quelle **preuve** a-t-il de son innocence?	*proof*	
Les choses ne **s'arrangent** pas	*arrange themselves*	*work out*
pour lui. Un coup de frein! Un **juron**!	cf. *jury, jurisdiction*	*swear word*
Maigret faillit entrer dans le **pare-brise**.	cf. *para- + breeze*	*windshield*

L'art de lire: *un coup de*

This expression is used in so many different idioms that it deserves special attention. The basic meaning is a *knock*, a *blow*, or a *stroke*. Some of the phrases in which it appears should be easy to figure out:

un **coup** de couteau	*a **blow** with a knife, i.e. a* _____
un **coup** de pied	*a **blow** with a foot, i.e. a* _____
un **coup** d'épaule	*a **blow** with a shoulder, i.e. a* _____

Others may not be so obvious:

le **coup** de grâce	*the **stroke** of mercy the death blow*
un **coup** d'œil	*a **stroke** of the eye a glance*

The basic rules of reading comprehension apply to these idioms.

1. Use context and common sense. For example:

   Je vais vous donner un **coup** de téléphone.

   You do not usually hit people with a telephone. The meaning is clearly something simpler than that and should be obvious.

2. It is the meaning of the phrase that counts, rather than the isolated word. Without translating the word **coup** itself, state or imitate with a gesture (or sound effects, if you choose) the action conveyed by these sentences:

   Quand il a vu l'auto il a donné un **coup** de frein.

   La femme a été tuée à **coups** de rasoir.

   It must be admitted, however, that now and then an idiom does not mean what it appears to mean and the reasonable assumption proves false. If a **coup de pied** is a *kick*, a **coup de main** ought to mean a *slap*. But it doesn't. It's quite the other way around: a **coup de main** is a *helping hand*.

La Grammaire

Mots-clés

Là-bas, sur la scène de l'accident, voilà Maigret qui est **en train de** questionner le chauffeur:	*Over there* *in the process of (in the act of)*
«Evidemment, **du moment que** vous n'avez rien à cacher, et **comme** vous dites la vérité, vous n'avez rien à craindre.	*since* *since*
Mais dites-moi: il pleut **tout autant** qu'hier, **pourtant** aujourd'hui vous **avez pu** vous arrêter. Pourquoi?»	*just as much* *yet* *succeeded (were able)*
Chacune de ses questions ennuie le chauffeur.	*Each (Each one)*
—**Si** nous allions au café, propose Maigret.	*Suppose (what if)*
—**Comme** vous voudrez.	*As*

L'art de lire: *en*

This little word has two quite separate uses. Look for and identify the following:

1. It is sometimes a preposition, where its meaning usually poses little problem, though the English might be quite different:

Le couple sortait **en** auto.	*The couple went out **in** the car.*
Nous étions **en train de** causer.	*We were **busy** talking **(in the process of)***
On passait **en** face de l'auberge.	*We were passing **in** front of the inn.*

   In this way too it is used as a gerundive to express either contemporaneous action:

J'ai pris la chose **en** plaisantant.	*I took it lightly.*
Lecoin questionnait **en** haussant les épaules.	*Lecoin shrugged his shoulders to indicate a question.*

   or to express cause:

Le chauffeur gagne deux mille francs **en** aidant à pousser l'auto à l'eau.	*The driver earns 2000 francs **by** helping to push the car into the water.*

   Refer to the note in chapter three on the **gérondif** for further examples.

2. The same word is used for completely different functions as an object pronoun to replace expressions marked by **de**. Here too, the meaning is expressed in many different ways in English.

   a. When **de** is used as an indefinite or a partitive noun marker, **en** replaces it as the object pronoun expressing quantity:

Il voulait de l'argent, mais il n'**en** avait pas.	*He wanted money but he didn't have **any**.*
Sa tante **en** avait beaucoup.	*His aunt had a lot (**of it**).*

   The word is also used as an object pronoun in certain idioms:

Il a besoin **de l'auto**?	*Does he need **the car**?*
Oui, il **en** a besoin.	*Yes, he needs **it**.*
Il avait un rasoir et il s'**en** est servi.	*He had a razor and he used **it**.*

   How do you explain **en** in the following sentence?
   Ma fille Vivianne a dix-sept ans et **en** paraît vingt.

   b. When **de** is used as a preposition or as part of a prepositional phrase, a little more reconstruction may be necessary. Maigret sets up a situation....

sans rien **en** dire à personne.	*without telling anyone anything **about it**.*
Quant aux noyés, on n'**en** savait encore rien.	*As for the drowned, nothing was known **about them** so far.*
Il prétendait n'**en** rien savoir, mais il **en** connaît la raison.	*He claimed he knew nothing **about it**, but he knows the reason **for it**.*
Et le crime, vous **en** avez entendu parler?	*And the crime, have you heard **about it**?*

c. **En** is used in idiomatic expressions:

Le chauffeur faillit **s'en prendre**   *The driver almost **attacked***
au marinier.   *the sailor.*

L'art de lire: la négation

Sometimes negative words cluster together:

Maigret, **sans rien** en **dire**   *without saying anything ...*
à personne a fait rappeler le marinier. *to anyone*

When two or more negative words are used in combination, only one of them
has negative value. Look for examples.

Il n'a **rien** fait.   *He has done **nothing**.*

Il n'a **jamais rien** fait.   *He has **never** done **anything**.*

L'art de lire: les prépositions

1. It is essential to know such elementary meanings as **sur**—*on*, **dans**—*in*, etc. In
   many phrases, however, a literal translation of a preposition can lead to
   confusion. Here is a truck driver talking:

   Les gens crient **sur** nous parce que nous tenons le milieu de la route.

   He could have used **après** or **contre** and the meaning would be the same in
   English. What would you say that meaning was? Where are the **gens**?

2. Many different idioms use **à** with varying equivalents in English. Consider the
   context when you encounter examples like these:

   Le camion s'est arrêté **à** temps.   *The truck stopped **on** time.*

   Il pousse la voiture **à** la main.   *He pushes the car **by** hand.*

   Il retire **à** regret sa pipe de la bouche. *He takes his pipe from his mouth **with** regret.*

3. Certain expressions require a preposition in French where none appears in
   English.

   Donnez-nous quelque chose **de** bon.   *Give us something good.*

   Il n'y a personne **de** plus bête.   *There is nobody dumber.*

   Some expressions use **de** when followed by an adjective:

   Quoi **de** neuf?

   Rien **de** nouveau?

   Quelqu'un **d'**intéressant est passé?

Exercices

A. Lisez le passage suivant en remplaçant les mots en **caractères gras** par un synonyme. Faites les changements nécessaires.

causer	endroit	je propose que
copains	lancer	seuil
empresser	les nouveaux venus	

«**Si** (1) nous allions dîner», dit Maigret. Ils entrent dans un restaurant où mangent les **amis** (2) du chauffeur. Les clients se retournent pour regarder **ceux qui viennent d'arriver** (3). Ils s'arrêtent un moment à l'**entrée** (4). On entend Maigret **crier** (5) un bonjour cordial à tout le monde. On voit la serveuse se **hâter** (6) de leur offrir une table.

Pendant le repas ils vont **parler** (7). Puis ils iront visiter le **lieu** (8) où l'accident a eu lieu.

B. Lisez le passage suivant en remplissant les tirets par le mot convenable.

autant	fenêtre	pourtant
épaules	frein	siège
en éveil	malin	juron

En regardant par la ___1___ on voit qu'il pleut toujours. Maigret s'installe à côté du chauffeur sur le ___2___ avant. Aujourd'hui il pleut tout ___3___ qu'hier. Pour éviter un accident le chauffeur a toute son attention ___4___. Il donne un coup de ___5___ quand c'est nécessaire. Le chauffeur dit qu'il n'a rien à cacher. ___6___ il a l'air nerveux. D'abord il exprime son indifférence en haussant les ___7___. Ensuite il exprime sa surprise et sa mauvaise humeur en prononçant un ___8___. Enfin il se rend compte que Maigret est plus ___9___ que lui.

C. Lisez le passage suivant en remplaçant les mots en **caractères gras** par un synonyme.

cacher	et après?	nettement
comme	méfiance	s'en prendre à

Le chauffeur regarde Maigret avec **suspicion** (1). Maigret semble penser qu'il a quelque chose à **dissimuler** (2). Il voudrait **blâmer** (3) Maigret pour tous ses ennuis. «Oui, dit-il, c'est comme hier. **Mais quelle différence est-ce que ça fait?** (4) **Du moment que** (5) je n'ai rien à cacher je me sens à l'aise». Il a **distinctement** (6) l'impression que Maigret a des soupçons.

L'Auberge
aux Noyés

(Troisième Partie)

Il avait fallu insister pour décider le notaire à rentrer à Versailles et, la pluie continuant, l'Auberge aux Noyés ressemblait de plus en plus à un quartier général.[1]

1. Qu'est-ce que le notaire ne voulait pas faire?

Il était six heures quand un reporter appela le patron et lui lança:

—Qu'allez-vous nous faire de bon à dîner?

Et on entendit une voix répondre:

—Rien du tout!

C'était Maigret.

—Je vais vous demander en effet, messieurs, de ne pas dîner ici ce soir. De sept heures à neuf heures, je désire vivement que les lieux ne soient occupés que par les personnes qui s'y trouvaient hier au soir...

2. Qui seront les seuls occupants de l'auberge ce soir-là?

—Reconstitution? lança un malin.

—Même pas! Si vous êtes sages vous aurez sans doute un beau papier pour vos éditions de demain matin... Il est essentiel que, de sept heures à dix heures, chacun à l'auberge soit à la place qu'il occupait hier, que les lumières soient les mêmes...

3. Que promet Maigret aux journalistes?

Il restait quelqu'un qu'on semblait avoir oublié, Joseph Lecoin, le chauffeur du camion. Il observait Maigret avec étonnement, ouvrait enfin la bouche.

—Et moi?

—Toi, tu vas me conduire à Nemours.

—En camion?

—Ma foi, pourquoi pas?

4. Que va faire Joseph Lecoin?

—Comme vous voudrez. Si cela peut vous rendre service...

Et c'est ainsi que le commissaire Maigret quitta l'Auberge aux Noyés sur le siège d'un camion de dix tonnes qui faisait un vacarme infernal.

---

[1] **quartier général**? C'est une comparaison militaire.

***

—Où est-ce que je vous dépose?

—Tu ne me déposes pas, mon vieux!

Le chauffeur regarda son compagnon avec étonnement, croyant que celui-ci plaisantait:

—Alors quoi? On retourne à Paris?

—Non! Attends que je regarde l'heure...

Il consulta sa montre.[2]

—Où va-t-on?

—D'abord dîner chez la mère Catherine, comme tu l'as fait hier au soir. Tu vois? Il pleut tout autant. Nous sommes juste à la même heure...

—Ici, il faut prendre le plat du jour...[3] Tenez! C'est du fricandeau à l'oseille...[4]

—Un de mes mets[5] préférés...

N'y avait-il pas, pendant le repas, un certain changement dans le chauffeur? Son humeur était moins franche.

Le fricandeau était parfait. De temps en temps Maigret tirait sa montre de sa poche.

—C'est bien ainsi que cela s'est passé hier, n'est-ce pas?

—Ma foi, oui... Ce serait le moment de partir...

—Partons!

—On retourne là-bas?

—Exactement comme hier... Cela t'ennuie?

—Moi? Pourquoi est-ce que ça m'ennuierait? Du moment que je n'ai rien à cacher...

Or, à cet instant, Catherine s'approcha, demanda au chauffeur:

—Dites donc! Vous avez fait ma commission à Benoît?

—Mais oui!

Une fois sur le siège, Maigret questionna:

—Qui est-ce, Benoît?

—Il tient une pompe[A] à essence[6] à Montargis. C'est un copain. La mère Catherine voudrait une pompe aussi, et je devais dire à Benoît...

Marginal questions:

5. Où vont-ils d'abord?

6. Qu'est-ce qui est pareil qu'hier? Qu'est-ce qui est différent?

7. Pourquoi la reconstitution n'ennuie-t-elle pas Lecoin, d'après ce qu'il dit? (Mais semble-t-il sincère?)

8. Que fait Benoît?

---

[2] **montre**? Que regarde-t-on pour savoir l'heure qu'il est?
[3] **le plat du jour**? Utilisez le contexte. On est au restaurant.
[4] **fricandeau à l'oseille**: *larded veal braised with sorrel*
[5] **mets**? Utilisez le contexte.
[6] **essence**? Utilisez le contexte. Qu'est-ce qu'il y a normalement dans une pompe au bord de la route?

—Il pleut fort, hein!

—Même un peu plus fort qu'hier...

—Nous n'allons pas trop vite?

—Tout juste comme hier...

Maigret alluma[7] sa pipe.

—Nous, murmurait Lecoin, c'est toujours sur nous qu'on crie, parce qu'on tient le milieu de la route. Mais si les gens qui conduisent les petites voitures avaient à piloter△ des monuments comme les nôtres...

9. De qui se plaint Lecoin?

Soudain, un juron, un coup de frein violent, si violent que Maigret faillit entrer tête première dans le pare-brise.

—Par exemple!... s'écria Joseph Lecoin. C'est vous qui l'avez fait mettre là?

10. Décrivez—ou montrez—ce qui se passe soudain.

Il y avait une voiture, en effet, à l'endroit exact où celle de Jean Vertbois avait été la veille. Une voiture grise, comme l'autre! Il pleuvait! La nuit était noire! L'auto n'était pas éclairée!

Et pourtant le camion s'était arrêté à plus de trois mètres du roadster!

11. Comment la situation ressemble-t-elle à celle qui a produit un accident?

—Vous auriez pu me prévenir! A supposer que je ne l'aie pas vu à temps...

—Et pourtant, nous étions en train de causer...

—Et après?

—Hier tu étais seul... Tu avais donc toute ton attention en éveil...

Et Lecoin questionnait en haussant les épaules:

—Qu'est-ce que vous voulez maintenant?

12. En quoi est-elle différente?

—Nous allons descendre... Par ici... Attends... Je veux tenter une expérience... Appelle au secours...

—Moi?

—Comme ceux qui criaient hier ne sont pas là, il faut bien que quelqu'un les remplace...

Et Lecoin cria.

13. Qu'est-ce que Maigret demande à Lecoin de faire?

Où il fut le plus angoissé, c'est quand il entendit des pas et quand une silhouette bougea dans le noir.

—Approche! cria Maigret au nouveau venu.

14. Qu'est-ce qui l'ennuie le plus?

C'était le marinier de la *Belle-Thérèse*, que sans rien en dire à personne, le commissaire avait fait rappeler par la gendarmerie.

—Eh bien?

—C'est difficile à affirmer de façon catégorique... Pour moi,

15. Qui sort du noir?

---

[7] **alluma**? Que faut-il faire si on veut fumer sa pipe?

c'était à peu près la même chose...

—Quoi? dit Lecoin.

—Je ne sais pas qui a crié, mais je dis que c'était à peu près le même son^Δ qu'hier.

16. Qu'est-ce que Maigret a dû demander au marinier d'identifier?

Cette fois le chauffeur faillit perdre son calme et s'en prendre au marinier qui ne savait pas lui-même quel rôle il jouait dans cette comédie.

—Remonte dans le camion!

17. A qui Lecoin a-t-il envie de s'en prendre?

Quelqu'un qui n'avait pas bougé jusque là s'approcha, le capitaine Pillement.

—Tout va bien, lui annonça Maigret à voix basse. Pour le reste, nous allons voir...

18. Qui d'autre est caché dans le noir?

Et il reprit sa place auprès de Lecoin, qui n'essayait plus de paraître aimable.

—Qu'est-ce que je fais?

19. Comment Lecoin a-t-il changé?

—Comme hier!

—Je vais à Montargis?

—Comme hier!

—Si vous voulez! Je ne sais pas quelle idée vous avez dans la tête, mais si vous croyez que je suis mêlé à cette histoire-là...

20. Qui réaffirme son innocence? (Insiste-t-il trop?)

On passait déjà en face de l'Auberge aux Noyés, dont quatre fenêtres étaient éclairées et l'une de ces fenêtres portaient en lettres d'émail[8] le numéro de téléphone.

—Ainsi tu n'as pas eu l'idée de t'arrêter pour téléphoner?

21. Qu'y-a-t-il sur une des fenêtres de l'auberge? Qu'est-ce que Lecoin aurait pu y faire?

—Puisque je vous l'ai déjà dit...

—Continue!

Un silence! Maigret fumait sa pipe.

On arriva ainsi à Montargis, et soudain le commissaire remarqua:

—Tu l'as dépassée...

—Quoi?

—La gendarmerie...

—C'est vous avec toutes vos histoires...[9]

22. Qu'est-ce que Lecoin a oublié de faire? Quelle est son excuse?

—Continue!

—Continuer quoi?

—De faire exactement ce que tu as fait hier...

—Mais je suis allé...

---

[8] **émail**: *enamel*. Les hôtels et les restaurants en France mettent souvent leur numéro de téléphone en lettres d'émail sur une fenêtre ou sur une porte en verre.

[9] **avec toutes vos histoires**: *with all your shenanigans*

—Tu n'es pas allé tout de suite à la gendarmerie... La preuve, c'est que l'heure ne correspond pas... Où est-ce, la pompe de Benoît?

23. Quelle est la preuve qu'il ne s'est pas arrêté à la gendarmerie cette nuit-là?

—Au second coin de la rue...

—Allons-y!

—Pour quoi faire?

—Rien... Fais ce que je te dis...

C'était une pompe banale devant une maison où on vendait des bicyclettes. Le camion était à peine arrêté qu'un homme sortait.

24. Où vont-ils ensuite? Quelle sorte de maison est-ce?

—Combien de litres? demanda-t-il sans regarder le camion.

L'instant d'après, il le reconnaissait, levait les yeux vers Lecoin, questionnait:

—Qu'est-ce que tu fais ici? Je croyais...

—Mets-moi cinquante litres!

Maigret restait dans son coin, invisible aux yeux du garagiste. Benoît, se croyant seul avec son camarade, allait peut-être parler, mais Lecoin sentit le danger, s'empressa de prononcer:

25. Pourquoi Lecoin s'empresse-t-il de parler?

—Alors, monsieur le commissaire, c'est tout ce que vous désirez?

—Ah! Tu es accompagné?

—Quelqu'un de la police qui fait une reconstitution, comme il dit... Je n'y comprends rien de rien...

Maigret avait sauté à terre et était entré dans le magasin, au grand étonnement de Benoît. C'est qu'il avait aperçu la femme de celui-ci à l'intérieur.

26. Que fait Maigret ensuite et pourquoi?

—Lecoin demande comment ça s'arrange... lança-t-il à tout hasard.[10]

Elle le regarda avec méfiance. questionna:

27. Quelle est l'attitude de la femme envers Maigret?

—Il est là, Lecoin?

—Il prend de l'essence.

—On ne lui a pas fait d'ennuis?

Et, inquiète, ne comprenant rien à l'intrusion de cet homme, elle se dirigea vers le seuil.

—Dis donc, Paul... C'est Lecoin qui est là?

Alors le commissaire entendit nettement l'un des deux hommes qui demandait à l'autre:

—Qu'est-ce qu'on fait?

—Qu'est-ce que tu ferais, toi?

28. Quels mots Maigret entend-il et qu'est-ce que cela montre?

—Si nous allions nous expliquer à l'intérieur? proposa Maigret.

---

[10] **à tout hasard**: *on the off chance (of finding something out)*

Activités sur le récit

Résumé de l'action

A. Résumez l'action en complétant les phrases suivantes.

1. L'heure du dîner approchant, un reporter lança au patron de l'auberge: «Qu'allez-vous nous faire...

2. Mais c'était Maigret qui répondait: «...

3. «Je veux que les lieux ne soient occupés ce soir que par les personnes qui...

4. Il promet un beau papier pour leurs éditions du lendemain matin aux...

5. «Toi, tu vas me conduire à Nemours, dit-il à...

6. Et c'est ainsi que Maigret quitta l'auberge sur...

7. Au chauffeur étonné, il annonça: «Nous allons d'abord chez...

8. De temps en temps Maigret tirait de sa poche...

9. «Nous retournons là-bas, dit-il. Est-ce que cela...?

10. «Pourquoi ça m'ennuierait? répond Lecoin. Du moment que je n'ai rien...

11. Catherine demanda: «Vous avez fait ma commission à...

12. «On crie toujours sur nous, grommelait Lecoin, parce que nous tenons...

13. Soudain un juron, un violent...

14. Maigret faillit entrer tête première...

15. A l'endroit exact de l'accident de la veille il y avait...

16. Et pourtant le camion...

17. «Et hier tu étais seul, dit Maigret. Tu avais donc ton attention...

18. «Je vais tenter une expérience. Appelle...

19. Une silhouette bougea dans le noir. C'était...

20. «Je ne sais pas qui a crié, dit-il, mais je dis que c'était à peu près...

21. Ils remontent dans le camion, et passent devant l'auberge dont les quatre fenêtres sont...

22. «Ainsi, dit Maigret, tu n'as pas eu l'idée de t'arrêter pour...

23. Soudain il remarque: «Tu as dépassé la...

24. Ils arrivent devant la pompe de Benoît. Celui-ci leur demande...

25. Il allait peut-être parler. Alors Lecoin s'empresse de prononcer: «Il y a quelqu'un de la police qui fait...

26. Maigret entend ce que disent les deux hommes et fait une proposition: «Si nous allions...

Si vous ne trouvez pas la réponse vous pouvez la chercher dans la liste suivante.

a. s'est arrêté à plus de trois mètres de la voiture
b. au secours
c. Benoît
d. de bon à dîner
e. à cacher
f. combien de litres?
g. coup de frein
h. éclairées
i. t'ennuie
j. en éveil
k. nous expliquer à l'intérieur
l. gendarmerie
m. journalistes

n. le marinier de la Belle Thérèse
o. le même son, la même chose
p. le milieu de la route
q. Lecoin, le chauffeur du camion
r. la mère Catherine
s. sa montre
t. dans le pare-brise
u. une reconstitution
v. rien du tout
w. le siège d'un camion
x. téléphoner
y. s'y trouvaient hier au soir
z. une voiture grise

B. Résumez l'action en spécifiant le personnage qui prononce ou pourrait prononcer les phrases suivantes.

1. Dites donc, monsieur Rozier, qu'est-ce que vous allez nous faire de bon à dîner?
2. Mais votre reconstitution m'ennuie sérieusement! Pensez au nombre de clients que j'aurais eu pour le dîner ce soir!
3. Eh bien, vous revoilà, vouz allez être content. C'est du fricandeau à l'oseille ce soir!
4. Vous auriez pu me prévenir! A supposer que je ne l'aie pas vue à temps...
5. Difficile à affirmer de façon catégorique, mais pour moi c'était à peu près le même son qu'hier.
6. La reconstitution marche bien? Est-ce qu'il continue à prétendre qu'il n'est pas mêlé à l'affaire?
7. Combien de litres je vous mets?
8. On n'a pas fait d'ennuis à Lecoin? J'avoue que je suis inquiète.
9. Si nous allions nous expliquer à l'intérieur.

Si vous n'avez pas trouvé la réponse vous pouvez la chercher dans la liste suivante.

a. l'aubergiste Justin Rozier
b. le capitaine Pillement
c. le chauffeur de camion, Joseph Lecoin
d. le commissaire Maigret
e. la femme du garagiste Benoît

f. le garagiste Benoît
g. un des journalistes
h. la mère Catherine
i. le marinier

Sujets de discussion, de composition, de recherche, et de présentation

C. L'analyse: les indices et l'intrigue. Pour une discussion en classe, étudions la reconstitution. Qu'est-ce qui est le même que la veille, et qu'est-ce qui est différent?

1. l'auberge, ses occupants, ses lumières
2. le camion. Quelle différence?
3. l'heure
4. chez la mère Catherine. Y a-t-on dit quelque chose qu'on n'avait pas dit la veille? Quelle importance cela a-t-il pour l'enquête de Maigret?
5. l'humeur de Joseph Lecoin pendant le repas
6. le temps qu'il fait
7. la voiture grise
8. «l'accident»
9. les personnes présentes à l'endroit où «l'accident» a eu lieu
10. la gendarmerie
11. la pompe à essence de Benoît

D. L'aspect dramatique et l'intrigue. Imaginez et préparez pour présenter en classe ce que Maigret a dit avant la reconstitution pour la préparer.

1. au père de Viviane
2. aux journalistes
3. à l'aubergiste
4. au capitaine Pillement (à propos du roadster)
5. au marinier (où il doit être, pour quoi faire)
6. à Joseph Lecoin

E. **Même exercice** sur ce que Maigret dit à Joseph Lecoin pendant la reconstitution.

1. où ils vont dîner
2. quand ils doivent quitter le restaurant
3. sur le temps qu'il fait
4. après l'arrêt soudain du camion
5. ce qu'il doit crier
6. ce qu'il doit faire ensuite
7. quand ils passent devant l'auberge
8. quand ils passent devant la gendarmerie
9. où ils doivent aller ensuite

F. **A la recherche.** Que veut dire "trois mètres" ou "un mètre cinquante"? Et comment comprendre "vingt kilomètres"? Qu'est-ce que c'est que "cinquante litres"? Quand est-ce que la France a adopté le système métrique? Qu'en pensez-vous?

L'Auberge aux Noyés

Georges Simenon

QUATRIÈME PARTIE

Préparation à la lecture

Le Lexique

Vocabulaire

Etudier les mots dans les résumés suivants. Quels sont les mots apparentés et partiellement apparentés? Cacher l'anglais pendant la première lecture.

Vertbois est l'**assassin** de Marthe.	*assassin*	*murderer*
Quel **genre** d'homme est-ce?	*gender*	*kind, type, sort*
Son projet de mariage est **raté**.	*failed*	
L'argent **lui échappe**.	*escapes him (gets away from him)*	
Il **s'en prend** à sa maîtresse.	*takes it out on*	
Il la **tue**.	*kills*	
Il lui a **volé** l'argent de son **sac**.	*stole* *sack*	*bag, purse*
Il faut **se débarrasser** du cadavre.	*to get rid of*	
Il a été **trahi**.	*betrayed*	
Son crime ne va pas **rapporter**.	*pay, bring (anything) in*	
Est-ce qu'il a **enlevé** Viviane?	*abducted, taken away, kidnapped,*	
Sa voiture n'est pas vraiment **en panne**.	*broken down*	
Il invente un **simulacre** de suicide.	cf. *similar*	*imitation, pretense*
A la rigueur, il aurait pu **arriver** à pousser la voiture dans l'eau. Le chauffeur de camion	*In a pinch, just possibly (if necessary)* *succeed*	

lui donne un **coup de main**	*helping hand*
pour **deux méchants billets de mille**.	*two lousy thousand (franc) notes*
Viviane a-t-elle le **sang-froid**	literally: *cold blood nerve*
(ou plutôt la **bêtise**)	*stupidity*
de vouloir **partager**	*share*
le **sort** d'un criminel?	not: *sort*　　　　but: *fate*
Elle croyait vivre une **lune de miel**.	*honeymoon*
Elle est partie **en courant**.	*running*
Elle arrive **brisée**,	*broken down*
pantelante, chez sa tante.	*panting*
Vertbois a **sauté** du premier étage.	*jumped*
Il **s'est cassé** la jambe.	*broke*
Maigret trouva une forme **étendue**	*extended, stretched out, sprawling*
dans la rue. «Si vous approchez, je **tire**! »	*shoot*

L'art de lire: les homonymes

As you read, your eye should travel along the line, grasping the meaning as it unfolds and not stopping at every word. Yet every now and then as you move along something goes wrong and confusion sets in. Words that are spelled alike but have different meanings can be one of the sources of difficulty. These are homonyms. It is helpful to be aware of them as you read. When homonyms are the same part of speech, only the context can tell you which meaning is the correct one. The context usually makes matters clear, however:

Je **suis** l'inspecteur Maigret.	*I **am** Inspector Maigret.*
Je **suis** la trace du criminel.	*I **am following** the track of the criminal.*

Often homonyms are different parts of speech and therefore structure as well as context helps the reader keep the meanings distinct.

Ayant débuté comme sa **bonne**, Cécile	*Having begun as her **maid**, Cécile*
est devenue une **bonne** amie	*became a **good** friend*
de la vieille dame.	*of the old lady.*

Other homonyms that can sometimes cause trouble are words that happen to look like one another. Individual readers vary as to which words they confuse with others, but observing which words tend to get mixed up in your mind and paying special attention to them should limit the confusion. One accent or one letter more or less can make a big difference.

Je l'ai vue, **la vieille**.	*I saw her, **the old woman**.*
Je l'ai vue **la veille**.	*I saw her **the day before**.*
J'avais **des** courses à faire.	*I had (**some**) shopping to do.*
C'est un docteur **des** environs.	*A doctor **from the** neighborhood*
Dès que le soir obscurcit la plaine...	***As soon** as evening darkened the plain...*

On boit **du** café.	*We're drinking (**some**) coffee.*
La lettre **du** Procureur	*The letter **from the** district attorney.*
Ils avaient **dû** laisser l'auto dehors.	*They **must** have left the car outdoors.*

La Grammaire

Mots-clés

| **Afin que** l'on sache ce qui se passe, il faut établir les faits. | *In order to (so that)* |
| **Etant donné** qu'elle était **à côté de** lui dans l'auto, elle doit être **quelque part** ici, **soit** seule, **soit** avec lui. | *Since (given that)* *beside* *somewhere* *either... or...* |

L'art de lire: les pronoms compléments

Object pronouns are often used in French where their presence would not be necessary in English.

1. Find the meaning of the sentence as a whole rather than of every individual word.

Vous **y** êtes entré sans frapper.	*You entered without knocking.*
Je vous **en** demande pardon.	*I beg your pardon.*
Si vous **le** voulez bien, je vais essayer de **m'en** expliquer aussi bien que je **le** pourrai.	*If you are willing, I will try to explain as well as I can.*

2. Verbs can change meaning when they become pronominal as in the following sentences:

Passe-moi la bouteille et dis-moi ce qui **se passe**.	***Pass** me the bottle and tell me what **is going on**.*
Il croit qu'il peut **tromper** Maigret, mais il **se trompe**.	*He thinks he can **fool** Maigret, but he **is wrong**.*
Je **doute** qu'il puisse le faire.	*I **doubt** that he can do it.*
Maigret **se doute** de quelque chose.	*Maigret **suspects** something.*

Compare these words to homonyms.

L'art de lire: le *faire* causatif

Review this structure in the note to the first chapter in this story and identify meanings of the following:

Il veut **faire croire** à un suicide amoureux.

Elle s'est **fait conduire** dans la campagne.

C'est vous qui **avait fait mettre** la voiture là?

L'art de lire: les connaissances

As we have seen, stories establish what people know and what they say they know in a variety of ways. Perhaps the most straightforward means of accomplishing this is in sentences with two clauses linked by the conjunction **que**.

Il m'a expliqué qu'on ne voulait pas les laisser se marier.

Je me suis aperçu que le jeune homme n'était pas un imbécile.

On croyait que c'étaient des amoureux.

Il m'a juré qu'il n'y comprenait rien.

L'art de lire: *on*

Narrative often seeks to establish reasons for events. In the beginning of this passage Maigret responds to a question by giving two reasons for his suspicion. This information, qualified as **étrange**, is given as a trade for another story, the true account of events from the truck driver. Maigret uses **on** in two distinct ways to establish his reasons.

1. First—**d'abord**, when he says: **on n'a entendu que des cris d'homme**, he is establishing the facts of a situation as reported. In English we could say *they only heard men's cries* or we might use the passive construction to indicate that a woman's voice was not heard.

2. **Ensuite**, Maigret says, **on ne fait pas vingt kilomètres... alors qu'il y a le téléphone tout à côté**. Here, **on** does not refer to specific witnesses but to what people can be expected to do in general. This reason is not based on what was (not) heard but on what is not done. The code of reference here is a cultural norm that assumes a logic of behavior. The infraction of that logic is strange enough to motivate a story.

Exercices

A. Remplissez les deux tirets dans chacune des phrases suivantes par le mot convenable (le même mot dans chaque phrase). Ensuite expliquez la différence entre les deux mots.

bête	fait	souris
cause	montre	tue

1. Maigret lui demande l'heure qu'il est. Elle lui _____ sa _____
2. L'homme qu'elle accuse d'assassinat est une vraie _____ humaine. Il n'est pas _____ et cela le rend encore plus dangereux.
3. Mais le _____ que Maigret a déjà _____ une première enquête la rassure.
4. Je _____ quand je vois Maigret jouer au chat et à la _____ avec Philippe.
5. Le chauffeur _____ en conduisant, ce qui _____ un accident.
6. Quand elle a compris que son ami est un assassin et qu'il _____ des gens, elle s'est _____.

B. Lisez les passages suivants en remplaçant les mots en **caractères gras** par un synonyme.

à la rigueur	donner un coup de main	genre
arriver	étant donné que	jure
briser	est en panne	sang-froid

Je dois réparer le moteur. Il **ne fonctionne pas** (1). Pouvez-vous m'**aider** (2) ? **Si c'est absolument nécessaire** (3) je pourrais le faire tout seul, mais je suis maladroit et risque de **casser** (4) quelque chose.

Devant Maigret, Vertbois **affirme solennellement** (5) qu'il est innocent. Il dit qu'il n'aurait pas le **calme impassible** (6) qu'il faut pour commettre ce crime et qu'il n'est pas le **type** (7) de personne qui tue des gens. Mais **puisque** (8) Maigret est plus malin que Vertbois, celui-ci ne va pas **parvenir** (9) à prouver son innocence.

C. Contredisez chacun des propos suivants en utilisant un des mots ci-dessous. Suivez le modèle.

EXEMPLE: Il faut l'**empêcher**. Au contraire! Il faut l'**encourager**.

gentil	lucrative	un succès
intelligence	partager	encourager

1. Quelle bêtise! Au contraire! Quelle _____.
2. Son projet est raté. Au contraire! Son projet est _____.
3. C'est une affaire qui ne rapporte pas. Au contraire! C'est une affaire _____.
4. Il va tout garder pour lui-même. Au contraire! Il va tout _____.
5. Il est vraiment méchant. Au contraire! Il est vraiment _____.

D. Racontez l'incident suivant en remplissant les tirets par le mot convenable.

à côté de	essuyer	sauter
arracher	jambes	sort
courir	jeter	tirer
débarrasser	lune de miel	trottoir
échapper	quelque part	voler
enlever	sac	

Cécile et Robert se marient. Ils vont vivre ensemble et partager le même ___1___. Ils veulent partir en voyage pendant leur ___2___, aller ___3___, n'importe où mais ensemble. Les voilà à Paris. Ils se promènent l'un ___4___ l'autre pendant des heures. Il fait chaud et ils ont les ___5___ fatiguées. Ils s'arrêtent pour s'___6___ le front et pour ___7___ leurs manteaux. Quand ils rentrent dans leur chambre d'hôtel, ils trouvent un individu qui est en train de ___8___ leur valise! Robert veut ___9___ la valise des mains de ce misérable. Il veut se ___10___ sur lui. Mais celui-ci a la présence d'esprit de ___11___ par la fenêtre. Robert le poursuit en s'écriant: «Laisse tomber le ___12___ ou je vais ___13___». Affolé, le voleur décide de se ___14___ de la valise pour pouvoir ___15___ plus vite. Il la laisse tomber sur le ___16___. Tout ce que le voleur veut faire maintenant c'est de s' ___17___.

L'Auberge aux Noyés

(Quatrième Partie)

—Asseyez-vous, murmura la femme en essuyant machinalement[1] la table devant Maigret.

Et Benoît prit une bouteille dans le buffet et quatre petits verres qu'il remplit sans mot dire, cependant que Lecoin se laissait tomber sur une chaise.△

—Vous vous doutiez de quelque chose? lançait-il en regardant Maigret dans les yeux.

—Pour deux raisons. D'abord parce qu'on n'a entendu que des cris d'homme, ce qui était assez étrange, étant donné qu'il y avait une jeune fille sur les lieux et qu'elle était assez bonne nageuse pour se maintenir un certain temps à la surface et appeler au secours... Ensuite, après un accident de ce genre, on ne fait pas vingt kilomètres pour prévenir la gendarmerie, alors qu'il y a le téléphone tout à côté... Les fenêtres de l'auberge étaient éclairées... Il était impossible de ne pas penser à...

—Bien sûr, admit Lecoin. C'est lui qui a voulu...

—Il avait pris place dans le camion, évidemment?

Il était trop tard pour reculer. C'est la femme qui conseilla.△

—Vaut mieux tout raconter. Ce n'est pas pour deux méchants billets de mille qu'on doit...

—Joseph va le dire, intervint son mari.

—Ça s'est passé juste comme ce soir... Vous avez eu raison... Malgré la pluie j'ai d'assez bons yeux et d'assez bons freins pour ne pas heurter une voiture arrêtée sur la route... J'ai donc stoppé à un mètre cinquante... J'ai cru qu'il s'agissait d'une panne, et je suis descendu de mon siège pour donner un coup de main... C'est alors que j'ai aperçu un jeune homme agité, qui m'a demandé si je voulais gagner deux mille francs...

1. Que font-ils avant de commencer leur discussion?

2. Qu'aurait fait Viviane si elle avait été dans la voiture?

3. Où est-ce que Lecoin aurait pu téléphoner?

4. Qui est cet «il» dont ils parlent?

5. Pourquoi Lecoin serait-il incapable d'avoir un tel accident?

---

[1] **essuyant machinalement**? Elle nettoie la table sans penser à ce qu'elle fait.

—En l'aidant à pousser⁴ l'auto à l'eau? intervint Maigret.

—A la rigueur, il aurait pu la pousser à la main. C'est ce qu'il essayait de faire quand je suis arrivé. Mais ce qu'il voulait surtout c'était être conduit quelque part sans qu'on le sache jamais. Je crois bien que, si cela n'avait été que lui, je ne l'aurais pas fait. Mais il y avait la petite...

6. Que faisait le jeune homme quand Lecoin est arrivé?

—Elle était encore vivante?

—Bien sûr! Pour me décider il m'a expliqué qu'on ne voulait pas les laisser se marier, qu'ils s'aimaient, qu'ils voulaient faire croire à un suicide, afin qu'on n'essaie pas de les retrouver et de les séparer... Je n'aime pas beaucoup ces manigances-là,² mais si vous aviez vu la petite sous la pluie... Bref, j'ai aidé à pousser l'auto dans le Loing... Les jeunes gens se sont cachés dans mon camion... On m'a demandé, pour la vraisemblance,³ d'appeler au secours et je l'ai fait... Comme ça, on les croirait morts tous les deux... Après, il me suffisait de les conduire à Montargis...

7. A quoi voulaient-ils faire croire et pourquoi?

8. Pourquoi Lecoin a-t-il décidé de les aider?

«Par exemple, je me suis aperçu, en chemin, que le jeune homme n'était pas un imbécile... Il savait qu'il ne pouvait pas descendre à l'hôtel... Il n'avait pas davantage envie de prendre le train... Il m'a demandé si je ne connaissais personne qui, moyennant⁴ deux autres mille francs, les garderait pendant quelques jours, le temps de laisser l'enquête se terminer... J'ai pensé à Benoît...

9. Où le jeune homme ne voulait-il pas aller? (Pourquoi pas?)

La femme affirma:

—On croyait, nous aussi, que c'étaient des amoureux...

—Ils sont toujours dans la maison?

—Pas elle...

—Comment?

Et Maigret regardait autour de lui avec inquiétude.

—Après midi, commença le garagiste, quand j'ai vu le journal, je suis monté et j'ai demandé si l'histoire du cadavre était vraie. La jeune fille m'a arraché⁵ le journal des mains, l'a parcouru des yeux,⁶ et elle est partie en courant...

10. Qu'a-t-elle fait quand elle a vu le journal?

—Sans manteau?

—Sans manteau ni chapeau...⁷

---

² **manigances**: *tricks, schemes*
³ **pour la vraisemblance**: pour que cela semble vrai
⁴ **moyennant**: pour la somme de
⁵ **arraché**: pris
⁶ **parcouru des yeux**? Que fait-on quand on lit un journal rapidement?
⁷ **chapeau**? Quand on sort on porte un manteau et un...

—Et le jeune homme?

—Il m'a juré qu'il n'y comprenait rien, qu'il venait d'acheter la voiture et qu'il n'avait pas eu la curiosité d'ouvrir le coffre...

—Votre maison n'a pas d'autre porte que celle-ci?

11. Et qu'a dit le jeune homme?

A l'instant même, comme le garagiste répondait par un signe négatif, on entendit un fracas△ dans la rue. Maigret courut vers le trottoir et y trouva une forme étendue, un jeune homme qui essayait en vain de s'enfuir, malgré la jambe qu'il s'était cassée en sautant du premier étage.

12. Quelle est la cause du fracas dans la rue?

C'était à la fois dramatique et pitoyable△ car Vertbois était fou de rage et n'admettait pas encore sa défaite.△

13. Pourquoi Vertbois ne peut-il pas s'enfuir?

—Si vous approchez, je tire...

Maigret préféra se jeter sur lui, et l'autre ne tira pas, soit qu'il eût peur, soit que le sang-froid lui manquât.

14. Que fait Maigret devant la menace de Vertbois?

—Du calme, maintenant...

Le jeune homme s'en prenait au chauffeur, au garagiste, à la femme de celui-ci, les accusait de l'avoir trahi.

15. A qui s'en prenait Vertbois?

—Où est Viviane? lui demanda Maigret en lui passant les menottes.[8]

—Je ne sais pas.

—Ainsi tu étais arrivé à la persuader que tu envoyais la voiture à l'eau seulement pour faire croire à un suicide d'amoureux?

—Elle ne me quittait pas...

—Et c'est ennuyeux, n'est-ce pas? d'être en possession d'un cadavre dont on n'arrive pas à se débarrasser!

16. De quoi voulait-il se débarrasser?

Le crime crapuleux[9] dans toute sa bêtise, dans toute son horreur, celui qui ne rapporte jamais!

Jean Vertbois, voyant que son projet de mariage était raté, et que l'argent des La Pommeraye lui échappait, même s'il enlevait Viviane, s'en prenait à une maîtresse△ qu'il avait depuis longtemps, la tuait, lui volait son argent, et, achetant avec une partie de cet argent une auto, projetait de se débarrasser du cadavre dans un lieu désert.

17. Qui avait-il tué et pourquoi?

Or, voilà que Viviane arrivait, avec son jeune amour, avec sa passion, Viviane décidée à ne plus retourner chez elle, et à partager le sort de son amant.

18. Qu'est-ce que Viviane a décidé de faire?

Elle ne le quittait plus! Les heures passaient, l'auto roulait,△ emportant toujours le cadavre.

19. Quand ils étaient ensemble, à quoi pensait Viviane? A quoi pensait Vertbois?

---

[8] **les menottes**? Qu'est-ce qu'on met à un criminel dangereux quand on l'arrête?
[9] **crime crapuleux**: *foul crime*

Viviane croyait vivre une véritable lune de miel, et elle était en plein cœur d'un drame immonde![10]

Elle embrassait[A] l'homme qu'elle aimait, et celui-ci ne pensait qu'au macabre colis[11] dont il lui fallait se débarrasser!

C'est alors qu'il inventait ce simulacre d'un suicide, que compliquait, tout en le facilitant, l'arrivée fortuite[A] d'un camion...

20. Quelle solution Vertbois a-t-il trouvée?

**

—Les renseignements promis, commissaire? demandaient les journalistes.

—L'assassin de Marthe Dorval est à l'hôpital...

—Marthe Dorval?

—Une ancienne chanteuse[A] d'opérette, qui était maîtresse de Jean Vertbois...

21. Qui est Marthe Dorval?

—Il est à l'hôpital?

—A l'hôpital de Montargis avec une patte[12] cassée... Je vous autorise à aller le photographier et à lui poser toutes les questions qu'il vous plaira...

22. Où est Vertbois?

—Mais la jeune fille?

Maigret baissa la tête. D'elle, il ne savait rien, et on pouvait craindre un acte de désespoir.

23. Et Viviane?

Il était plus de minuit, et le commissaire avait rejoint, dans la maison de Nemours, le capitaine Pillement avec qui il parlait des événements quand la sonnerie du téléphone se fit entendre.

24. Qu'est-ce qui interrompt la conversation de Maigret et du capitaine? Qu'est-ce qu'ils apprennent?

Le capitaine, au téléphone, manifesta une surprise heureuse, posa quelques questions: «Vous êtes sûr de l'adresse? Ecoutez! Pour plus de précautions, amenez-moi le chauffeur...»

Et il expliqua à Maigret:

25. Quels détails montrent que la jeune fille est Viviane?

—Mes hommes viennent de découvrir un chauffeur de taxi qui a chargé une jeune fille sans manteau... Elle s'est fait conduire dans la campagne, près de Bourges, où elle est entrée dans une gentilhommière[13] isolée... Comme, en chemin, le chauffeur s'inquiétait de son argent, ne voyant même pas à sa cliente de sac à main, elle lui a répété plusieurs fois:

—Ma tante paiera...

26. De quoi s'inquiétait le chauffeur, et pourquoi?

---

[10] **immonde**: *base, vile*
[11] **colis**: *package*
[12] **patte**? Nous savons ce qui est cassé. Donc, qu'est-ce que **patte** doit signifier ici?
[13] **gentilhommière**: *manor house*

Viviane La Pommeraye, en effet, brisée, pantelante, s'était réfugiée chez une de ses tantes chez qui, depuis son enfance,^Δ elle passait ses vacances.

27. Où Viviane a-t-elle trouvé refuge?

Activités sur le récit

Résumé de l'action

A. Résumez l'action en complétant les phrases suivantes.

1. «Oui, nous sommes mêlés à l'affaire, dit le chauffeur à Maigret. Il est évident que vous vous...

2. «En effet, répondit Maigret. D'abord, parce que quand la voiture est allée dans l'eau...

3. «Et puis, ajouta-t-il, la jeune fille se serait maintenue à la surface de l'eau. Elle...

4. «Ensuite, après un accident de ce genre, on ne fait pas vingt kilomètres pour...

5. Ils décident tous les trois de tout raconter, se disant qu'il est trop tard pour...

6. «Oui, dit Lecoin, je me suis arrêté à temps. Mon camion...

7. Il y avait un jeune homme qui était descendu de son roadster et essayait...

8. Il m'a offert deux mille francs pour que je le conduise quelque part sans...

9. J'ai décidé de le faire parce que...

10. Les jeunes gens se sont cachés...

11. Moyennant deux autres mille francs, il voulait que je trouve quelqu'un qui...

12. «Quand je suis monté avec le journal, a dit Benoît, elle...

13. Elle l'a parcouru des yeux, puis elle...

14. Le jeune homme a juré qu'il venait d'acheter la voiture et qu'il n'avait jamais...

15. Entendant un fracas dans la rue, Maigret courut vers...

16. Il trouva dans la rue une forme...

17. C'était le jeune homme. Il essayait en vain de...

18. C'était un spectacle dramatique et pitoyable, car il s'était cassé...

19. Cela lui est arrivé quand il a voulu s'échapper...

20. Il s'écria: «Ne vous approchez pas ou je...

21. Mais rien de tel ne se passa car...

22. Confrontant le chauffeur, le garagiste, et sa femme, Vertbois...

23. C'était pour faire croire à un suicide d'amoureux qu'il...

24. C'est ennuyeux d'être en possession d'un cadavre...

25. L'argent des La Pommeraye lui échappait. Son projet de mariage était...

26. L'argent qu'il avait sur lui, il l'avait obtenu...

27. Quand les deux jeunes gens sont partis ensemble Viviane croyait vivre...

28. Brisée, pantelante, Viviane avait enfin trouvé un taxi, et le chauffeur...

29. En chemin le chauffeur s'inquiétait pour son argent, car elle...

30. Le chauffeur de taxi dit qu'il a déposé Viviane...

Si vous n'avez pas trouvé la réponse vous pouvez la chercher dans la liste suivante. Attention! Quelques réponses dans la liste sont fausses.

a. a de bons freins

b. attendue

c. aurait un téléphone

d. avait envoyé la voiture à l'eau

e. avait tué la femme dans le coffre

f. dans la gentilhommière de sa tante

g. dans mon camion

h. de la porte Maillot

i. de le pousser

j. dire la vérité

k. dont on ne peut pas se débarrasser

l. en doutiez

m. en le volant d'une ancienne maîtresse qu'il avait tuée.

n. en sautant du premier

o. en vendant sa voiture au garagiste de la porte Maillot

p. entendue

q. est assez bonne nageuse

r. est partie en courant

s. étendue

t. j'avais besoin d'argent

u. l'avait conduite où elle voulait aller

v. la patte

w. la petite était si émue et jolie

x. le jeune homme avait du sang-froid

y. le trottoir

z. Maigret se jeta sur lui

aa. me l'a arraché des mains

bb. n'avait pas de sac à main

cc. on n'a entendu que des cris d'homme

dd. pensé à ouvrir le coffre

ee. pourrait les garder

ff. prévenir la gendarmerie

gg. qu'on le sache jamais

hh. raté

ii. reculer

jj. roulait très vite

kk. s'en prenait à eux tous

ll. s'enfuir

mm. tire

nn. trompiez

oo. un drame immonde

pp. une lune de miel

B. Résumez l'action en spécifiant ce qui est désigné par chacune des phrases suivantes.

1. où Benoît alla prendre une bouteille et quatre verres

2. ce à quoi Viviane et Jean voulaient faire croire en poussant la voiture à l'eau

3. ce que Lecoin a appelé, pour la vraisemblance, après avoir poussé la voiture à l'eau

4. ce que Jean et Viviane semblaient être, aux yeux de Lecoin, de Benoît et de sa femme

5. comment le garagiste a appris qu'il y avait un cadavre dans le coffre

6. ce que Jean prétendait ne pas avoir eu la curiosité d'ouvrir

7. ce que Jean s'était cassé en sautant du premier étage

8. ce que Jean menace de faire si Maigret s'approche

9. ce qui semble manquer à Jean quand il finit par ne pas tirer

10. ce que Marthe Dorval avait été pour Jean dans le passé

11. l'activité professionnelle de Marthe Dorval

12. ce à quoi Jean pensait quand Viviane l'embrassait

13. ce que Viviane pensait vivre au milieu de ce drame immonde

14. la personne chez qui Viviane a trouvé refuge à la fin

Si vous n'avez pas trouvé la réponse vous pouvez la chercher dans la liste suivante.

a. des amoureux

b. au secours

c. dans le buffet

d. au cadavre

e. chanteuse d'opérette

f. le coffre

g. la jambe

h. par le journal

i. une lune de miel

j. une maîtresse

k. le sang-froid

l. à un suicide

m. sa tante

n. tirer

Sujets de discussion, de composition, de recherche, et de présentation

C. **Raconter.** Prenez le rôle de Viviane La Pommeraye. Ecrivez une lettre à une amie intime. Vous pouvez suivre le plan suivant en ajoutant ou en éliminant des détails.

1. où elle a rencontré son jeune homme

2. pourquoi elle aimait être avec lui

3. leurs projets de mariage

4. ce qu'elle a dit à son père

5. la première réaction de son père. Et ensuite?

6. comment l'entretien qu'il a eu avec Jean Vertbois s'est passé

7. ce qu'elle pense de l'attitude de son père

8. ce qu'elle a décidé de faire

9. où elle est allée trouver Jean. (Semblait-il content de la voir?)

10. comment ils sont partis

11. ce qu'elle pensait de la voiture qu'il venait d'acheter

12. où ils se sont arrêtés et ce qu'ils ont fait

13. comment ils se sont débarrassés de la voiture

14. pourquoi ils ont inventé ce simulacre

15. où ils sont allés ensuite et comment

16. ce qu'elle a lu dans le journal

17. ce qu'elle a fait tout de suite

18. comment elle est arrivée chez sa tante

19. ce que son aventure lui a appris

D. Même exercice pour Jean Vertbois.

1. où il a rencontré Viviane

2. ce qui l'intéressait en elle

3. sa conduite pendant son entretien avec M. La Pommeraye. (La regrette-t-il?)

4. pourquoi il a décidé d'abandonner Viviane

5. ce qu'il a décidé de faire pour se procurer de l'argent

6. ce qu'il allait faire du cadavre

7. ce qu'il a acheté

8. pourquoi l'arrivée de Viviane a compliqué les choses

9. ce à quoi il pensait pendant toute leur «lune de miel»

10. la solution qu'il a trouvée

11. pourquoi l'arrivée fortuite du camion ne semblait pas être un désastre

12. où ils se sont cachés

13. ce qu'il a dit au garagiste à propos de ce qu'il y avait dans le coffre

14. ce qu'il fait quand il s'est rendu compte que la police était sur les lieux

15. comment il espère sortir de sa situation difficile

E. A la recherche: l'argent. L'argent change de valeur et un franc des années 30 n'est pas la même chose qu'un franc d'aujourd'hui. Mais que représente, de nos jours, la somme de "deux mille francs"? Comment peut-on se renseigner sur la valeur de l'argent?

L'Aventure de Walter Schnaffs

Guy de Maupassant

PREMIÈRE PARTIE

Préparation à la lecture

L'auteur, le titre, les personnages

Guy de Maupassant (1850–1893) is a master of the short story.[1] He conveys an atmosphere, the feel of weather and the quality of light, with swift and evocative precision. With a few incisive strokes he shows how his characters think and talk and move as they live through some chance encounter or shattering adventure that life has thrust upon them. What makes his stories an especially good choice to help develop reading skills is the pacing and energy of the narrative and the economy and clarity with which he builds suspense. Maupassant's stories move at a lively pace towards a rapid, and usually astringent, ironic conclusion. They are stories with a plot, stories that go somewhere. Generations of readers have enjoyed reading them.

A number of Maupassant's stories, including *L'Aventure de Walter Schnaffs* and *Les Deux Amis*, are based on his experience as a volunteer in the Franco-Prussian War (1870–1871). Maupassant vividly illustrates the stupidity and violence of war and its way of bringing out the best and the worst in human behavior. His stories are inhabited by a variety of characters: complacent civilians whose over-riding concern is to look out for their own welfare in a time of national catastrophe; shopkeepers called up from the reserves who are delighted to put on military airs; humble folk whose stubborn and unconsciously heroic resistance to the enemy can bring on their own destruction.

The German enemy can appear as an arrogant and brutal Prussian officer who sees the sufferings war imposes on its victims with indifference or sadistic pleas-

---

[1] As you begin your reading of this new author, it would be good to review general information on reading provided in the *Introduction* and in the first few pages of the first reading segment.

ure. In this first story, however, a very different and actually older, more traditional caricature of the "typical German" appears. Schnaffs is a name with an ethnic resonance. It sounds like *Schnaps*, a German alcoholic drink, and it is not surprising when his adventure has something comic about it. He is a peace-loving family man who is horrified to find himself bearing arms, and who desperately wishes to lay them down. Unlike the peaceable Schnaffs, the French reservists he meets up with love to play soldier—provided they can do so at no risk. When such opponents meet, no one is likely to get hurt. Maupassant presents the encounter with an appropriately sardonic humor. Cruelty and heroism are conspicuously absent. War brings more familiar traits to the surface in this story: the cowardice and vanity of comedy.

Le Lexique

Etudiez les mots dans les résumés suivants. Quels sont les mots apparentés et partiellement apparentés?

Walter n'est pas un soldat **hardi**,	*hardy*	*bold*
un troupier **enragé**, mais un	*enraged*	*fanatic, crazy*
homme simple et **bienveillant**	*benevolent*	*kindly*
qui **rêve** à sa famille et mesure	*cf. reverie*	*dreams*
la **profondeur** de sa détresse.	*profoundness*	*depth*
Il **regrette** les tendresses,	*regrets*	*misses*
les **baisers** de sa femme.	*kisses*	
Il **songe** à sa famille.	*thinks (dreams)*	
La vie de famille est **douce**.	*sweet*	
Mais maintenant **les siens** sont si loin!	*his family*	
Il aurait voulu **demeurer** chez lui,	*stay*	
élever ses enfants et ne pas	*bring up, raise*	
être **envoyé** en France	*sent*	
dans cette **guerre**	*war*	
qui est si **affreuse**.	*awful*	
Ce rêve possède son **âme**.	*soul*	
Il a une **haine** instinctive	*hatred*	
pour les canons et les **fusils**.	*rifles*	
Il déteste la vie qu'il **mène**.	*leads*	
Il trouve la vie militaire **fâcheuse**.	*deplorable, distressing*	
Son **faible** détachement s'avance	*feeble*	*small*
sous le **soleil**.	*cf. solar*	*sun*
C'est un homme **lourd**.	*heavy*	
Ce n'est pas un homme **vif**.	*lively*	
Il a un gros **ventre**	*belly*	
et il **souffle** quand il marche.	*puffs, breathes heavily*	

Pour se reposer il **s'appuie** contre le **mur**.	*leans* *wall*	
Les soldats sont partis **tôt**. Mais maintenant il est **midi**. Walter voudrait bien trouver un peu d'**ombre**. Soudain, il croit entendre la clameur d'une **lutte**.	*early* *noon* *shade* *fight*	
Quelle **épouvante** affreuse!	*fright*	
Il s'arrête **net**. Que faire?	*abruptly (he stops short)*	
Il saute à pieds **joints** dans un large **fossé**, un **trou** plein de **pierres**.	*joined* *ditch* *hole, stones*	*together*
Brusquement le soir descend et une faim **aiguë** le possède.	*brusquely* *acute*	*suddenly* *sharp*
Puis il s'**éloigne** dans la direction d'un petit **bois** où il veut se cacher.	*moves off* *wood*	
Avançant **à travers** la forêt, **de nouveau** seul et **loin** de sa famille, il **se met à** pleurer.	*through (across)* *again* (cf. *anew*) *far* *starts*	

Faux amis

Il porte un **casque** sur la tête.	not: *cask*	but: *helmet*
Il se **traîne** à travers une forêt qui semble sans **issue**.	not: *trains* not: *issue*	but: *drags* but: *exit, way out*

L'art de lire: le préfixe *re-*

The prefix **re-** usually conveys repetition, as in English.

Il pouvait **rejoindre** ses amis.	*He could **rejoin** his friends.*

It does not always correspond to the English prefix, however. Ideas of repetition and return are expressed variously in English.

Il ne veut pas **recommencer** la vie de soldat.	*He does not want **to go back to** the soldier's life.*
Il se leva, puis se **rassit**.	*He got up, then **sat down again**.*
Tout **redevint** muet.	*Everything **became** quiet **again**.*
Il voulait **rentrer** dans sa famille.	*He wanted **to go home** to his family.*

There are verbs, however, in which the idea of repetition or return is attenuated. When it is clear from the context that the action is not one that is happening again, do not be misled by the prefix.

| Je me **remets** en vos mains. | I **put** myself in your hands. |
| L'ennemi se **rapproche**. | The enemy **approaches**. |

La Grammaire

L'art de lire: *dont*

This relative pronoun links clauses by replacing **de** and a noun. In the previous story, *L'Auberge aux Noyés*, we met a sailor:

| le marinier **dont la péniche** était amarrée dans le canal | *whose barge* |
| la péniche **du marinier** | *the sailor's barge.* |

The car in question in that story was sold to:

| un jeune homme **dont** on n'a pas pris **le nom** | *whose name was not taken* |
| le nom **du jeune homme** | *the young man's name* |

In the car was a body:

| un cadavre **dont** on n'arrive pas à se débarasser | *a body one can't get rid of* |
| on se débarasse **du cadavre** | *one gets rid of the body* |

Since **de** is used in many different ways, there is no single equivalent for **dont** in English. It may be rendered *whose*, *of which*, or *of whom*, but the word order following it may be different in English. In the following story, Walter Schnaffs has a wife, **une femme *dont* il regrettait les tendresses**. Frightened of being shot, he imagines himself against the wall **en face de douze canons de fusils, *dont* les petits trous ronds et noirs semblaient le regarder**. Note that the word **dont** here helps set up a personification: the rifle barrels appear to stare at him.

L'art de lire: *falloir*

The infinitive form of the more common **il faut** expresses necessity or obligation. The subject **il** is impersonal. English expresses these concepts in various ways. Compare and contrast:

Il ne pouvait pas rester là.	*He couldn't stay there.*
Il fallait manger, manger tous les jours.	*He had to eat, eat every day.*
Il lui faudrait recommencer	*He would have to begin again.*
Il vous faut du temps.	*You need time.*

Necessity provides a strong motivation for a simple narrative structure. Look again at **L'art de lire** on **devoir** in chapter three of the first story.

L'art de lire: les pronoms réfléchis

Review **L'art de lire** on reflexive pronouns in chapter two of *L'Auberge aux Noyés*. Characterize the following sentences according to the categories established there.

Walter Schnaffs **se** jugeait malheureux.

Je vais **me** constituer prisonnier.

Il **se** leva.

L'art de lire: *si*

Stories often present events that establish some significant situation and choice for a character. Sentences with **si** set conditions in an *if* clause and show possible results. This kind of sentence can keep the story going by posing alternatives one of which might kill the action (and maybe the hero).

Il se serait laissé tomber, **s'il n'avait songé** que l'armée lui passerait sur le corps.	*He would have let himself if he had not imagined*
S'il n'avait pas fallu manger, rester dans le ravin **ne l'aurait pas** trop consterné.	*If he had not had to* *would not have*

These conditions motivate the continuation of events, projecting results: will he let himself fall? will he stay in the ditch? In the same way a repeated question about "what would happen if..." also prepares some of the future of the story, evoking a number of possible scenarios and establishing a kind of suspense. Locate the answers the story suggests to the following questions:

S'il rencontrait des paysans? des francs-tireurs? l'armée elle-même?

The man's fears are expressed in the third person but the conditions generated by these "if clauses" help personalize the thoughts and render them more immediate. The story takes shape when he thinks: **Si** seulement **j'étais** prisonnier!

Exercices

A. Lisez le passage suivant en remplaçant les mots en **caractères gras** par un synonyme.

demeurer	fâcheuse	se met
envoyé	lutte	songe
épouvante		

La nuit, le pauvre malheureux **pense** (1) à sa famille. Il se demande pourquoi on l'a **fait partir** (2) en France. Quand il pense à sa famille il **commence** (3) à pleurer. Il aurait voulu **rester** (4) dans son pays natal. Il pourrait mourir de faim. C'est une idée **mauvaise** (5) qui le trouble. Il imagine une **bataille** (6) féroce entre les deux adversaires. L'idée d'une attaque le remplit d'une **peur** (7) affreuse.

B. Transformez la situation et le personnage dont il s'agit dans les phrases ci-dessous en remplaçant les mots en **caractères gras** par un mot qui signifie le contraire.

affreux	lourd	tard
haine	midi	vif
loin	au soleil	

L'attaque doit avoir lieu à **minuit** (1). L'action va se passer **à l'ombre** (2). Rien ne peut exprimer **l'amour** (3) qu'il a pour la vie militaire. Pour lui, les canons, les fusils et les sabres sont vraiment des objets **admirables** (4). Il est heureux quand il est **à quelques pas** (5) de l'ennemi. Il avance vers l'ennemi d'un pas **léger** (6). Il veut joindre le combat aussi **tôt** (7) que possible. Il s'éloigne du champ de bataille d'un pas **lent** (8).

C. Lisez le passage suivant en remplissant les tirets par le mot convenable.

âme	élever	pierres
s'appuyer	s'éloigner	souffler
baiser	fusil	trou
bois	murs	ventre

C'est un bon père de famille. Il est dévoué corps et ___1___ au bonheur des siens. Il donne à ses enfants un tendre ___2___ et leur dit au revoir. Il s'inquiète pour eux. S'il meurt, qui va les nourrir, qui va les ___3___ ? Il voudrait être chez lui, entre les quatre ___4___ de sa chambre.

Il lui est difficile de marcher parce qu'il a beaucoup mangé. Il a le ___5___ plein. Il respire avec difficulté. Il s'arrête pour ___6___ un peu. Son ___7___ est lourd à porter. Il voudrait s'en débarrasser. Il est si fatigué qu'il doit ___8___ sur son fusil pour ne pas tomber.

Soudain les Français, qui étaient cachés dans un petit ___9___, attaquent. Il décide de ___10___ de ce petit bois aussi vite que possible. Il saute dans un fossé rempli de ___11___. En tombant sur les pierres il fait un ___12___ dans son uniforme.

L'Aventure de Walter Schnaffs

(Première Partie)

Depuis son entrée en France avec l'armée d'invasion, Walter Schnaffs se jugeait△ le plus malheureux des hommes. Il était gros, marchait avec peine, soufflait beaucoup, et souffrait△ affreusement des pieds. Il était en outre pacifique△ et bienveillant, nullement magnanime△ ou sanguinaire,△ père de quatre enfants qu'il adorait et marié avec une jeune femme blonde, dont il regrettait désespérément les tendresses△ et les baisers. Il aimait se lever tard et se coucher tôt, manger lentement de bonnes choses et boire de la bière△ dans les brasseries.[1] Il songeait en outre que tout ce qui est doux dans l'existence disparaît△ avec la vie; et il gardait au cœur une haine épouvantable, instinctive et raisonnée△ en même temps, pour les canons, les fusils, les revolvers, et les sabres, mais surtout pour les baïonnettes, se sentant incapable de manœuvrer assez vivement cette arme rapide pour défendre son gros ventre.

Et, quand il se couchait sur la terre, la nuit venue, roulé△ dans son manteau à côté des camarades,△ il pensait longuement aux siens laissés là-bas, et aux dangers semés[2] sur sa route. «S'il était tué, que deviendraient les petits? Qui donc les nourrirait et les élèverait? A l'heure même, ils n'étaient pas riches, malgré les dettes qu'il avait contractées en partant pour leur laisser quelque argent.» Et Walter Schnaffs pleurait quelquefois.

Au commencement des batailles, il se sentait dans les jambes de telles faiblesses△ qu'il se serait laissé tomber, s'il n'avait songé que toute l'armée lui passerait sur le corps.

Depuis des mois il vivait ainsi dans la terreur et dans l'angoisse.

Son corps△ d'armée s'avançait vers la Normandie; et il fut un jour envoyé en reconnaissance△ avec un faible détachement△ qui devait

1. De quoi souffre Walter quand il marche?

2. Que regrette-t-il?

3. Qu'est-ce qu'il aime dans la vie?

4. Qu'est-ce qu'il déteste?

5. A quoi et à qui pense-t-il la nuit?

6. De quoi s'inquiète-t-il?

7. Pourquoi ne se laisse-t-il pas tomber?

---

[1] **brasseries**? Où va-t-on pour boire?
[2] **semés**: *sown*

simplement explorer une partie du pays et se replier[3] ensuite. Tout semblait calme dans la campagne; rien n'indiquait une résistance préparée. Or, les Prussiens descendaient avec tranquillité dans une petite vallée quand une fusillade[△] violente les arrêta net, jetant bas[4] une vingtaine des leurs; et une troupe de francs-tireurs,[5] sortant brusquement d'un petit bois grand comme la main, s'élança[6] en avant, la baïonnette au fusil.

Walter Schnaffs demeura d'abord immobile, tellement surpris qu'il ne pensait même pas à fuir. Puis, apercevant à six pas devant lui un large fossé plein de broussailles,[7] il y sauta à pieds joints, sans songer même à la profondeur, comme on saute d'un pont dans une rivière.

Il passa à travers une couche épaisse de lianes et de ronces aiguës,[8] et il tomba lourdement assis sur un lit de pierres.

Levant aussitôt les yeux, il vit le ciel par le trou qu'il avait fait. Ce trou révélateur[△] le pouvait dénoncer, et il se traîna avec précaution, à quatre pattes,[9] au fond de cette ornière,[10] allant le plus vite possible, en s'éloignant du combat. Puis il s'arrêta et s'assit de nouveau.

Il entendit pendant quelque temps des détonations, des cris et des plaintes.[△] Puis les clameurs[△] de la lutte s'affaiblirent,[△] cessèrent.[△] Tout redevint muet[△] et calme.

La nuit venait, emplissant d'ombre le ravin. Et le soldat[△] se mit à songer. Qu'allait-il faire? Qu'allait-il devenir? Rejoindre son armée?... Mais comment? Mais par où? Et il lui faudrait recommencer l'horrible vie d'angoisses, d'épouvantes, de fatigues, et de souffrances[△] qu'il menait depuis le commencement de la guerre! Non! Il ne se sentait plus ce courage! Il n'aurait plus l'énergie qu'il fallait pour supporter les marches et affronter les dangers de toutes les minutes.

Mais que faire? Il ne pouvait rester dans ce ravin et s'y cacher jusqu'à la fin des hostilités. Non, certes.[△] S'il n'avait pas fallu manger, cette perspective ne l'aurait pas trop atterré;[11] mais il fallait manger, manger tous les jours.

8. Qu'est-ce que son détachement est envoyé faire?

9. Qu'est-ce qui leur arrive?

10. Quelle est la première réaction de Walter?

11. Que fait-il ensuite?

12. Que voit-il par le trou qu'il a fait?

13. Pourquoi le trou l'inquiète-t-il, et quelle précaution cela lui fait-il prendre?

14. Que ne peut-il plus supporter?

15. Pourquoi ne pas rester dans le ravin?

---

[3] **se replier**? Que fait-on après avoir avancé?
[4] **jetant bas**: *bringing down*
[5] **francs-tireurs**: *irregulars, partisans; literally: free-shooters*
[6] **s'élança**: courut rapidement
[7] **un fossé plein de broussailles**: *a ditch full of undergrowth*
[8] **une couche épaisse de lianes et de ronces aiguës**: *a thick layer of creepers and sharp brambles*
[9] **à quatre pattes**: *on all fours* (**patte**: *paw*)
[10] **ornière**: *rut, ditch*
[11] **atterré**: *dismayed; literally: brought to the ground, the earth*

Et il se trouvait ainsi tout seul, en armes, en uniforme, sur le territoire ennemi, loin de ceux qui le pouvaient défendre.

Soudain il pensa: «Si seulement j'étais prisonnier!» Et son cœur frémit[12] de désir, d'un désir violent, immodéré,△ d'être prisonnier des Français. Prisonnier! Il serait sauvé, nourri, logé,△ sans appréhension possible, dans une prison bien gardée. Prisonnier! Quel rêve!

Et sa résolution fut prise immédiatement.

«Je vais me constituer prisonnier.»

Il se leva, résolu△ à exécuter ce projet sans tarder d'une minute. Mais il demeura immobile, assailli△ soudain par des réflexions fâcheuses et par des terreurs nouvelles.

Où allait-il se constituer prisonnier? Comment? Et des images affreuses, des images de mort, se précipitèrent dans son âme.

Il allait courir des dangers terribles en s'aventurant△ seul avec son casque à pointe,[13] par la campagne.

S'il rencontrait des paysans?△ Ces paysans, voyant un Prussien perdu, un Prussien sans défense, le tueraient comme un chien errant![14] Ils le massacreraient avec l'acharnement[15] des vaincus△ exaspérés!

S'il rencontrait des francs-tireurs? Ces francs-tireurs, des enragés sans loi[16] ni discipline, le fusilleraient pour s'amuser, pour passer une heure. Et il se croyait déjà appuyé contre un mur en face de douze canons de fusils, dont les petits trous ronds et noirs semblaient le regarder.

S'il rencontrait l'armée française elle-même? Les hommes d'avant-garde△ le prendraient pour quelque hardi et malin troupier△ parti seul en reconnaissance, et ils lui tireraient dessus. Et il entendait déjà les détonations irrégulières des soldats couchés dans les broussailles.

Il se rassit, désespéré. Sa situation lui paraissait sans issue.

La nuit était tout à fait venue, la nuit muette et noire. Il ne bougeait plus. Il s'imaginait à tout moment entendre marcher près de lui.

Après d'interminables heures et des angoisses de damné, il

16. Quelle idée a-t-il soudain?

17. Pourquoi est-ce une idée irrésistible?

18. Pourquoi hésite-t-il?

19. Qu'est-ce qui le trahirait?

20. Que feraient les paysans?

21. Et les francs-tireurs?

22. Que voyait-il déjà dans son imagination?

23. Et que ferait l'armée?

24. Que croit-il entendre la nuit?

---

[12] **frémit**: trembla
[13] **à pointe**? De quelle forme un casque prussien est-il?
[14] **un chien errant**: *a stray dog*
[15] **acharnement**: *fury, determination*
[16] **loi**: *law*

aperçut, à travers les branchages,△ le ciel qui devenait clair.△ Alors un soulagement[17] immense le pénétra; ses yeux se fermèrent. Il s'endormit.

25. Que sent-il quand le jour revient?

Quand il se réveilla, le soleil lui parut arrivé à peu près au milieu du ciel; il devait être midi. Walter Schnaffs s'aperçut qu'il était atteint△ d'une faim aiguë.

26. Que sent-il quand il se réveille?

Il se leva, fit quelques pas, sentit que ses jambes étaient faibles, et se rassit pour réfléchir. Pendant deux ou trois heures encore il établit le pour et le contre,[18] changeant à tout moment de résolution.

Une idée lui parut enfin logique△ et pratique,△ c'était de guetter[19] le passage d'un villageois△ seul, sans armes, de courir au-devant de lui et de se remettre en ses mains en lui faisant bien comprendre qu'il se rendait.

27. Qu'est-ce qu'il va attendre?

28. Que dira-t-il?

---

[17] **soulagement**? Quel sentiment a-t-on quand la peur ou la douleur disparaît enfin?
[18] **le pour et le contre**: *the pros and the cons, the alternatives*
[19] **guetter**: *watch for*

Activités sur le récit

Résumé de l'action

A. Résumez l'action en complétant les phrases suivantes.

1. Walter marche avec peine. Il souffre affreusement des...
2. Il regrette désespérément les tendresses et les baisers de...
3. Chez lui, il aimait manger de bonnes choses et boire...
4. Pour les canons, les fusils et les revolvers il gardait au cœur...
5. Il se sentait incapable de manœuvrer la baïonnette assez vivement pour défendre...
6. Quand il se couchait sur la terre il pensait...
7. Qui élèverait les enfants s'il...?
8. Pour leur laisser de l'argent il avait contracté...
9. Il sentait de terribles faiblesses dans...
10. Tout à coup une troupe de francs-tireurs sortit d'un...
11. Apercevant un large fossé, Walter y...
12. Levant aussitôt les yeux, il vit le ciel par...
13. A quatre pattes, avec précaution, il...

14. Il entendit pendant quelque temps des cris et des plaintes, puis tout...

15. Il songeait que s'il rejoignait l'armée il lui faudrait...

16. Il ne pouvait pas rester dans ce ravin jusqu'à la fin des hostilités parce qu'...

17. Soudain il pensa: «Si seulement...

18. Il serait sauvé, nourri, logé dans...

19. Sa résolution fut prise. Mais soudain il demeura immobile, assailli par...

20. S'il rencontrait des paysans, ils le...

21. Et les francs-tireurs? Ils le fusilleraient simplement pour...

22. La situation lui paraissait donc...

23. Il passa une nuit d'angoisses. Mais un immense soulagement le pénétra quand il aperçut...

24. Il dormit jusqu'à midi. Mais en se réveillant il s'aperçut d'une nouvelle souffrance: il avait...

25. Il eut enfin l'idée de trouver un villageois seul, sans armes, et de...

Si vous n'avez pas trouvé la réponse vous pouvez la chercher dans la liste suivante.

a.	s'amuser, pour passer une heure	n.	petit bois
b.	de la bière	o.	pieds
c.	le ciel qui devenait clair	p.	une prison
d.	des dettes	q.	recommencer l'horrible vie
e.	j'étais prisonnier	r.	redevint muet et calme
f.	était tué	s.	des réflexions fâcheuses
g.	s'éloigna du combat	t.	se rendre
h.	faim	u.	sans issue
i.	sa femme	v.	sauta à pieds joints
j.	il fallait manger	w.	son gros ventre
k.	à sa famille, aux siens	x.	le trou qu'il avait fait
l.	une haine épouvantable	y.	tueraient comme un chien errant
m.	les jambes		

B. Résumez l'action en spécifiant ce qui est désigné par chacune des phrases suivantes.

1. ce dont Walter souffrait quand il devait marcher

2. ce que Walter aimait boire dans les brasseries

3. le sentiment qu'il avait envers les sabres et les fusils

4. ce qu'il se sentait incapable de défendre avec sa baïonnette

5. ce dans quoi il se roulait quand il se couchait par terre

6. ceux qui lui passeraient sur le corps s'il se laissait tomber

7. comment la campagne semblait, juste avant l'attaque des francs-tireurs

8. ce que chaque franc-tireur avait attaché à son fusil
9. ce dans quoi Walter saute à pieds joints pour s'échapper
10. ce qu'il y avait dans le fossé où il est tombé assis
11. comment il a pu voir le ciel du fossé où il avait sauté
12. comment il a avancé pour s'éloigner du lieu du combat
13. ce qu'il faut faire tous les jours si on veut vivre (d'après Walter)
14. l'endroit où Walter serait sauvé, nourri, logé
15. ceux qui le tueraient comme un chien errant s'ils le trouvaient
16. ceux qui le fusilleraient pour s'amuser
17. ce qu'il fit enfin, après des angoisses de damné, quand le ciel devenait clair
18. ce qu'il vit au milieu du ciel en se réveillant à midi
19. ce dont il s'aperçut bientôt qu'il était atteint
20. ce qu'il va faire s'il trouve un villageois seul et sans armes

Si vous n'avez pas trouvé la réponse vous pouvez la chercher dans la liste suivante.

a. l'armée entière
b. la bière
c. une baïonnette
d. calme
e. il s'endormit
f. la faim
g. un fossé
h. les francs-tireurs
i. la haine
j. manger
k. son manteau
l. les paysans
m. des pieds
n. des pierres
o. la prison
p. à quatre pattes
q. se rendre
r. le soleil
s. par le trou
t. son gros ventre

Sujets de discussion, de composition, de recherche, et de présentation

C. L'analyse: le personnage. Prenez des notes pour préparer un essai sur Walter Schnaffs.

1. A quoi pense-t-il depuis son entrée en France?
2. Quelles sont les qualités morales et physiques qui font de lui un soldat médiocre?
3. Quelles sont ses bonnes qualités?
4. Quelle valeur semble-t-il attacher a. au devoir? b. à l'honneur? c. au patriotisme? d. à ses responsabilités envers ses camarades? e. à ses responsabilités envers sa famille? f. à la vie?

5. Quel ton Maupassant prend-il pour parler de Walter? Montrez avec des exemples dans quelle mesure il présente Walter comme étant: a. ridicule b. gentil c. bête d. craintif e. prudent f. raisonnable g. imaginatif h. capable de comprendre la mentalité des personnes qui ne lui ressemblent pas

D. L'analyse: la guerre. Prenez des notes afin d'écrire un essai sur le thème de la guerre. Maupassant exprime-t-il un jugement sur la guerre en général dans cette première moitié de son conte? Peut-on discerner quelle est son attitude? Comparez «L'Aventure de Walter Schnaffs» à d'autres histoires de guerre.

E. A la recherche: la guerre. Quelle est l'histoire de la Guerre Franco-Prussienne? Causes, chronologie, personnages, résultats? Quel état moderne prend forme à la suite de cette guerre? Y a-t-il eu d'autres guerres depuis entre la France et l'Allemagne? Comment sont les rapports entre ces deux pays à l'heure actuelle?

L'Aventure de Walter Schnaffs

Guy de Maupassant

DEUXIÈME PARTIE

Préparation à la lecture

Le Lexique

Etudiez les mots dans les résumés suivants. Quels sont les mots apparentés et partiellement apparentés?

Parmi le **flot** de soldats prussiens	*flood*	
qui ont **envahi** la France,	*invaded*	
le plus **fiévreux** c'est Walter.	*feverish*	
Walter est un **être** timide,	*being*	
un homme **pesant**, une	*heavy*	
personne **molle**, sans courage.	*soft*	
Il ne va certes pas **bondir**	*bound*	*rush*
en avant, sous la lune qui **brille**,	cf. *brilliant*	*shines*
en **vociférant** «En avant!».	*vociferating*	*yelling*
Il préférerait manger tous les **plats**	*plates*	*dishes, courses*
d'un énorme repas, puis **poser** sa	*pose, depose*	*put down*
tête sur ses bras **croisés** et dormir.	*crossed*	*folded*
Ce qu'il veut, c'est la **sûreté**,	*surety*	*safety*
être mis **hors de combat**.	*out of action*	
Il est très **lié** à sa famille.	*tied*	
Les **liens** de famille sont importants.	*ties*	
Et sa famille est **lointaine**.	*distant, far away*	
Il **gémit** quand il pense au danger.	*moans*	
Il **frémit**.	*trembles*	

Il voudrait **veiller sur** ses enfants, les prendre dans ses **bras**.	*to watch over* *arms*
Il déteste la voix **tonnante** du sergent, les baïonnettes qui **reluisent** dans la nuit, l'ennemi qui **se glisse** dans l'ombre et les bombes qui **éclatent** et **renversent** tout.	*thundering* *gleam, shine* *creeps up, slides* *burst* *knock over*
Il voudrait **ôter** son uniforme et **jeter** sa baïonnette.	*to take off* *to throw away*
Il veut **éviter** toute violence.	*to avoid*
Séparé de sa **colonne**, il est seul.	*column*
Le cœur lui bat dans la **poitrine**.	*chest, breast*
Il est **éperdu** de terreur.	*frantic, crazed*
Il voit un **château**.	*castle, manor house*
Il sort de ce **bâtiment** une odeur de **viande cuite** qui l'**attire** irrésistiblement.	*building* *cooked meat* *attracts*
Cette odeur pénètre son **nez**.	*nose*
Seigneur! Qu'il a faim!	*Lord*
Alors, le cœur **battant**, il avance.	*beating*
Y a-t-il des gens **au-dedans**?	*inside*
Les fenêtres **d'en bas** brillent.	*lower*
Il est **debout** à la fenêtre et il regarde les **assiettes**.	*standing* *plates*
Il voudrait les **vider** toutes ou manger ce qu'il peut et **emporter** le reste. **Parfois**, il entend une **rumeur** à l'étage **au-dessus**.	*to empty* *to take away* *now and then, sometimes* *rumor* *murmur* *above*
Quel est ce bruit sur le **plancher**?	*floor*
Il **tend l'oreille**.	*pricks up his ears*

Il n'ose pas **dresser** la tête.	not: *to dress*	but: *to lift up, raise*
Qui sont ces gens qui **hurlent**?	not: *hurl*	but: *yell*
Il a peur d'être **blessé**.	not: *blessed*	but: *wounded*
Sera-t-il **garrotté**?	not: *garroted, strangled*	but: *tied up*

L'art de lire: la substantivation

Sometimes two words of the same family are identical but are different parts of speech.

Que deviennent les **petits** enfants?	*What is happening to the **little** children?*
Que deviennent **les petits**?	*What is happening to **the little ones**?*
Il n'aime pas **être** ici.	*He does not like **being** here.*
Aucun **être** ne se montrait.	*No **one** appeared.*

Review both the discussion on **substantivation** in chapter one of *L'Auberge aux Noyés* and the one on word families in the second chapter of the same story.

L'art de lire: l'article défini

The definite article is used in descriptions for parts of the body, clothing worn, or objects carried, where English uses a possessive adjective, sometimes preceded by *with*.

Le cœur battant, il avance lentement.	***With his*** *heart beating, he slowly advances.*
Il n'ose pas se montrer **le** casque sur **la** tête et **le** revolver à **la** main.	*He doesn't dare show himself **with his** helmet on **his** head and **his** revolver in **his** hand.*

L'art de lire: l'imparfait et le passé simple

These two past tenses establish much of the temporal framework of situations and events that constitute narrative.

1. The **imparfait** establishes situations by expressing a past condition or a state of being that is not localized in time. It is used for descriptions: **Walter était gros**, and situations: **Il ne pouvait rester dans ce ravin.**

2. The **imparfait** is also used to express habitual action, as in the very beginning of this story:

Quand il **se couchait** sur la terre, il **pensait** aux siens.	*When he **would lie down** on the ground, he **would think** of his family.*

   English often uses *would* or *used to* to express this time frame.

3. The **imparfait** is used with **depuis** or **il y avait** followed by an expression of time to express continuous action up to a given moment in the past:

Depuis des mois il **vivait** dans la terreur.	*For months he **had been living** in terror.*

4. The **imparfait** is also used to express an action in progress:

    Huit domestiques **dînaient** autour *Eight servants **were dining** around a table.*
    d'une table.

    Les Prussiens **attaquaient** le château! *The Prussians **were attacking** the castle!*

    English uses the progressive form *was* or *were —ing* to express events in progress.

5. The **passé simple** narrates stories or historical events and therefore appears frequently in the third person. It often recounts events that interrupt a situation or some action in progress expressed in the **imparfait**. The events of *L'Aventure de Walter Schnaffs* begin with just such an interruption:

    Les Prussiens **descendaient** dans *The Prussians **were going down** into a*
    une vallée quand une fusillade *valley when rifle-fire **stopped** them.*
    les **arrêta**.

    The **-a** ending is characteristic of **-er** verbs in the third person singular. The plural ends in **-èrent**:

    Deux hommes **montèrent** la garde. *Two men **kept** watch.*

    Most **-ir** and **-re** verbs have a singular third person ending in **-it**:

    Il **écrivit** sur un agenda. *He **wrote** in an account book.*

    Other singular third person verbs often end in **-ut**, including the irregular verb **être**:

    Il **fut** examiné par ses vainqueurs. *He **was** examined by his victors.*

    Note the following irregular forms:

    faire: il fit   **voir: il vit**   **venir: il vint**

    Review **L'art de lire** on **le temps** in the first chapter of *L'Auberge aux Noyés*.

L'art de lire: le déplacement dans l'espace

Narrative discourse recounts many kinds of travel. Following the action includes understanding references to where characters are, where they move to, how they get there, and why. When you tell stories in your own words, be careful of how you express these notions. In English, we often express travel with a verb that denotes a specific kind of movement: *She **walked** to the dentist's*. French tends to use a more abstract verb, one that does not indicate the kind of movement, and to specify the type of movement with a modifier: **Elle allait à pied** chez le dentiste. Use the following short list to find and account for some of the movements in the following story.

Il **sortit** lentement **du fossé** et **se mit en route vers** le château.

Il **enjamba** le mur et **s'avança vers** les assiettes.

Il entend des corps **sautant du premier étage**.

Un flot d'hommes **envahit** la maison.

Cinquante soldats **bondirent dans** la cuisine.

Il est incapable de **faire un pas**.

Une fuite vers la porte!

La colonne **se mit en mouvement**.

On **avançait** avec prudence.

On **parvint** enfin **à** la maison de ville.

Exercices

A. Remplissez les tirets par le mot convenable. Ensuite expliquez le sens de ces mots. Attention! Il faudra utiliser certains mots plusieurs fois.

baiser	être	liés
manger	devoir	éloigne
loin	délieront	liens
lointain		

1. Ils sont _____ par des _____ d'amitié qui ne se _____ jamais.

2. Il voudrait lui donner un _____, il voudrait _____ son joli visage.

3. La cuisinière préparait son _____, et il aimait tellement _____!

4. Le soldat va _____ quitter sa famille. C'est son _____.

5. C'est un _____ timide. Il veut _____ prisonnier.

6. Il s' _____ des autres. Il se croit _____ de toute habitation. Puis il aperçoit un château _____.

B. Changez le sens des phrases suivantes en remplaçant les mots en **caractères gras** par un mot qui signifie le contraire.

debout	ôter	dedans
pesant	lier	recherche
molle	vider	

1. Le fusil moderne est assez **léger**.

2. La terre est **dure** autour du château.

3. Il **évite** la compagnie des autres.

4. C'est celui que vous voyez **assis** là-bas.

5. Il a oublié de **mettre** son casque.

6. On a décidé de **détacher** le prisonnier.

7. Au **dehors** il y avait huit domestiques.

8. Attendez-moi un instant. Je vais **remplir** mes poches.

C. Lisez le passage suivant en remplaçant les mots en **caractères gras** par un synonyme.

briller   parfois   tend l'oreille
éperdue   seigneur   veiller sur
frémir

Le **maître** (1) du château est parti. C'est à ses domestiques de **protéger** (2) sa propriété. Mais quand ils croient voir des baïonnettes que la lune fait **reluire** (3), ils se précipitent vers la porte dans une fuite **frénétique** (4). Tout cela fait **trembler** (5) le pauvre Walter. Walter **écoute attentivement** (6). **De temps en temps** (7) il croit entendre quelque chose, puis c'est le silence total.

D. Lisez le passage suivant en remplissant les tirets par le mot convenable.

arbre   bras   glissant
renversé   assiettes   éclater
jeter   viande   bâtiment
emporté   plancher   blessés
gémir   poitrine

Walter voudrait ____1____ son fusil, rentrer chez lui, tenir ses enfants dans ses ____2____, les serrer contre sa ____3____. Il ne veut plus entendre ____4____ les bombes et ____5____ les pauvres ____6____. En se ____7____ comme une ombre dans la forêt, se cachant sous un ____8____ quand il entend un bruit, il s'approche du château. C'est un ____9____ immense. De la cuisine vient une odeur de ____10____ cuite. Il pose lentement ses pieds sur le ____11____.

Mais quel désordre! On a ____12____ la table, toutes les ____13____ sont par terre! Les gens sont partis bien vite, ils n'ont rien ____14____ avec eux.

L'Aventure de Walter Schnaffs

(Deuxième Partie)

Alors il ôta son casque, dont la pointe pouvait le trahir, et il sortit sa tête au bord de son trou, avec des précautions infinies.

1. Quelle précaution Walter prend-il avant de sortir sa tête?

Aucun être isolé ne se montrait à l'horizon. Là-bas à gauche, il apercevait un grand château. Il attendit jusqu'au soir. Mais dès que le soir obscurcit△ la plaine, il sortit lentement du fossé, et se mit en route, le cœur battant, vers le château lointain.

2. Que voit-il?

3. Que fait-il dès qu'il fait noir?

Les fenêtres d'en bas brillaient. Une d'elles était même ouverte; et une forte odeur de viande cuite s'en échappait, une odeur qui pénétra brusquement dans le nez et jusqu'au fond du ventre de Walter Schnaffs, l'attirant irrésistiblement, lui jetant au cœur une audace△ désespérée.

4. Qu'est-ce qui l'attire?

Et brusquement, sans réfléchir, il apparut, casqué, dans le cadre[1] de la fenêtre.

5. Où apparaît-il?

Huit domestiques dînaient autour d'une grande table. Mais soudain une bonne demeura béante,[2] laissant tomber son verre, les yeux fixes. Tous les regards suivirent le sien!

6. Que voit-il?

On aperçut l'ennemi!

Seigneur! Les Prussiens attaquaient le château!...

Ce fut d'abord un cri, un seul cri, fait de huit cris poussés sur huit tons différents, un cri d'épouvante horrible, puis une fuite éperdue vers la porte du fond. Les chaises tombaient, les hommes renversaient les femmes et passaient dessus. En deux secondes la pièce fut vide, abandonnée, avec la table couverte de mangeaille[3] en face de Walter Schnaffs stupéfait,△ toujours debout dans sa fenêtre.

7. Que pensent-ils quand ils voient Walter?

8. Que font-ils?

Après quelques instants d'hésitation, il enjamba le mur d'appui[4] et s'avança vers les assiettes. Sa faim exaspérée le faisait trembler

9. Que fait Walter?

---

[1] **cadre**: *frame*
[2] **béante**? Quelle expression a-t-on quand on est totalement surpris?
[3] **mangeaille**? Qu'y a-t-il sur la table quand on mange?
[4] **il enjamba le mur d'appui**: *he stepped over the parapet*

comme un fiévreux: mais une terreur le retenait, le paralysait encore. Il écouta. Toute la maison semblait frémir; des portes se fermaient, des pas rapides couraient sur le plancher du dessus. Le Prussien, inquiet, tendait l'oreille à ces rumeurs confuses; puis il entendit des bruits sourds[5] comme si des corps fussent tombés dans la terre molle, au pied des murs, des corps humains sautant du premier étage.

10. Qu'est-ce qu'il entend?

Puis tout mouvement, toute agitation cessèrent, et le grand château devint silencieux comme un tombeau.△

Walter Schnaffs s'assit devant une assiette restée intacte, et il se mit à manger. Il mangeait comme s'il eût craint d'être interrompu trop tôt. Il jetait à deux mains les morceaux dans sa bouche ouverte comme dans une trappe.△ Il vida toutes les assiettes, tous les plats et toutes les bouteilles; puis, saoul[6] de liquide et de mangeaille, rouge, secoué par des hoquets,[7] il déboutonna son uniforme, incapable d'ailleurs de faire un pas. Ses yeux se fermaient; il posa son front pesant dans ses bras croisés sur la table, et il perdit doucement la notion des choses et des faits.

11. Que fait Walter quand le silence se rétablit?

Le dernier croissant[8] éclairait vaguement l'horizon au-dessus des arbres du parc. C'était l'heure froide qui précède le jour.

12. Que fait-il ensuite? (Montrez son geste.)

Des ombres glissaient, nombreuses et muettes: et parfois un rayon△ de lune faisait reluire dans l'ombre une pointe d'acier.[9]

Le château tranquille dressait sa grande silhouette noire. Deux fenêtres seules brillaient encore au rez-de-chaussée.

13. Que voit-on dans le noir?

Soudain, une voix tonnante hurla:

«En avant! nom de nom![10] à l'assaut!△ mes enfants!»

Alors, en un instant, un flot d'hommes qui s'élança, brisa, creva[11] tout, envahit la maison. En un instant, cinquante soldats armés jusqu'aux cheveux, bondirent dans la cuisine où reposait pacifiquement Walter Schnaffs, et, lui posant sur la poitrine cinquante fusils chargés, le roulèrent, le saisirent, le lièrent des pieds à la tête.

14. Qu'est-ce qu'on entend soudain?

15. Qui envahit la maison?

Et tout d'un coup, un gros militaire lui planta son pied sur le ventre en vociférant:

16. Que fait le gros militaire?

---

[5] **des bruits sourds**: *dull, muffled noises.* **Sourd** *usually means deaf.*
[6] **saoul**: *satiated.* **Saoul** *usually means drunk.*
[7] **secoué par des hoquets**: *shaken by hiccups*
[8] **croissant?** Qu'est-ce qui brille dans la nuit et a parfois la forme d'un croissant?
[9] **acier**: *steel*
[10] **nom de nom!**: *By God!*
[11] **creva**: *burst open*

«Vous êtes mon prisonnier, rendez-vous!»

Le Prussien n'entendit que ce mot seul «prisonnier», et il gémit: «*ya, ya, ya*».

Il fut examiné avec une vive curiosité par ses vainqueurs△ qui soufflaient comme des baleines.[12] Plusieurs s'assirent n'en pouvant plus[13] d'émotion et de fatigue.

Il souriait, lui, il souriait maintenant, sûr d'être enfin prisonnier!

Un autre officier entra et prononça:

«Mon colonel, les ennemis se sont enfuis; plusieurs semblent avoir été blessés. Nous restons maîtres de la place.»

Le gros militaire qui s'essuyait le front vociféra: «Victoire!»

Et il écrivit sur un petit agenda de commerce[14] tiré de sa poche:

«Après une lutte acharnée,[15] les Prussiens ont dû battre en retraite, emportant leurs morts et leurs blessés, qu'on évalue△ à cinquante hommes hors de combat. Plusieurs sont restés entre nos mains.»

Le jeune officier reprit:

«Quelles dispositions dois-je prendre, mon colonel?»

Le colonel répondit:

«Nous allons nous replier pour éviter un retour offensif avec de l'artillerie et des forces supérieures.»

Et il donna l'ordre de repartir.

La colonne△ se reforma dans l'ombre, sous les murs du château, et se mit en mouvement, enveloppant△ de partout Walter Schnaffs garrotté, tenu par six guerriers le revolver au poing.[16]

Des reconnaissances furent envoyées pour éclairer[17] la route. On avançait avec prudence, faisant halte de temps en temps.

Au jour levant, on arrivait à la sous-préfecture[18] de La Roche-Oysel, dont la garde nationale avait accompli ce fait d'armes.

La population anxieuse et surexcitée△ attendait. Quand on aperçut le casque du prisonnier, des clameurs formidables éclatèrent. Les femmes levaient les bras: des vieilles pleuraient; un aïeul lança sa béquille[19] au Prussien et blessa le nez d'un de ses gardiens.△

17. Que dit-il?

18. Pourquoi Walter sourit-il?

19. Corrigez les petites exagérations de ce communiqué de guerre.

20. Pourquoi vont-ils se replier?

21. Quelle autre mesure de prudence ces braves militaires prennent-ils?

22. Qui les attend?

23. Qui est le seul blessé dans ce «fait d'armes»?

---

[12] **baleines**: *whales*
[13] **n'en pouvant plus**: *worn out*
[14] **agenda de commerce**: *account book*
[15] **une lutte acharnée**: *a fierce battle*
[16] **six guerriers le revolver au poing**: *six warriors with revolvers in their fists*
[17] **éclairer**: *in a military context: to reconnoiter*
[18] **la sous-préfecture**: *the equivalent of a county seat*
[19] **un aïeul lança sa béquille**: *a venerable grandfather threw his crutch*

Le colonel hurlait: «Veillez à la sûreté du captif!»

On parvint enfin à la maison de ville.[20] La prison fut ouverte, et Walter Schnaffs jeté dedans, libre de ses liens. Deux cents hommes en armes montèrent la garde autour du bâtiment.

24. Combien de gardiens Walter a-t-il? (Combien lui en aurait-il fallu?)

Alors, malgré des symptômes d'indigestion qui le tourmentaient depuis quelque temps, le Prussien, fou de joie, se mit à danser, éperdument, en levant les bras et les jambes, à danser en poussant des cris frénétiques,Δ jusqu'au moment où il tomba, épuisé[21] au pied d'un mur.

25. Que fait Walter en prison?

Il était prisonnier! Sauvé!

C'est ainsi que le château de Champignet fut repris à l'ennemi après six heures seulement d'occupation.

Le colonel Ratier, marchand de drap,[22] qui enleva cette affaire à la tête des gardes nationaux de La Roche-Oysel, fut décoré.

26. Qu'est-ce qui consacre la gloire de cette victoire?

---

[20] **maison de ville**: *town hall. Usually called* **hôtel de ville**
[21] **épuisé**: *exhausted*
[22] **marchand de drap**: *draper* (**marchand**: *merchant*)

Activités sur le récit

Résumé de l'action

A. Résumez l'action en corrigeant les phrases fausses.

1. Walter se mit en route vers le château lointain.
2. Le château n'était pas éclairé.
3. L'odeur de viande cuite l'attirait irrésistiblement.
4. Il ôta son casque avant d'apparaître dans le cadre de la fenêtre.
5. Il n'y avait personne dans le château.
6. Les femmes sont parties, puis les hommes.
7. Le Prussien entendait des rumeurs confuses dans le château.
8. Il vida toutes les assiettes.
9. Après son repas, il inspecta le château.
10. Les Français firent un grand vacarme en s'approchant du château.
11. Cinquante soldats armés bondirent dans la cuisine.
12. Walter souriait maintenant, sûr d'être enfin prisonnier.
13. Un officier annonça que les Prussiens restaient maîtres de la place.

14. Le colonel écrivit dans son agenda qu'ils avaient fait un seul prisonnier.

15. La colonne se reforma et ils partirent.

16. Ils rentrèrent à La Roche-Oysel aussi vite que possible.

17. Walter eut le nez blessé par un des curieux qui attendait le retour de la garde nationale.

18. On ne prit pas la peine de monter la garde autour de la prison.

19. Quand il fut dans la prison, Walter se mit à danser éperdument.

20. Le fait d'armes de la garde nationale ne fut reconnu par personne.

B. Les phrases suivantes résument l'action, mais dans le désordre. Mettez-les dans leur ordre logique.

a. Enfin, plein de liquide et de mangeaille, il déboutonna son uniforme pour souffler, puis perdit doucement la notion des choses et des faits.

b. La population, anxieuse et surexcitée, attendait.

c. Le cœur battant, il se mit en route vers le château lointain.

d. Soudain, une voix tonnante hurla: «En avant! nom de nom! à l'assaut!»

e. Le gros militaire vociféra: «Victoire! puis annonça: Nous allons nous replier pour éviter un retour offensif.»

f. Puis tout mouvement cessa. Alors Walter entra, s'assit devant une assiette restée intacte, et se mit à manger.

g. Quand il fut tout près du château, il sentit une forte odeur de viande cuite qui s'échappait de la cuisine.

h. Walter se réveilla soudain. Cinquante soldats armés lui posaient sur la poitrine leurs fusils, et un gros militaire lui plantait le pied sur le ventre.

i. Pendant que Walter dormait, les gardes nationaux s'approchaient en silence.

j. Walter fut jeté en prison. Enfin sauvé, il se mit à danser éperdument, en levant les bras et les jambes.

k. Attiré par l'odeur, il apparut casqué dans le cadre de la fenêtre.

l. Quand les domestiques virent le Prussien à la fenêtre, ce fut d'abord un cri, puis une fuite éperdue.

Sujets de discussion, de composition, de recherche, et de présentation

C. L'analyse: le personnage. Continuez et développez les notes sur le personnage de Walter Schnaffs pour écrire un essai. Commençons par la liste ci-dessous des malheurs et des inconforts dont les soldats de toutes les armées se sont toujours plaints. Auxquels Walter est-il exposé, et lesquels déteste-t-il le plus? Trouvez des exemples. Auxquels demeure-t-il indifférent? Qu'est-ce que cela montre sur sa personnalité et ses attitudes?

1. les longues marches
2. la mauvaise nourriture
3. la discipline
4. l'ennui
5. l'inconfort et la fatigue
6. la privation sexuelle
7. l'inquiétude quant à la famille qu'on a dû quitter
8. l'hostilité des civils dans un pays étranger
9. le danger
10. la nécessité de manier des armes à feu
11. l'imbécillité des généraux

D. L'analyse: la guerre. Continuez et développez votre essai sur le thème de la guerre dans cette deuxième partie de l'histoire.

1. Qu'ont fait les domestiques quand ils ont vu le Prussien?
2. Est-ce qu'on a respecté le principe «femmes et enfants d'abord»?
3. Quel autre aspect de l'attitude de la population civile se manifeste quand la garde nationale rentre à La Roche-Oysel?
4. Quelles sont les exagérations dans le rapport du colonel?
5. En quoi le rapport du colonel est-il une parodie des communiqués de guerre en général?
6. Quel contraste y a-t-il entre l'idée que Walter se fait de la guerre et celle du colonel Ratier?
7. Lequel des deux semble le plus raisonnable ou le moins ridicule?
8. Quels sont les éléments comiques dans cette représentation de la guerre?
9. L'angoisse de la guerre, les morts et les blessés, sont-ils entièrement absents dans cette aventure?
10. Quel contraste y a-t-il entre l'attaque que font les francs-tireurs et l'attaque menée par le colonel Ratier?
11. Quelle est l'ironie de la dernière ligne du conte?
12. Y a-t-il quelqu'un dans toute cette histoire qui aurait peut-être mérité une décoration?

Les Bijoux

Guy de Maupassant

PREMIÈRE PARTIE

Préparation à la lecture

Maupassant stories often tell how a chance encounter, a discovery, or an accident interrupts, redirects, or destroys the even flow of the lives of ordinary people. Some of these stories are poignant or even tragic, but *Les Bijoux* has a mainly sardonic flavor. The protagonist, M. Lantin, discovers through the medium of his wife's jewelry collection a new vista on his past life and on his future, bringing him new shame and new joys. Maupassant tells the story with his usual economy of means and flair for gesture, phrase, and feeling, and ends it with a characteristically ironic twist. This complete text has not been edited.

Le Lexique et la Grammaire

Etudiez les mots dans les résumés suivants. Quels sont les mots apparentés et partiellement apparentés?

Une dame veut **marier** sa fille.	*marry off, find a spouse for*	
La fille **se marie avec** M. Lantin.	*gets married to, marries*	
Sa beauté est un **reflet** de son cœur.	*reflection*	
Elle inspire **confiance**.	*confidence*	
Elle n'avait pas un **sou** mais elle avait beaucoup de **séduction**.	*sou* / *seduction*	*penny* / *charm*
Il tombe **invraisemblablement** amoureux d'une jeune fille dont tout le monde chante les **louanges**.	*incredibly* / *praises*	
La **vue** de cette jolie fille enchante M. Lantin. Il devient son **mari**.	*view* / cf. *married man*	*sight* / *husband*

Il lui **confie** son bonheur.	*confides*	*entrusts*
Mais elle a des goûts de **bohémienne**.	*bohemian*	*gypsy*
Elle sort un **collier** de perles d'une boîte en **maroquin**.	*collar* cf. *Morocco*	*necklace* *leather*
De quelle **boutique** viennent-elles?	*boutique*	*shop*
Elle **s'obstine à** les porter **malgré** son mari.	*is obstinate about* *in spite of*	*insists on*
Comment lui en garder **rancune**?	*rancor*	*grudge*
Il l'adore. Elle **apaise** toutes ses **douleurs**.	*appeases* *dolors*	*soothes* *sorrows*
Sans elle la **nourriture** perd sa **saveur**.	*nourishment* *savor*	*food* *flavor*
Elle aime les **divertissements**.	*diversions*	*entertainments*
Elle **se met à** aller au **spectacle**, à aller dans les **soirées**.	*starts* *spectacle* *soirees*	*show, theatre* *evening parties*
Il préfère être en **tête-à-tête** avec elle, mais elle insiste pour sortir et il **cède**.	*tête-à-tête* *cedes*	*twosome* *gives way*
Ses **appointements** sont modestes.	not: *appointments*	but: *salary*
Il a de la **complaisance** pour les caprices de sa femme.	not: *complacency*	but: *indulgence*
Il admire sa **toilette** élégante.	not: *toilet*	but: *clothes*
Ce qui n'est pas **convenable** la choque.	*proper*	
Mais elle aime les **pièces** en vogue.	*plays (theatre)*	
Au théâtre, elle a une **loge**.	not: *lodge*	but: *theatre box*
Elle y **traînait** son mari **autrefois** mais maintenant elle y va seule.	*dragged* *in the past*	
Tout semble parfait dans le **ménage**.	*household*	
C'est un homme de **moyens** modestes.	*means*	
Cependant sa femme a un **tas** de **bijoux**.	*pile, heap* *jewels*	
Qu'est-ce que ces **joyaux** peuvent **valoir**?	*jewels* *be worth*	
Elle aime les sortir de leur **boîte**, se les mettre aux **doigts**, au **cou**, les voir **pendre** à ses oreilles.	*box* *fingers* *neck* *hanging*	
Cela **fait naître** en elle une **jouissance** intense.	*gives rise to (gives birth to)* *sensuous delight*	

Elle **frissonne** de plaisir quand elle les voit. Elle serait **déchirée** si elle devait **s'en défaire**.	*shivers* *torn apart* *to get rid of them*
Elle ne saurait **s'y prendre**.	*to go about it*
Elle ne saurait comment **agir**.	*to act*
Tout serait **gâté**.	*spoiled*

L'art de lire: l'ellipse

Adjectives are used as nouns in French much more frequently than in English. There is ellipsis—i.e., omission—of the noun or pronoun which the adjective modifies. This ellipsis does not always appear in English.

On a condamné **un innocent**.	*They condemned an innocent **person**.*
C'est lui **le coupable**.	*He is the guilty **one**.*
Ça c'est **du vrai**!	*That's the real **stuff**!*
On ne pourrait trouver **mieux**.	*You couldn't find **a better one**.*

In other elliptical expressions it may be a dependent clause that is omitted.

On jurerait du vrai.	*You would swear **it was** the real thing.*
La pièce terminée, elle rentrait.	***When** the play was over, she would go home.*
Elle a pensé tomber.	*She thought **she would** fall.*
Il regardait les bijoux restés dans la boîte.	*He looked at the jewels **that had** remained in the box.*

L'art de lire: *que* et l'inversion dans la phrase subordonnée

The subject often follows the verb in subordinate clauses. When such an inversion occurs the word order can lead to misunderstanding or confusion. It is important to remember that the relative pronoun **que** is the object, not the subject, of the verb.

Le mari, **que** choquait cet amour des faux bijoux, désapprouvait.

The two sentences that may be thought to lie behind this one may be:

Main clause: Le mari désapprouvait.

Dependent clause: Cet amour des faux bijoux choquait le mari.

In the dependent clause of our full sentence, the direct object **le mari** is replaced by the relative pronoun **que** and the word order is inverted:

object: **que**	verb: **choquait**	subject: **amour**

Thus in English we would say:

The husband, whom this love of false jewelry shocked, disapproved.

It is the relative pronoun, not the word order, that indicates which is the subject and which is the object of the clause. The difference is crucial:

le vieil homme **qui** blessa un gardien   *the old man **who** wounded a guard*

le vieil homme **que** blessa un gardien   *the old man **whom** a guard wounded*

L'art de lire: le subjonctif

Although it has many different uses, the subjunctive rarely presents a reading comprehension problem. In most cases you can recognize the verb from its stem and get a clear sense of the meaning.

1. Irregular present forms have to be learned for recognition. Here are the third-person singular forms of five irregular subjunctives. Note their similarity to the imperative.

être:	qu'il **soit**
avoir:	qu'il **ait**
savoir:	qu'il **sache**
vouloir:	qu'il **veuille**
faire:	qu'il **fasse**

2. The imperfect subjunctive may present a formidable appearance on the page but the meaning is often straightforward as a past subjunctive.

    Soit qu'il **eût** peur, soit que le sang-froid lui **manquât**.

    It is formed by adding the endings **-sse, -sses, -^t, -ssions, -ssiez, -ssent** to the first person of the passé simple minus the last letter. Here are third person forms of **être**, **avoir**, and **faire**:

être: qu'il **fût**	avoir: qu'il **eût**	faire: qu'il **fît**
qu'ils **fussent**	qu'ils **eussent**	qu'ils **fissent**

3. The pluperfect subjunctive adds a variety of possible meanings to a distinctive form. It is formed by combining the imperfect subjunctive of the auxiliary (**avoir** or **être**) with the past participle of the verb.

    a. One meaning is a straightforward use of the subjunctive in the past:

    Il fallait attendre que l'auto **fût accrochée** à la grue.

    b. The pluperfect subjunctive can also be used instead of the past conditional. Both of the following sentences mean the same thing:

    Qui l'**eût cru**? ⎫
    Qui l'**aurait cru**? ⎭   Who ***would have believed*** it?

c. In literary discourse, the pluperfect subjunctive is often used instead of the pluperfect indicative in hypothetical phrases. In the following story, the wife plays with her jewelry:

... comme si elle **eût savouré**   *had relished*
quelque jouissance secrète.

We have already seen how Walter heard some dull noises:

... comme si des corps **fussent**   *had fallen*
tombés dans la terre molle.

He ate

... comme s'il **eût craint** d'être   *had feared*
interrompu.

As you read, try to identify and account for this form. Review **si** clauses in the first chapter of *L'Aventure de Walter Schnaffs* and see the discussion of **comme** that follows.

L'art de lire: *comme*

1. This story begins with what we would call a simile, in French, **une comparaison: l'amour l'enveloppa comme un filet**. The word **comme** brings the suggestion of a different world to the interior setting of the **sous-chef de bureau**. Failure to establish the particular relationship set up by **comme** could result in serious misunderstanding: what is *a net*—**un filet**—doing at the party? Understood in its symbolic capacity, **comme** does bring a net to the party and establishes Monsieur Lantin as the prey caught in that net, like a fish or a bird, caught by love, the hunter. While love is established as a theme, so are freedom and constraint. How does the wife put jewels on her husband?

   Walter Schnaffs jumps into the ditch **comme on saute d'un pont dans une rivière**. The townspeople who later capture him **soufflaient comme des baleines**. There is no bridge, no river, and there are certainly no whales in the action but **comme** does bring these elements into the telling of the story, establishing them at a different level of the story and allowing them to play a variety of roles. Compare this function to the **comme si** sentences discussed above.

2. **Comme** has a different narrative function to establish a condition with temporal and causal overtones.

   Comme elle avait été à l'Opéra,   *Since (as) she had been*
   une nuit d'hiver, elle rentra
   frissonnante de froid.

   Comme il se trouva sans un sou,   *As (since) he found himself*
   il songea à vendre quelque chose.

Here, **comme** coordinates story material that remains at the same narrative level and contributes to straightforward storytelling: it establishes the cause for a result.

Exercices

A. Remplacez les mots en **caractères gras** dans les phrases suivantes par un mot qui signifie le contraire.

agir   gâter   réparée
convenable   louange   se met à
croyable   naître

1. Nous voyons **mourir** une société autour de nous.
2. La **critique** qu'on a faite de ce ministre me paraît excessive.
3. Le comportement de cette femme a toujours été **choquant**.
4. L'histoire que vous racontez est tout à fait **invraisemblable**.
5. Il **s'arrête de** pleurer.
6. Elle ne voulait pas porter une robe si visiblement **déchirée**.
7. Ce vin va s'**améliorer** si vous le gardez.
8. Il y a des moments où il est nécessaire de **ne rien faire**.

B. Lisez le passage suivant en remplissant les tirets par le mot convenable.

boîte   ménage   s'y prendre
cou   les moyens   tas
défaire   pendre   traîne
doigts   pièces   valeur
jouissance

Elle a une ___1___ en maroquin où elle met ses bijoux. Le soir elle la sort et admire le grand ___2___ de bijoux sur la table. Elle contemple ses bijoux avec une sorte de ___3___ profonde. On voit souvent un beau collier de perles autour de son ___4___ et à ses ___5___ des diamants magnifiques. Elle aime aussi ___6___ ses diamants à ses jolies oreilles.

Elle aime aller au théâtre voir les ___7___ en vogue. Son mari n'aime pas beaucoup le théâtre. Elle l'y ___8___ malgré lui. Il voudrait surtout voir sa femme se ___9___ de l'habitude de porter tous ces bijoux. Il voudrait la persuader de ne plus le faire mais il ne sait pas ___10___.

Malgré ces petits désaccords, lui et sa femme forment un ___11___ heureux. Il n'a pas ___12___ de lui acheter beaucoup de bijoux, mais ça ne fait rien car les bijoux de sa femme ont peu de ___13___. Ils sont tous faux.

Les Bijoux

(Première Partie)

Monsieur Lantin ayant rencontré cette jeune fille, dans une soirée, chez son sous-chef de bureau,[1] l'amour l'enveloppa comme un filet.[2]

C'était la fille d'un percepteur[3] de province, mort depuis plusieurs années. Elle était venue ensuite à Paris avec sa mère, qui fréquentait quelques familles bourgeoises de son quartier dans l'espoir de marier la jeune personne. Elles étaient pauvres et honorables, tranquilles et douces. La jeune fille semblait le type absolu de l'honnête femme à laquelle le jeune homme sage rêve de confier sa vie. Sa beauté modeste avait un charme de pudeur[4] angélique, et l'imperceptible sourire qui ne quittait point ses lèvres semblait un reflet de son cœur.

1. Quel était l'espoir de la mère de la jeune fille?

2. Quelles étaient les qualités de la jeune fille?

Tout le monde chantait ses louanges; tous ceux qui la connaissaient répétaient sans fin: «Heureux celui qui la prendra. On ne pourrait trouver mieux.»

3. Que disait-on d'elle?

M. Lantin, alors commis[5] principal au ministère de l'Intérieur, aux appointements annuels de trois mille cinq cents francs, la demanda en mariage et l'épousa.

Il fut avec elle invraisemblablement heureux. Elle gouverna sa maison avec une économie si adroite qu'ils semblaient vivre dans le luxe. Il n'était point d'attentions, de délicatesses, de chatteries[6] qu'elle n'eût pour son mari; et la séduction de sa personne était si grande que, six ans après leur rencontre, il l'aimait plus encore qu'aux premiers jours.

4. Comment semblaient-ils vivre?

5. Comment le traitait-elle et que sentait-il pour elle?

Il ne blâmait en elle que deux goûts, celui du théâtre et celui des bijouteries fausses.

6. Quelles sont les deux choses qu'elle aimait?

---

[1] **sous-chef de bureau**: *deputy chief clerk*
[2] **filet**: *net*
[3] **percepteur**: *tax collector*
[4] **pudeur**: *modesty*
[5] **commis**: *clerk*
[6] **chatteries**: *caresses, kittenish ways*

Ses amies (elle connaissait quelques femmes de modestes fonctionnaires) lui procuraient à tous moments des loges pour les pièces en vogue, même pour les premières représentations; et elle traînait bon gré, mal gré,[7] son mari à ces divertissements qui le fatiguaient affreusement après sa journée de travail. Alors il la supplia de consentir à aller au spectacle avec quelque dame de sa connaissance qui la ramènerait ensuite. Elle fut longtemps à céder, trouvant peu convenable cette manière d'agir. Elle s'y décida enfin par complaisance, et il lui en sut un gré infini.[8]

7. Qu'est-ce que son mari pensait du théâtre?

8. Quelle solution trouvèrent-ils?

Or, ce goût pour le théâtre fit bientôt naître en elle le besoin de se parer.[9] Ses toilettes demeuraient toutes simples, il est vrai, de bon goût toujours, mais modestes; et sa grâce douce, sa grâce irrésistible, humble et souriante, semblait acquérir une saveur nouvelle de la simplicité de ses robes, mais elle prit l'habitude de pendre à ses oreilles deux gros cailloux du Rhin[10] qui simulaient△ des diamants, et elle portait des colliers de perles fausses, des bracelets en similor, des peignes agrémentés de verroteries variées jouant les pierres fines.[11]

9. Comment s'habillait-elle?

Son mari, que choquait un peu cet amour du clinquant,[12] répétait souvent: «Ma chère, quand on n'a pas le moyen de se payer des bijoux véritables, on ne se montre parée que de sa beauté et de sa grâce, voilà encore les plus rares joyaux.»

10. Que lui disait son mari à propos de ses bijoux?

Mais elle souriait doucement et répétait: «Que veux-tu? J'aime ça. C'est mon vice. Je sais bien que tu as raison; mais on ne se refait pas. J'aurais adoré les bijoux, moi!»

11. Comment répondait-elle?

Et elle faisait rouler dans ses doigts les colliers de perles, miroiter les facettes des cristaux taillés,[13] en répétant: «Mais regarde donc comme c'est bien fait. On jurerait du vrai.»

12. Qu'admirait-elle dans ses bijoux?

Il souriait en déclarant: «Tu as des goûts de Bohémienne.»

Quelquefois, le soir, quand ils demeuraient en tête-à-tête au coin du feu, elle apportait sur la table où ils prenaient le thé la boîte de

---

[7] **bon gré, mal gré**: *willy-nilly*

[8] **il lui en sut un gré infini**: *he was infinitely grateful to her*

[9] **se parer**: *to adorn herself*

[10] **cailloux du Rhin**: *fake jewelry;* **caillou**: *stone;* **le Rhin**: *the Rhine...*

[11] **des bracelets en similor, des peignes agrémentés de verroteries variées jouant les pierres fines**: *bracelets in imitation gold, combs decorated with various glass beads that imitated precious stones*

[12] **clinquant**: *imitation jewelry, from* **clinquer** *to clink*

[13] **Et elle faisait ... miroiter les facettes des cristaux taillés**: *And she would make ... the facets of the cut crystal reflect the light*

maroquin où elle enfermait la «pacotille»,[14] selon le mot de M. Lantin; et elle se mettait à examiner ces bijoux imités avec une attention passionnée, comme si elle eût savouré quelque jouissance secrète et profonde; et elle s'obstinait à passer un collier au cou de son mari pour rire ensuite de tout son cœur en s'écriant: «Comme tu es drôle!» Puis elle se jetait dans ses bras et l'embrassait éperdument.

13. Qu'aimait-elle faire le soir?

14. Que faisait-elle quelquefois d'un de ses colliers?

Comme elle avait été à l'Opéra, une nuit d'hiver, elle rentra toute frissonnante de froid. Le lendemain elle toussait.[15] Huit jours plus tard elle mourait d'une fluxion de poitrine.[16]

15. Que lui arriva-t-il?

Lantin faillit la suivre dans la tombe. Son désespoir fut si terrible que ses cheveux devinrent blancs en un mois. Il pleurait du matin au soir, l'âme déchirée d'une souffrance intolérable, hanté△ par le souvenir, par le sourire, par la voix, par tout le charme de la morte.

16. Quelle fut la réaction de son mari?

Le temps n'apaisa point sa douleur. Souvent pendant les heures du bureau, alors que les collègues s'en venaient causer un peu des choses du jour, on voyait soudain ses joues se gonfler, son nez se plisser,[17] ses yeux s'emplir d'eau; il faisait une grimace affreuse et se mettait à sangloter.[18]

17. Que faisait-il au bureau?

Il avait gardé intacte la chambre de sa compagne où il s'enfermait tous les jours pour penser à elle; et tous les meubles, ses vêtements mêmes demeuraient à leur place comme ils se trouvaient au dernier jour.

18. Que faisait-il chez lui?

Mais la vie se faisait dure pour lui. Ses appointements, qui, entre les mains de sa femme, suffisaient à tous les besoins du ménage, devenaient, à présent, insuffisants pour lui tout seul. Et il se demandait avec stupeur△ comment elle avait su s'y prendre pour lui faire boire toujours des vins excellents et manger des nourritures délicates qu'il ne pouvait plus se procurer avec ses modestes ressources.

19. Quel autre changement y eut-il dans sa vie?

Il fit quelques dettes et courut après l'argent à la façon des gens réduits△ aux expédients. Un matin enfin, comme il se trouvait sans un sou, une semaine entière avant la fin du mois, il songea à vendre quelque chose; et tout de suite la pensée lui vint de se défaire de la «pacotille» de sa femme, car il avait gardé au fond du cœur une sorte de rancune contre ces «trompe-l'œil»[19] qui l'irritaient autre-

20. Qu'est-ce qu'il décida de faire?

---

[14] **pacotille**? Le mot est défini dans le texte.
[15] **elle toussait**: *she was coughing, she had a cough*
[16] **une fluxion de poitrine**: une pneumonie
[17] **ses joues se gonfler, son nez se plisser**: *his cheeks swell up, his nose wrinkle*
[18] **sangloter**? Utilisez le contexte. Que fait-il?
[19] **trompe-l'œil**: *illusions*; **tromper**: *to deceive*; **œil**: *eye*

fois. Leur vue même, chaque jour, lui gâtait un peu le souvenir de sa bien-aimée.

Il chercha longtemps dans le tas de clinquants qu'elle avait laissés, car jusqu'aux derniers jours de sa vie elle en avait acheté obstinément, rapportant presque chaque soir un objet nouveau, et il se décida pour le grand collier qu'elle semblait préférer, et qui pouvait bien valoir, pensait-il, six ou huit francs, car il était vraiment d'un travail très soigné pour du faux.

21. Pourquoi prit-il un certain plaisir à cette décision?

22. Pourquoi choisit-il le grand collier?

Activités sur le récit

Résumé de l'action

A. Faites un résumé de l'action en choisissant la terminaison qui convient à chacune des phrases suivantes.

1. Monsieur Lantin a rencontré cette jeune fille…
   a. dans la rue
   b. au théâtre
   c. dans une soirée

2. Ce qui l'attirait en elle c'était…
   a. sa beauté modeste
   b. son argent
   c. sa famille

3. Elle avait toujours aux lèvres…
   a. une cigarette russe
   b. un bijou magnifique
   c. un sourire imperceptible

4. Il n'aimait pas aller au théâtre avec sa femme parce que…
   a. ça coûtait trop cher et il avait des dettes
   b. ça le fatiguait affreusement après sa journée de travail
   c. tous les hommes tournaient autour d'elle et il était jaloux

5. Quand elle sortait le soir, on admirait en elle la simplicité…
   a. de son mari
   b. de ses toilettes
   c. de ses pièces

6. Quand elle dit «On jurerait du vrai», elle parle...

   a. de son mari

   b. des pièces en vogue

   c. de ses bijouteries

7. Elle semble savourer quelque jouissance secrète et profonde quand elle...

   a. se jette dans les bras de son mari

   b. examine ses bijoux imités

   c. rentre toute frissonnante de froid

8. D'après M. Lantin, puisqu'ils n'ont pas le moyen de se payer des bijoux véritables, elle devrait...

   a. ne se montrer parée que de sa beauté et de sa grâce

   b. en obtenir de ses amies qui lui procurent des loges

   c. porter des colliers de perles fausses et des cailloux du Rhin

9. Elle répond à ses reproches en lui disant «on ne se refait pas». Autrement dit elle...

   a. lui demande s'il regrette de l'avoir épousée

   b. promet de ne plus recommencer

   c. prétend qu'elle ne peut pas s'en empêcher

10. Quand sa femme mourut Lantin faillit...

    a. apaiser sa douleur

    b. gagner de l'argent

    c. la suivre dans la tombe

11. Un collègue voit soudain ses joues se gonfler, son nez se plisser, ses yeux s'emplir d'eau. Que se passe-t-il?

    a. Il s'agit d'une fluxion de poitrine.

    b. Lantin pleure encore la mort de sa femme.

    c. Lantin se moque de son collègue.

12. Ce qui restait absolument le même qu'au dernier jour c'était...

    a. les meubles et les vêtements dans la chambre de sa femme

    b. les vins excellents et les nourritures délicates dont il avait pris l'habitude

    c. sa décision de garder intact tout ce qui avait appartenu à sa femme, y compris les bijoux

13. Ce qui a changé après la mort de sa femme c'est...

    a. l'attitude de Lantin envers ce qu'il appelait la «pacotille» de sa femme

    b. la qualité et la quantité de ce qu'il mangeait et buvait

    c. les appointements qu'il recevait

14. Son attitude envers les bijouteries fausses de sa femme était devenue après sa mort une sorte…

    a. de nostalgie

    b. d'affection

    c. de rancune

15. Il chercha longtemps dans le tas de clinquants parce que…

    a. ça lui rappelait les jours heureux

    b. cela lui faisait oublier sa peine

    c. il avait décidé de vendre quelque chose

16. Il se décida pour le grand collier qu'elle semblait préférer parce que…

    a. c'était d'un travail très soigné pour du faux

    b. c'était le collier qu'elle lui avait passé autour du cou

    c. c'était le bijou qui l'irritait le plus

B. Résumez l'action en identifiant le personnage qui prononce ou pourrait prononcer les phrases suivantes.

1. Il sera plus facile de lui trouver un mari convenable à Paris que dans la province.

2. Nous organisons une petite soirée et j'espère que nous aurons le plaisir de vous y voir, mon cher Lantin.

3. Heureux celui qui la prendra. On ne pourrait trouver mieux.

4. Cette jeune fille est adorable. Je vais demander sa main.

5. Je t'ai procuré une loge pour une pièce qui est très en vogue.

6. Que veux-tu? C'est mon vice. J'aurais adoré les bijoux, moi.

7. Monsieur, vous aurez besoin de tout votre courage. Cette fluxion de poitrine de votre femme est très, très grave.

8. Je suis passé dans son bureau l'autre jour et tout à coup il s'est mis à sangloter, le pauvre type.

9. J'y travaillais avant la mort de sa femme, mais il m'a dit qu'il ne peut plus me garder. Il paraît qu'il a fait des dettes.

Si vous ne trouvez pas la réponse, vous pouvez la chercher dans la liste suivante.

a. une amie de Mme Lantin

b. l'ancienne bonne des Lantin

c. un des collègues de M. Lantin

d. M. Lantin

e. Mme Lantin

f. le médecin que M. Lantin a fait venir

g. la mère de la future Mme Lantin

h. le sous-chef de bureau de M. Lantin

i. tous ceux qui connaissaient cette jeune fille angélique

C. Résumez l'action en identifiant les endroits précisés dans les phrases suivantes.

1. où Lantin a rencontré la femme qu'il va épouser
2. où Madame Lantin aime prendre place quand elle va voir une pièce en vogue
3. où Madame Lantin enferme ses bijoux imités
4. où elle aime mettre son collier de perles pour rire ensuite de tout son cœur
5. où elle est allée le soir d'hiver où elle est rentrée toute frissonnante de froid
6. où Lantin faillit la suivre après sa mort
7. où Lantin se trouvait quand un de ses collègues le vit soudain se mettre à sangloter
8. où tous les meubles et les vêtements demeuraient intacts depuis la mort de Madame Lantin

Si vous ne trouvez pas la réponse, vous pouvez la chercher dans la liste suivante.

a. dans une boîte en maroquin
b. dans son bureau au ministère de l'Intérieur
c. dans la chambre de Madame Lantin
d. chez son chef de bureau
e. au cou de son mari
f. dans une loge
g. à l'Opéra
h. dans la tombe

Sujets de discussion, de composition, de recherche, et de présentation

D. L'analyse: le mariage.

1. Pour un portrait de ce mariage, rédigez un essai sur le caractère du mari.

   a. A partir de la liste suivante, précisons les qualités qui l'enchantent dans sa femme.
   son apparence physique
   son caractère
   sa manière d'être quand ils sont en tête-à-tête
   sa façon de gouverner sa maison

   b. Qu'est-ce qu'il blâme en elle?

   c. Qu'est-ce qu'il n'aime pas faire le soir quand il rentre du travail, et pourquoi est-ce que cela présente un problème?

   d. Quelle solution suggère-t-il et pourquoi sa femme hésite-t-elle à accepter sa suggestion? (Cette hésitation semble-t-elle caractéristique, étant donné ce que nous savons d'elle?)

   e. Que lui dit-il à propos de ses bijouteries? Caractérisez le ton de ses remarques. Quelle attitude manifeste-t-il envers le goût, le jugement et l'intelligence de sa femme?

2. Pour compléter ce portrait du mariage, considérons maintenant la femme.

    a. Dans quel espoir la mère amène-t-elle sa fille à Paris? Quelle ambition a-t-elle pour sa fille? Est-ce que les mères ont encore la même ambition pour leurs filles aujourd'hui? Et les filles, que veulent-elles?

    b. Quelle impression la jeune fille fait-elle? Quelle expression voit-on toujours sur son visage? Comment les autres interprètent-ils cette expression? Savons-nous vraiment ce qui se passe dans son cœur?

    c. Qu'est-ce qu'elle aime dans la vie? Est-ce que ces deux goûts s'harmonisent parfaitement avec sa modestie et sa pudeur? (D'après les opinions reçues, quelle sorte de femme aime porter les bijouteries fausses, les clinquants?)

    d. Quel contraste semble-t-il y avoir entre ses bijoux et ses toilettes?

    e. Comment répond-elle quand son mari lui reproche son goût pour les bijouteries fausses? Se montre-t-elle indépendante, agressive?

    f. Est-elle une femme-enfant, ou une femme qui sait organiser et gouverner un ménage, ou les deux à la fois? Discutez.

3. Pour compléter le portrait du mariage, arrivons à quelques jugements.

    a. Qui vous intéresse le plus, le mari ou la femme?

    b. Qui semble avoir le plus de goût pour la vie? le plus de vitalité? le plus d'intelligence?

F. A la recherche: Paris. Sur un plan de Paris, trouvez le théâtre de l'Opéra (*l'Opéra Garnier*). Dans quel arrondissement se trouve-t-il? Qu'est-ce qu'il y a dans les environs? Trouvez une image de l'Opéra. Quand est-ce qu'il a été construit? Est-ce le même bâtiment que Mme Lantin aurait connu? Mme Lantin aurait sans doute connu également l'Opéra Comique, qui n'est pas loin. Pouvez-vous le trouver aussi?

Les Bijoux

Guy de Maupassant

DEUXIÈME PARTIE

Préparation à la lecture

Le Lexique et la Grammaire

Etudiez les mots dans les résumés suivants. Quels sont les mots apparentés et partiellement apparentés?

Le pauvre **veuf**	*widower*
se mouche	*blows his nose*
dans son **mouchoir**.	*handkerchief*
Il se **mord** les lèvres.	*bites*
La solitude ne lui **convient** pas.	*suit*
Il n'a jamais fréquenté **les filles**.	*prostitutes*
Il est **honteux**.	*ashamed*
Il est **fâché** contre lui-même.	*angry*
Il ne veut pas montrer sa **honte**.	*shame*
Il sent du **mépris** pour lui-même.	*scorn*
Il ne veut pas **étaler** son chagrin.	*display*
Il a peur qu'on **rie de lui**.	*laugh at him*
Il n'est pas sorti depuis **l'avant-veille**.	*the day before yesterday*
Après quelques heures de **sommeil**	*sleep*
il se lève. Il a besoin de se **remuer**.	*to move around*
Il se promène **de long en large**.	*back and forth*
Puis il **gagne** la rue	*reaches*
pleine de **flâneurs**.	*strollers*
Il est **prêt** à vendre un des bijoux.	*ready*

Il le fait **estimer**.	estimate	appraise
Le marchand est derrière son **comptoir**.	counter	
Il examine la **bague**.	ring	
Il **la soupèse**.	feels the weight of it	
Il doit **réfléchir**.	reflect	think
Il admire un autre **morceau**.	morsel	piece
A mesure qu'il les examine il s'étonne de plus en plus.	gradually as	
Il n'a jamais connu **pareille** surprise.	such a	
Les deux bijoux sont **pareils**.	alike	
Lantin est **gêné** par cette cérémonie.	embarrassed	
Il sent la honte **empourprer** son visage.	empurple	turn purple
Le marchand pense **flairer** un vol.	smell out	
Il se demande si c'est vraiment un **cadeau**.	gift	
Quelle est leur **provenance**?	provenience	origin
C'est d'une **succession**.	succession	inheritance
Doit-il le prendre **au mot**?	at his word	
Il ne veut pas **se méprendre**.	to make a mistake	
Il les fait estimer **ailleurs**.	elsewhere	
Il va trouver un **acquéreur**.	acquirer	buyer
D'abord Lantin **balbutiait** d'étonnement.	stammered	
Maintenant il parle **haut**.	loudly	
Il **plie** le billet de banque et s'en va.	folds	
Il ne vivra plus dans la **misère**.	misery	poverty
Il va **placer** son argent.	to place	invest
Les **passants** vont le regarder.	passing	passers-by
Il aura un **équipage**.	equipage	carriage
Il y pense avec une certaine **coquetterie**.	coquetry	pride
Le théâtre ne **l'ennuie** plus.	annoy	bore

L'Art de lire: les démonstratifs

1. Demonstrative adjectives pose few if any problems in reading. The jeweler looks at what Lantin shows him and says: **Je le connais bien, ce collier** and later he refers to it as **cet objet**. The feminine form is **cette** and the plural **ces**. They are used to indicate something that is already present in some way within the context. Notice, however, the first sentence in this story: **Monsieur Lantin ayant rencontré cette jeune fille...**, in which the woman is presented with a demonstrative. The effect here is to plunge the reader directly into the story, giving the young woman a grammatical distinction that is motivated by Lantin's sudden love for her.

2. Demonstrative pronouns without a specific antecedent are **ceci**—*this*—and **cela** or **ça**—*that* or *it*. When Madame Lantin accounts for her love of jewelry she says simply: **Que veux-tu? j'aime ça**, by which she means not any specific jewel but the whole notion of jewelry, her wearing jewels, having them, touching them, etc.

3. The demonstrative pronoun **ce** followed by **être** in the third person may have a number of meanings in English:

C'était la fille d'un percepteur.	*She was the daughter of a tax collector.*
C'était un cadeau.	*It was a gift.*
Que veux-tu? **C'est** mon vice.	*What can I say? It's my vice.*

4. Demonstrative pronouns with a specific antecedent are **celui**, **celle**, **ceux**, and **celles**. These may be understood in English in a variety of ways depending on the context:

Heureux **celui** qui l'épouse.	*Happy **he (the one)** who marries her.*
Elle avait deux goûts: **celui** du théâtre, et **celui** des bijoux.	*She had two likings: **one** for the theatre and **one** for jewelry.*

Exercices

A. Changez le sens du passage suivant en remplaçant les mots en **caractères gras** par un mot qui signifie le contraire.

l'avant-veille	déplaisait	honte
cacher	fâché	tout bas

Deux jours plus tard (1) il avait hérité d'une fortune. Dès qu'il apprit la nouvelle il fut possédé par l'**orgueil** (2). Il voulait **étaler** (3) sa bonne fortune à tout le monde. Il en parlait **haut** (4). Il était vraiment **content** (5) de voir tout le monde au courant. Cela lui **convenait** (6) tout à fait.

B. Lisez le passage suivant en remplaçant les mots en **caractères gras** par un synonyme.

ailleurs	gêné	pareil
flâneurs	méprendre	prendre au mot
gagné	mépris	prêt

Dans la rue, Lantin avait la vague impression que les **passants** (1) le regardaient avec un sentiment de supériorité ou même de **dégoût** (2), et il se sentait **embarrassé** (3). Mais quand il eut **atteint** (4) la boutique une surprise l'attendait, une surprise pour laquelle il n'était pas **préparé** (5). Le marchand lui dit que le collier était non seulement **similaire** (6) à un bijou authentique, mais en effet un vrai bijou. Fallait-il le **croire** (7), ce joaillier? Est-ce qu'un expert pourrait se **tromper** (8)? Il décida de le faire estimer **dans une autre boutique** (9).

C. Remplissez les tirets dans les phrases suivantes par le mot convenable.

bague	mordre	plier
cadeau	mouche	rire
flaire	mouchoir	veuf

1. Le bijou qu'on porte au doigt s'appelle une _____.

2. Il fait chaud. Il s'essuie le front avec son _____.

3. Le chien de chasse a bon nez. Il _____ sa proie.

4. Ce chien est dangereux. Il est capable de vous _____.

5. Cette bague ne m'a rien coûté. Un ami me l'a offerte en _____.

6. Elle a pris froid, la pauvre femme. Elle tousse et se _____ constamment.

7. Sa femme est morte. Il est resté _____.

8. Avant de mettre la feuille de papier dans l'enveloppe il faut la _____ en deux.

9. Quand une chose très drôle arrive on a envie de _____.

Les Bijoux

(Deuxième Partie)

Il le mit en sa poche et s'en alla vers son ministère en suivant les boulevards, cherchant une boutique de bijoutier qui lui inspirât confiance.

1. Que cherche-t-il?

Il en vit une enfin et entra, un peu honteux d'étaler ainsi sa misère et de chercher à vendre une chose de si peu de prix.

2. Pourquoi a-t-il honte?

«Monsieur, dit-il au marchand, je voudrais bien savoir ce que vous estimez ce morceau.»

L'homme reçut l'objet, l'examina, le retourna, le soupesa, prit une loupe,[1] appela son commis, lui fit tout bas des remarques, reposa le collier sur son comptoir et le regarda de loin pour mieux juger de l'effet.

3. Décrivez ou imitez les gestes du bijoutier.

M. Lantin, gêné par toutes ces cérémonies, ouvrait la bouche pour déclarer: «Oh! je sais bien que cela n'a aucune valeur»,— quand le bijoutier prononça.

4. Qu'est-ce que M. Lantin faillit dire?

«Monsieur, cela vaut de douze à quinze mille francs; mais je ne pourrais l'acheter que si vous m'en faisiez connaître exactement la provenance.»

Le veuf ouvrit des yeux énormes et demeura béant,[2] ne comprenant pas. Il balbutia enfin: «Vous dites?... Vous êtes sûr?» L'autre se méprit sur son étonnement, et, d'un ton sec: «Vous pouvez chercher ailleurs si on vous en donne davantage. Pour moi cela vaut, au plus, quinze mille. Vous reviendrez me trouver si vous ne trouvez pas mieux.»

5. Pourquoi le veuf a-t-il l'air étonné?

6. Comment le bijoutier se méprend-il sur cette réaction?

M. Lantin, tout à fait idiot,[3] reprit son collier et s'en alla, obéissant à un confus besoin de se trouver seul et de réfléchir.

Mais, dès qu'il fut dans la rue, un besoin de rire le saisit, et il pensa: «L'imbécile! oh! l'imbécile! Si je l'avais pris au mot tout de même! En voilà un bijoutier qui ne sait pas distinguer le faux du vrai!»

7. Quelle opinion Lantin a-t-il de ce bijoutier?

---

[1] **loupe**: verre qui grossit les objets
[2] **béant**? Comme la bonne qui aperçoit Walter, il laisse la bouche ouverte dans sa surprise.
[3] **idiot**: (ici) étonné

Et il pénétra chez un autre marchand à l'entrée de la rue de la Paix. Dès qu'il eut aperçu le bijou, l'orfèvre[4] s'écria:

«Ah! parbleu;[5] je le connais bien, ce collier, il vient de chez moi.»

M. Lantin, fort troublé, demanda:

«Combien vaut-il?

—Monsieur, je l'ai vendu vingt-cinq mille. Je suis prêt à le reprendre pour dix-huit mille, quand vous m'aurez indiqué, pour obéir aux prescriptions légales, comment vous en êtes détenteur.[6]»

Cette fois M. Lantin s'assit perclus[7] d'étonnement. Il reprit : «Mais... mais, examinez-le bien attentivement, Monsieur, j'avais cru jusqu'ici qu'il était en... faux.»

Le joaillier reprit: «Voulez-vous me dire votre nom, Monsieur?

—Parfaitement. Je m'appelle Lantin, je suis employé au ministère de l'Intérieur, je demeure 16, rue des Martyrs.»

Le marchand ouvrit ses registres,△ rechercha, et prononça: «Ce collier a été envoyé en effet à l'adresse de Mme Lantin, 16, rue des Martyrs, le 20 juillet 1876.»

Et les deux hommes se regardèrent dans les yeux, l'employé éperdu de surprise, l'orfèvre flairant un voleur.

Celui-ci reprit: «Voulez-vous me laisser cet objet pendant vingt-quatre heures seulement, je vais vous en donner un reçu?[8]»

M. Lantin balbutia: «Mais oui, certainement.» Et il sortit en pliant le papier qu'il mit dans sa poche.

Puis il traversa la rue, la remonta, s'aperçut qu'il se trompait de route, redescendit aux Tuileries, passa la Seine, reconnut encore son erreur, revint aux Champs-Elysées sans une idée nette dans la tête. Il s'efforçait de raisonner, de comprendre. Sa femme n'avait pu acheter un objet d'une pareille valeur.—Non, certes.△—Mais alors, c'était un cadeau! Un cadeau! Un cadeau de qui? Pourquoi?

Il s'était arrêté, et il demeurait debout au milieu de l'avenue. Le doute horrible l'effleura.[9]—Elle?—Mais alors tous les autres bijoux étaient aussi des cadeaux! Il lui sembla que la terre remuait; qu'un

8. Mais que lui dit le deuxième marchand?

9. Quelle offre le marchand fait-il et sous quelles conditions?

10. Pourquoi M. Lantin hésite-t-il à croire ce qu'il entend?

11. Où a-t-on envoyé le collier?

12. Pourquoi le marchand est-il méfiant?

13. Que se demande M. Lantin et quelle réponse trouve-t-il finalement?

---

[4] **orfèvre**: bijoutier
[5] **parbleu**: Mais bien sûr!
[6] **comment vous en êtes détenteur**: comment il est entré en votre possession
[7] **perclus**: paralysé
[8] **un reçu**? Utilisez le contexte. Que vous donne un marchand quand vous lui laissez un objet de valeur?
[9] **l'effleura**: le toucha légèrement. (Il commence à comprendre.)

arbre, devant lui, s'abattait,[10] il étendit les bras et s'écroula, privé△ de sentiment.[11]

Il reprit connaissance dans la boutique d'un pharmacien△ où les passants l'avaient porté. Il se fit reconduire chez lui, et s'enferma.

Jusqu'à la nuit il pleura éperdument, mordant un mouchoir pour ne pas crier. Puis il se mit au lit accablé[12] de fatigue et de chagrin, et il dormit d'un pesant sommeil.

Un rayon de soleil le réveilla, et il se leva lentement pour aller à son ministère. C'était dur de travailler après de pareilles secousses.[13] Il réfléchit alors qu'il pouvait s'excuser auprès de son chef; et il lui écrivit. Puis il songea qu'il fallait retourner chez le bijoutier; et une honte l'empourpra. Il demeura longtemps à réfléchir. Il ne pouvait pourtant pas laisser le collier chez cet homme, il s'habilla et sortit.

Il faisait beau, le ciel bleu s'étendait sur la ville qui semblait sourire. Des flâneurs allaient devant eux,[14] les mains dans leurs poches.

Lantin se dit, en les regardant passer: «Comme on est heureux quand on a de la fortune! Avec de l'argent on peut secouer[15] jusqu'aux chagrins, on va où l'on veut, on voyage, on se distrait! Oh! si j'étais riche!»

Il s'aperçut qu'il avait faim, n'ayant pas mangé depuis l'avant-veille. Mais sa poche était vide, et il se ressouvint du collier.

Dix huit mille francs! Dix-huit mille francs! C'était une somme,△ cela!

Il gagna la rue de la Paix et commença à se promener de long en large sur le trottoir, en face de la boutique. Dix-huit mille francs! Vingt fois il faillit entrer; mais la honte l'arrêtait toujours.

Il avait faim pourtant, grand'faim, et pas un sou. Il se décida brusquement, traversa la rue en courant, pour ne pas se laisser le temps de réfléchir et il se précipita chez l'orfèvre.

Dès qu'il l'aperçut, le marchand s'empressa, offrit un siège avec une politesse souriante. Les commis eux-mêmes arrivèrent, qui regardaient de côté Lantin, avec des gaietés dans les yeux et sur les lèvres.

14. Que lui arrive-t-il?

15. Que fit-il quand on l'eut ramené chez lui?

16. Pourquoi écrit-il à son chef?

17. Pourquoi doit-il retourner chez le bijoutier, et pourquoi ne veut-il pas le faire?

18. A quoi pense-t-il dans la rue, et quelle idée lui vient soudain à l'esprit?

19. Que fait-il devant la boutique?

20. Comment entre-t-il chez le bijoutier?

21. Quelle est l'attitude du marchand? des commis? (De quoi se sont-ils rendu compte?)

---

[10] **s'abattait**: tombait
[11] **il s'écroula, privé de sentiment**: *he fell, unconscious*
[12] **accablé**: *overwhelmed*
[13] **une secousse**: *a shock, a shaking up*
[14] **allaient devant eux**: *were strolling along*
[15] **secouer**: *to shake off*

Le bijoutier déclara : «Je me suis renseigné, Monsieur, et si vous êtes toujours dans les mêmes dispositions, je suis prêt à vous payer la somme que je vous ai proposée.»

L'employé balbutia: «Mais certainement.»

L'orfèvre tira d'un tiroir[16] dix-huit grands billets, les compta, les tendit à Lantin, qui signa un petit reçu et mit d'une main frémissante l'argent dans sa poche.

Puis, comme il allait sortir, il se tourna vers le marchand qui souriait toujours, et, baissant les yeux : «J'ai... j'ai d'autres bijoux... qui me viennent... de la même succession. Vous conviendrait-il de me les acheter aussi?»

Le marchand s'inclina: «Mais certainement, Monsieur.» Un des commis sortit pour rire à son aise; un autre se mouchait avec force.

Lantin impassible, rouge et grave, annonça: «Je vais vous les apporter.»

Et il prit un fiacre[17] pour aller chercher les joyaux.

Quand il revint chez le marchand, une heure plus tard, il n'avait pas encore déjeuné. Ils se mirent à examiner les objets pièce à pièce, évaluant chacun. Presque tous venaient de la maison.[18]

Lantin, maintenant, discutait les estimations, se fâchait, exigeait qu'on lui montrât les livres de vente, et parlait de plus en plus haut à mesure que s'élevait la somme.

Les gros brillants d'oreilles[19] valent vingt mille francs, les bracelets trente-cinq mille, les broches, bagues, et médaillons seize mille, une parure[20] d'émeraudes et de saphirs quatorze mille; un solitaire suspendu à une chaîne d'or formant collier quarante mille; le tout atteignant le chiffre[21] de cent quatre-vingt-seize mille francs.

Le marchand déclara avec une bonhomie railleuse:[22] «Cela vient d'une personne qui mettait toutes ses économies en bijoux.»

Lantin prononça gravement: «C'est une manière comme une autre de placer son argent.» Et il s'en alla après avoir décidé avec l'acquéreur qu'une contre-expertise[23] aurait lieu le lendemain.

22. Quelle proposition le marchand lui fait-il?

23. D'après M. Lantin, d'où lui viennent ces bijoux?

24. Quelle proposition fait-il au marchand?

25. Pourquoi quitte-t-il la boutique?

26. Comment l'attitude de M. Lantin change-t-elle au cours de la discussion?

27. Quelle supposition railleuse le marchand fait-il sur la personne qui a laissé les bijoux à M. Lantin?

---

[16] **tiroir**: *drawer*

[17] **fiacre**: *horse-drawn cab*

[18] **de la maison**: c'est-à-dire de la boutique du même marchand; **maison** (ici): *firm, company*

[19] **brillants d'oreilles**: diamants qu'on pend à l'oreille

[20] **parure**: *collier*

[21] **chiffre**? Utilisez le contexte.

[22] **avec une bonhomie railleuse**: *with a mocking cheeriness*

[23] **contre-expertise**: *counter-appraisal*

Quand il se trouva dans la rue, il regarda la colonne Vendôme avec l'envie d'y grimper, comme si c'eût été un mât de cocagne.[24] Il se sentait léger à jouer à saute-mouton[25] par-dessus la statue de l'Empereur[26] perché là-haut dans le ciel.

Il alla déjeuner chez Voisin et but du vin à vingt francs la bouteille.

Puis il prit un fiacre et fit un tour au Bois.[27] Il regardait les équipages avec un certain mépris, oppressé du désir de crier aux passants: «Je suis riche aussi, moi. J'ai deux cent mille francs!»

Le souvenir de son ministère lui revint. Il s'y fit conduire, entra délibérément chez son chef et annonça: «Je viens, Monsieur, vous donner ma démission.[28] J'ai fait un héritage de trois cent mille francs.» Il alla serrer la main de ses anciens collègues et leur confia ses projets d'existence nouvelle; puis il dîna au café Anglais.

Se trouvant à côté d'un monsieur qui lui parut distingué, il ne put résister à la démangeaison[29] de lui confier, avec une certaine coquetterie, qu'il venait d'hériter de quatre cent mille francs.

Pour la première fois de sa vie il ne s'ennuya pas au théâtre, et il passa sa nuit avec des filles.

Six mois plus tard il se remariait. Sa seconde femme était très honnête, mais d'un caractère difficile. Elle le fit beaucoup souffrir.

28. De quelle humeur est M. Lantin en sortant?

29. Que veut-il crier à tout le monde?

30. Pourquoi va-t-il au ministère?

31. Que dit-il au monsieur au café Anglais?
32. Que fit-il ce soir-là?

33. Comment sa vie changea-t-elle après six mois?

---

[24] **il regarda la colonne Vendôme avec l'envie d'y grimper, comme si c'eût été un mât de cocagne:** *he looked at the Vendôme Column and felt like clambering up it as if it were a maypole.*
[25] **saute-mouton:** *leapfrog. Literally leapsheep*
[26] **la statue de l'Empereur:** La colonne Vendôme, située au milieu de la place Vendôme, est en effet surmontée d'une statue de Napoléon Bonaparte.
[27] **au Bois:** le Bois de Boulogne, grand parc à l'ouest de Paris
[28] **démission?** Utilisez le contexte. Pourquoi Lantin entre-t-il chez son chef?
[29] **démangeaison:** *itch*

L'art de lire: l'ellipse

Stories can transmit important information without saying what it is. M. Lantin, reflecting on how the jewels could be real, faints. The notion that his wife must have been unfaithful to him with one or more rich lovers is never stated. Just as words acquire meaning through context, events can be told through inference. What is M. Lantin's address? Does the name of the street carry any hidden meaning? Review **L'art de lire** on **les connaissances** in chapter two of *L'Auberge aux Noyés*. Is there a similarity to the nature of the events suggested through ellipsis in *Les Bijoux* and the ones suggested through the innkeeper's **points de suspension** in that story?

Activités sur le récit

Résumé de l'action

A. Résumez l'action en corrigeant les phrases fausses.

1. Lantin part à la recherche d'une boutique de joaillier.
2. Il se sent un peu honteux de vouloir vendre le collier parce que sa femme avait tant aimé le porter.
3. Le premier bijoutier jette un coup d'œil sur le collier et lui donne aussitôt son estimation.
4. Lantin est sur le point de dire qu'il sait que ça ne vaut rien quand le bijoutier lui donne son estimation du morceau.
5. Le bijoutier lui fait une offre sans y attacher aucune condition.
6. Le veuf prend la précaution de cacher son étonnement.
7. Le bijoutier a l'impression que Lantin trouve son offre insuffisante.
8. Lantin prend le bijoutier pour un imbécile.
9. Le deuxième bijoutier examine le collier longuement sous la loupe avant de se prononcer.
10. Il avait lui-même envoyé ce collier, le 20 juillet 1876, à Mme Lantin, 16 rue des Martyrs.
11. Lantin se rend compte tout de suite que le collier devait être un cadeau d'un amant de sa femme.
12. Lantin se méfie du bijoutier quand celui-ci lui demande de lui laisser le collier pendant vingt-quatre heures.
13. Le bijoutier croit flairer un voleur.
14. Quand Lantin se rend compte de la vérité, le choc est tel qu'il laisse tomber son reçu.
15. Il décide d'oublier son chagrin en allant au ministère se remettre au travail.
16. Quand il voit les flâneurs qui vont devant eux sous le ciel bleu, il se dit: «Oh! si j'étais riche!»
17. Il a faim, grand'faim, et décide d'aller d'abord dans un restaurant.
18. Après un bon repas, il entre sans hésitation et sans honte chez le bijoutier.
19. Le bijoutier et ses commis ont compris la situation: Mme Lantin avait un amant riche, et Lantin ne se doutait de rien.
20. A leur avis, un mari qui a été trompé par sa femme, sans qu'il ne le sache jamais, est une personne ridicule et risible.
21. Vexé par la bonhomie railleuse du marchand, Lantin décide de trouver un autre bijoutier à qui vendre le reste des bijoux.
22. Lantin prétend que tous ces bijoux lui viennent de la même succession.
23. Lantin accepte sans discussion tous les prix proposés par le bijoutier.

24. En sortant de chez le bijoutier, Lantin pense à l'origine de sa nouvelle richesse et sent une honte profonde.

25. Il va donner sa démission au ministère, sans donner aucune raison.

26. Rencontrant un monsieur distingué au café Anglais, il lui confie qu'il vient d'hériter de quatre cent mille francs.

27. Sa nouvelle fortune devient plus grande chaque fois qu'il la mentionne.

28. Il va au théâtre ce soir-là, mais c'est comme avant—il s'y ennuie.

29. Il passe la nuit seul.

30. Six mois plus tard, il épouse une femme qui lui fait connaître enfin le vrai bonheur.

B. Résumez l'action en spécifiant ce qui est désigné par les pronoms en **caractères gras** dans les phrases suivantes.

1. Lantin a l'impression que **cela** a très peu de valeur.

2. **Il** a tout de suite reconnu le collier pour la simple raison que le collier venait de chez lui.

3. Il **les** ouvrit, rechercha et prononça: «Ce collier a été envoyé à Mme Lantin, 16 rue des Martyrs.»

4. Le bijoutier **le** donna à Lantin quand celui-ci laissa le collier chez lui. Lantin le plia et le mit dans sa poche.

5. **Il** a dû être très riche pour avoir pu offrir tant de cadeaux magnifiques à sa maîtresse. (Mais peut-être en avait-elle plusieurs!)

6. Les passants l'**y** avaient porté quand ils l'ont trouvé privé de sentiment au milieu de l'avenue.

7. Il **le** mordit pour ne pas crier.

8. **Ils** allaient devant eux, les mains dans leurs poches, et Lantin pensa: «Quel bonheur d'avoir de la fortune!»

9. Le marchand **les** prit dans son tiroir, en compta dix-huit, les tendit à Lantin, qui signa un petit reçu.

10. Quand Lantin dit qu'il a d'autres bijoux «de la même succession» l'un d'**eux** sortit pour rire à son aise, l'autre se moucha avec force.

11. **Elle** aurait lieu le lendemain et devait servir à résoudre tout désaccord entre Lantin et l'acquéreur quant à l'estimation des bijoux.

12. En sortant de chez l'orfèvre, Lantin eut envie d'**y** grimper comme si c'eût été un mât de cocagne.

13. Il **y** alla pour donner sa démission à son chef.

14. Lantin **y** alla ce soir-là et, pour la première fois de sa vie, ne s'**y** ennuya pas.

15. **Elles** passèrent cette nuit-là avec un monsieur qui se vantait d'avoir hérité d'une fortune.

16. **Elle** était honnête, mais d'un caractère difficile. Elle le fit beaucoup souffrir.

Si vous ne trouvez pas la réponse vous pouvez la chercher dans la liste suivante.

a. le ou les amants de Madame Lantin

b. le deuxième bijoutier

c. les billets de banque

d. le collier

e. la colonne Vendôme

f. les commis dans la boutique du bijoutier

g. la contre-expertise

h. la deuxième femme de Lantin

i. les filles

j. les flâneurs

k. le ministère de l'Intérieur

l. son mouchoir

m. la pharmacie

n. le reçu

o. les registres

p. le théâtre

Sujets de discussion, de composition, de recherche, et de présentation

C. **L'analyse: l'ironie.** Etudions les ironies de l'intrigue à l'aide des questions suivantes. Ensuite, écrivez un essai au sujet de l'ironie dans cette histoire.

1. Quelle est l'affreuse vérité dont Lantin se rend compte quand il apprend la vraie valeur du collier?

2. Est-ce que vous avez été aussi surpris que Lantin lui-même par cette découverte? Y a-t-il peut-être quelques indices dans la première partie du conte qui suggèrent que Mme Lantin n'est pas tout à fait ce qu'elle semble être?

3. D'abord, que savons-nous de la «vraie» Madame Lantin? Par exemple, comment s'appelle-t-elle?

4. Dans la première phrase du conte l'amour enveloppe Lantin «comme un filet» (*net*). Est-ce que quelqu'un a jeté ce filet?

5. La jeune fille «semblait» honnête. Y a-t-il une différence entre cette apparence et la réalité?

6. Quels sont les goûts de Madame Lantin? Est-ce que ce sont les goûts typiques d'une jeune femme connue pour sa modestie et sa pudeur?

7. La «jouissance secrète et profonde» qu'elle prend à contempler ses bijoux prend-elle un nouveau sens maintenant que nous savons la vérité?

8. «Comme tu es drôle!» lui dit-elle en lui passant au cou son collier. En quoi est-il drôle exactement? Et quels sont les deux sens du mot «collier»?

9. Quelles sont les personnes différentes que Lantin fait rire au cours du conte? Pourquoi rient-ils? Ces rires diffèrent-ils?

10. «En voilà un bijoutier qui ne sait pas distinguer le faux du vrai!», s'exclame Lantin. Qui est-ce en effet qui ne sait pas faire cette distinction? Est-ce seulement à propos des bijoux que la distinction du faux et du vrai joue un rôle dans le conte?

11. Il y a deux moments différents où Lantin pleure éperdument, pour deux raisons différentes. Quelles sont ces raisons? Quel malheur dure le moins longtemps? Pourquoi?

12. Comment Madame Lantin a-t-elle apporté le bonheur à son mari, d'abord pendant sa vie, mais aussi après sa mort?

13. Quel malheur lui a-t-elle apporté? Comparez le bonheur et le malheur qu'elle lui a apportés. Lequel compte le plus?

14. Finalement, qui «le fit beaucoup souffrir»? Quelle ironie y a-t-il dans cette conclusion?

15. Lequel préféreriez-vous? Vivre dans une illusion heureuse ou savoir la vérité même si elle vous blesse?

D. L'analyse: les valeurs morales. Préparez une discussion en classe au sujet des jugements suivants sur le comportement de Madame Lantin. Y en a-t-il que vous partagez?

1. En prenant un amant Madame Lantin a commis une action malhonnête.

2. On ne peut pas la condamner pour avoir pris un amant, puisque l'auteur ne nous dit rien des circonstances.

3. Puisque Madame Lantin accepte des «cadeaux», la seule différence entre elle et les «filles» avec qui Monsieur Lantin passe la nuit quand il apprend qu'il est riche, c'est que Madame Lantin gagne plus d'argent, et qu'elle cache ce qu'elle fait.

4. La société où elle vivait n'offrait qu'une possibilité à une jeune fille bourgeoise: le mariage. Elle avait donc le droit d'observer les conventions en se mariant, et en même temps de vivre sa vie pleinement, de suivre ses goûts, et d'y chercher son bonheur.

5. Madame Lantin avait le droit de mener sa vie comme elle le voulait, mais elle n'avait pas le droit de cacher la vérité à son mari. Cacher la vérité, tromper les autres, mener une double vie—voilà ce qui est malhonnête et immoral.

6. Elle a eu raison de cacher son adultère à son mari. Cela lui a permis d'apporter le bonheur à son mari pendant sa vie, et une petite fortune après sa mort. Ce n'est pas elle qui l'a fait souffrir.

7. Il n'est pas question de jugement moral dans ce conte. Ce n'est qu'une reprise cynique et amusante d'un vieux thème satirique: un mari stupide trompé par une femme adroite.

E. A la recherche: Paris. Identifiez la rue de la Paix sur un plan de Paris. Où se trouve la Place Vendôme? Quelle sorte de quartier est-ce? Est-ce que c'est un quartier où on pourrait trouver des boutiques de bijoutier? Quand M. Lantin redescend aux Tuileries et passe la Seine, où est-il? Comment se trouve-t-il ensuite aux Champs-Elysées? Qu'est-ce que c'est qu'une pharmacie? On le fait transporter chez lui, 16 rue des Martyrs. Est-ce bien loin? Plus tard, il fait un tour dans un fiacre au Bois. Est-ce toujours possible? Où se trouve le Bois de Boulogne? Qu'est-ce que c'est que "chez Voisin"? et le "café Anglais"?

Deux Amis

Guy de Maupassant

PREMIÈRE PARTIE

Préparation à la lecture

This story takes place during the Franco-Prussian war, but the story it tells is a very different one from *L'Aventure de Walter Schnaffs*. Here too, we meet people whose lives are disrupted by war. But this story opens a vista on a broader range of human experience. Look carefully at the first paragraph. It sets a gruesome scene: Paris is under siege, and hunger and death are omnipresent. We learn indirectly but clearly that all the sparrows and sewer rats are being decimated as Parisians are reduced to feeding on them. The thundering cannons on Mont Valérien, occupied by the Prussians, are daily reminders of the callousness, destruction, and violence of war. But life goes on for the Parisians, and for the two friends who are the heroes of the story. In peacetime they share the joys of getting out into the country on a Sunday and fishing along the quiet banks of the Seine downstream from Paris. The stillness, the feeling of a breath of spring air on your face, the silvery gleam of a fish at the end of your line, the blood-red glow of a sunset over the river—these are the simple pleasures of being alive, sharpened by the deprivation and danger of war. Is there anything worth giving them up for? That is the question that confronts the two friends as the story reaches its climax.

Le Lexique et la Grammaire

Etudiez les mots dans les résumés suivants. Quels sont les mots apparentés et partiellement apparentés?

Les amis **s'entendent** très bien.	*get along*	
Ils **s'estiment**.	cf. *estimate*	*value each other*

Ils aiment se lever avant l'**aurore**,   *aurora*   *dawn*
mettre leurs vieilles **culottes**   *culotte*   *trousers*
et prendre le **chemin de fer**   *railroad*
pour aller **pêcher**.   *to fish*

Côte à côte,   *side by side*
ils **franchissent** la barrière   *cross*
et gagnent **l'île** Marante et   *isle, island*
les **berges**   *banks*
du **fleuve**.   *river*

Ils restent **collés** là pendant des   *glued*
heures parmi les **buissons**,   *bushes*
sans autre **toit** que le ciel.   *roof*

Le vent **tiède**   *mild, tepid*
du **printemps** leur   *springtime*
chatouille le visage   *tickles*
et leur réchauffe le **dos**.   *back*

Ils ne peuvent **quitter des yeux**   *take their eyes off*
le coucher du soleil **ensanglanté**   *bloody*   *blood-red*
et l'eau qui **coule** à leurs pieds   *flows*
et les beaux **nuages** dans   *clouds*
le ciel clair. Quelle **douceur**!   *sweetness*

Ils s'en sentent **rajeunis**.   *young again*

Mais la guerre arrive. C'est **triste**!   *sad*

Les Prussiens **pillent** le pays.   *pillage*

On ne voit que des visages **mornes**.   *mournful*   *glum, dismal*

Adieu les **fritures**!   *fried fish*

On est réduit à manger les **moineaux**   *sparrows*
et les rats d'**égout**.   *sewer*

C'est **l'hiver**,   *winter*
mais le soleil a de la **chaleur**.   cf. *calorie*   *heat, warmth*

M. Morissot se promène **le long d'**un   *along*
boulevard. Il **s'émerveille** de ce   *marvels at*
beau temps au mois de **janvier**.   *January*

Il rencontre un **confrère**.   *confrere*   *colleague*

Ils ont **achevé** leur travail.   not: *achieved*   but: *finished*

Ils entrent chez un marchand de **vins**.   *wine*

Ils **se grisent**.   *get a little drunk*

Ils se sentent un peu **étourdis**.   *giddy, silly*

Une **fantaisie** leur vient à l'esprit: *fantasy*   *wild idea*
prendre leurs **cannes** de bambou et   *canes*   *fishing poles*
partir à travers les terres **nues**   *nude*   *bare, naked*
et les **vignes** où poussent   *vines*   *vineyards*

des **cerisiers**,	cf. *cerise*,	*cherry trees*
courbés en deux et	*curved*	*bent*
rampant pour ne pas être vus,	cf. *ramp*	*crawling*
pour aller à la pêche.		

L'art de lire: les pronoms relatifs

1. The relative pronoun **que** is used as the direct object of a dependent clause.

   Il s'arrêta devant un confrère **qu'**il reconnut pour un ami.

   Que refers to M. Morissot's brother fisherman (his **confrère**) from the main clause, used as the direct object of the verb **reconnut** in the dependent clause, allowing the sentence to expand into two verbal phrases. Word order is sometimes inverted after **que**:

   la villa **qu'**occupait le colonel   *The villa **that** the colonel occupied*

   How does **que** function in this sentence from *Les bijoux*?

   Son mari, **que** choquait un peu cet amour du clinquant, répétait souvent...

   The relative pronoun, required in French, is often omitted in English.

   les clinquants **qu'**elle avait laissés   *the trinkets she had left*

   Review **L'art de lire** on **que** (5) in the first chapter of *L'Auberge aux Noyés* and the one on **inversion** in the first chapter of *Les Bijoux*.

2. **Qui** is used as the subject of the dependent clause.

   La jeune fille était à Paris avec sa mère **qui** fréquentait quelques familles.

   Qui refers to the girl's mother and is the subject of the verb **fréquentait**.

   As a relative pronoun, **qui** can refer to inanimate subjects:

   La plaine **qui** va jusqu'à Nanterre était vide.

3. **Où** relates clauses by means of spatial or temporal reference: *where, in which, to which, when*:

   La table **où** ils prenaient le thé.

   La boîte **où** elle enfermait ses bijoux.

   La chambre **où** ils s'enfermaient.

   Ma femme est montée au moment **où** ma tante ouvrait sa porte.

4. Forms of **lequel** replace objects of a preposition:

   la boîte **dans laquelle** elle met ses bijoux

5. The relative **dont** associates two clauses into one sentence by replacing a noun modified by **de**. Review the information presented in the first chapter of *L'Aventure de Walter Schnaffs*.

les gens **dont** le ventre est
plein d'alcool

*people **whose** bellies are*
full of alcohol

le ventre **des** gens

un plaisir aimé **dont** on est privé

*a loved pleasure one is deprived **of***

être privé **d'**un plaisir

6. The indefinite relatives link clauses by means of indefinite references, **ce qui**
replacing an indefinite subject and **ce que** an indefinite direct object.

On songe à **ce qui** se passe là-bas.

*We're thinking about **what** is going*
on over there.

Regarde **ce que** je t'ai amené.

*Look at **what** I brought you.*

Review the presentation in the sixth chapter of *La Vieille Dame de Bayeux*.

L'art de lire: le plus-que-parfait et le passé antérieur

These compound tenses express action that took place before another action in
the past. Both are translated by the pluperfect in English.

1. The **plus-que-parfait** is formed by the **imparfait** of the auxiliary and the past
participle. It can be used to express things that happened before the story
begins.

Maigret **était venu** à Nemours.

La jeune fille **était venue** à Paris avec sa mère.

2. The **passé antérieur** is used only in conjunction with the **passé simple** in
clauses introduced by **quand** or other expressions of time. It is formed by the
passé simple of the auxiliary with the past participle.

Dès qu'ils **eurent atteint** la berge,
ils se blottirent dans les roseaux.

*As soon as they **had reached** the bank,*
they huddled in the reeds.

L'art de lire: *dès*

This preposition is often used to express events in time: *immediately, as soon as.*

Morissot partait **dès** l'aube.

*Morissot used to leave **at** the break of dawn.*

Used with another verbal clause in the **passé simple**, it introduces the **passé
antérieur**.

Dès qu'ils se furent reconnus,
ils se serrèrent les mains.

***As soon as** they had recognized each other,*
they shook hands.

L'art de lire: *sembler*

Stories often present information as it is perceived. The verb **sembler** can give two kinds of information: about what is perceived and about who is perceiving. Here are three sentences from our three Maupassant stories:

Le village d'Argenteuil **semblait** mort.

La jeune fille **semblait** le type de l'honnête femme.

Il écouta. Toute la maison **semblait** frémir.

The narrator's voice is in charge of the information but the verb includes the viewpoint of one or more of the characters. Compare to **L'art de lire** on **les connaissances** in chapter two of *L'Auberge aux Noyés* and to the discussion of **comme** in chapter one of *Les Bijoux*.

Exercices

A. Lisez les phrases suivantes en remplissant les tirets par le mot convenable.

ce que (ce qu')	laquelle	que (qu')
ce qui	lequel	qui
dont	où	

1. Regardez ce soleil couchant! C'est _____ on ne voit pas tous les jours.

2. C'est une jeune personne _____ la séduction est irrésistible.

3. Où se trouvait le cadavre _____ il lui fallait se débarrasser?

4. Marie est le type de femme à _____ tout jeune homme rêve de confier sa vie.

5. Marthe était la chanteuse d'opérette _____ était maîtresse de Jean.

6. Je cherche le lacet avec _____ on avait essayé d'étrangler la dame.

7. C'est une route _____ va dans la direction de l'île Marante.

8. Est-ce que vous comprenez _____ se passe?

9. C'est le moment _____ M. Morrisot m'a reconnu.

10. On cherche la maison _____ occupe M. Sauvage.

B. Remplacez les mots en **caractères gras** dans les phrases suivantes par un mot qui signifie le contraire.

campagne	heureux	toit
côte à côte	soleil couchant	vêtus
guerre	s'estiment	

1. Cet incident a eu lieu en temps de **paix**.

2. Après le bombardement on a fait réparer le **plancher**.

3. Les deux amis préfèrent vivre dans la **ville**.

4. Ils sont **tristes** de se rencontrer dans ces circonstances.

5. Ils s'avancent **séparément** vers leur destination.

6. Ils admirent l'**aurore** qui dore l'horizon.

7. Surpris, ils se jettent dans la rivière tout **nus**.

8. Ces deux collègues **se détestent**.

C. Lisez le passage suivant en remplaçant les mots en **caractères gras** par un synonyme. Faites les changements nécessaires.

culotte	fleuve	tiède
chatouille	franchir	étourdie
griser		

M. Sauvage trouve l'air **ni froid ni chaud** (1) du printemps très agréable. Il entre dans un café et boit un bon petit vin blanc qui **provoque le rire** (2) en descendant. Cela a l'effet de l'**enivrer un peu** (3). Bientôt il en a la tête **qui tourne** (4). Il décide d'aller à la pêche. Il rentre pour prendre sa canne et mettre son vieux **pantalon** (5). Il doit **traverser** (6) plusieurs barrières pour gagner les bords de la **Seine** (7).

D. Lisez le passage suivant en remplissant les tirets par le mot convenable.

berge	égout	buisson
s'entendre	champs	friture
chemin de fer	moineaux	ciel
nuage	coule	rampant

Ce sont deux amis qui parlent peu mais qui semblent ___1___. Il fait beau. L'air est tiède, et le ___2___ est clair. Le soleil brille. Il ne se cache pas derrière un ___3___. Ils décident d'aller à la pêche. Puisque c'est trop loin pour y aller à pied, ils prennent le ___4___. Pour atteindre la Seine ils doivent quitter la route et traverser les ___5___. Ils passent sous une barrière en ___6___, et arrivent enfin à la ___7___ de la Seine. Ils admirent la limpidité du fleuve qui ___8___ à leurs pieds. Ce n'est pas comme à Paris, où la Seine est aussi polluée et infecte qu'un ___9___. Puisqu'il fait chaud, ils se mettent à l'ombre d'un ___10___. Il y a beaucoup d'oiseaux. Ce n'est pas comme à Paris où il n'y a que des pigeons et des ___11___. La pêche est bonne. Ce soir ils auront une belle ___12___.

Deux Amis

Première Partie

Paris était bloqué, affamé et râlant.[1] Les moineaux se faisaient bien rares sur les toits, et les égouts se dépeuplaient.△ On mangeait n'importe quoi.

1. Que mangeait-on pendant le siège de Paris?

Comme il se promenait tristement par un clair matin de janvier le long du boulevard extérieur, les mains dans les poches de sa culotte d'uniforme et le ventre vide, M. Morissot, horloger de son état et pantouflard par occasion,[2] s'arrêta net devant un confrère qu'il reconnut pour un ami. C'était M. Sauvage, une connaissance du bord de l'eau.

2. Pourquoi M. Morissot s'arrête-t-il net pendant sa promenade?

Chaque dimanche, avant la guerre, Morissot partait dès l'aurore, une canne en bambou d'une main, une boîte en fer-blanc[3] sur le dos. Il prenait le chemin de fer d'Argenteuil, descendait à Colombes, puis gagnait à pied l'île Marante. A peine arrivé en ce lieu de ses rêves, il se mettait à pêcher; il pêchait jusqu'à la nuit.

Chaque dimanche, il rencontrait là un petit homme replet[4] et jovial, M. Sauvage, mercier,[5] rue Notre-Dame-de-Lorette, autre pêcheur fanatique. Ils passaient souvent une demi-journée côte à côte, la ligne à la main et les pieds ballants[6] au-dessus du courant;△ et ils s'étaient pris d'amitié l'un pour l'autre.

3. Que faisaient les deux amis chaque dimanche?

En certains jours, ils ne parlaient pas. Quelquefois ils causaient; mais ils s'entendaient admirablement sans rien dire, ayant des goûts semblables et des sensations identiques.

4. Pourquoi s'entendaient-ils si bien?

Au printemps, le matin, vers dix heures, quand le soleil rajeuni faisait flotter sur le fleuve tranquille cette petite buée qui coule avec l'eau,[7] et versait dans le dos des deux enragés pêcheurs une bonne

---

[1] **bloqué, affamé et râlant**: *blockaded, famished, and near death* (**râler**: *to emit the death rattle*)
[2] **horloger de son état et pantouflard par occasion**: *a watchmaker by profession and a homebody on occasion*
[3] **fer-blanc**: *tin*
[4] **replet**: *pudgy*
[5] **mercier**: *owner of a store selling thread, needles, and ribbons*
[6] **ballants**: *dangling*
[7] **cette petite buée qui coule avec l'eau**: *that little mist that flows along with the water*

chaleur de saison nouvelle, Morissot parfois disait à son voisin: «Hein! quelle douceur!» et M. Sauvage répondait: «Je ne connais rien de meilleur.» Et cela leur suffisait pour se comprendre et s'estimer.

A l'automne, vers la fin du jour, quand le ciel, ensanglanté par le soleil couchant, jetait dans l'eau des figures de nuages écarlates, empourprait le fleuve entier, enflammait l'horizon, faisait rouges comme du feu les deux amis, et dorait les arbres roussis déjà,[8] frémissants d'un frisson d'hiver, M. Sauvage regardait en souriant Morissot et prononçait: «Quel spectacle!» Et Morissot émerveillé répondait, sans quitter des yeux son flotteur:[9] «Cela vaut mieux que le boulevard, hein?»

Dès qu'ils se furent reconnus, ils se serrèrent les mains énergiquement, tout émus de se retrouver en des circonstances si différentes. M. Sauvage, poussant un soupir, murmura: «En voilà des événements!» Morissot, très morne, gémit: «Et quel temps! C'est aujourd'hui le premier beau jour de l'année.»

Le ciel était, en effet, tout bleu et plein de lumière.

Ils se mirent à marcher côte à côte, rêveurs et tristes. Morissot reprit: «Et la pêche? hein! quel bon souvenir!»

M. Sauvage demanda: «Quand y retournerons-nous?»

Ils entrèrent dans un petit café et burent ensemble une absinthe,[10] puis ils se remirent à se promener sur les trottoirs.

Morissot s'arrêta soudain: «Une seconde verte, hein?» M. Sauvage y consentit: «A votre disposition.» Et ils pénétrèrent chez un autre marchand de vins.

Ils étaient fort étourdis en sortant, troublés comme des gens à jeun[11] dont le ventre est plein d'alcool. Il faisait doux. Une brise caressante leur chatouillait le visage.

M. Sauvage, que l'air tiède achevait de griser, s'arrêta: «Si on y allait?

—Où ça?

—A la pêche, donc.

—Mais où?

—Mais à notre île. Les avant-postes[12] français sont auprès de

---

[8] **et dorait les arbres roussis déjà:** *and gave a golden color to the trees that were already turning red*
[9] **flotteur?** Que regarde-t-on pour savoir si les poissons mordent?
[10] **absinthe:** boisson alcoolique de couleur verte, populaire à l'époque
[11] **des gens à jeun:** des gens qui n'ont pas mangé
[12] **avant-postes:** les postes les plus avancés, servant à défendre la ville de Paris contre le siège des Prussiens

5. De quoi parlaient-ils en pêchant?

6. Pourquoi aimaient-ils aller à la pêche?

7. Pourquoi sont-ils tristes?

8. Où entrent-ils et pour quoi faire?

9. Quel effet cela a-t-il sur eux?

10. Quelle suggestion l'un d'eux fait-il?

Colombes. Je connais le colonel Dumoulin; on nous laissera passer facilement.»

Morissot frémit de désir: «C'est dit. J'en suis.[13]» Et ils se séparèrent pour prendre leurs instruments.

Une heure après, ils marchaient côte à côte sur la grand'route. Puis ils gagnèrent la villa qu'occupait le colonel. Il sourit de leur demande et consentit à leur fantaisie. Ils se remirent en marche, munis d'un laissez-passer.[14]

11. Quelle est la réaction du colonel à leur demande?

Bientôt ils franchirent les avant-postes, traversèrent Colombes abandonné, et se trouvèrent au bord des petits champs de vigne qui descendent vers la Seine. Il était environ onze heures.

En face, le village d'Argenteuil semblait mort. Les hauteurs d'Orgemont et de Sannois dominaient tout le pays. La grande plaine qui va jusqu'à Nanterre était vide, toute vide, avec ses cerisiers nus et ses terres grises.

12. Quel aspect le pays a-t-il?

M. Sauvage, montrant du doigt les sommets, murmura: «Les Prussiens sont là-haut!» Et une inquiétude paralysait les deux amis devant ce pays désert.

13. Qui occupe les sommets?

«Les Prussiens!» Ils n'en avaient jamais aperçu, mais ils les sentaient là depuis des mois, autour de Paris, ruinant la France, pillant, massacrant, affamant, invisibles et tout-puissants. Et une sorte de terreur superstitieuse s'ajoutait à la haine qu'ils avaient pour ce peuple inconnu et victorieux.

Morissot balbutia: «Hein! si nous allions en rencontrer?»

14. Quelle impression ont-ils des Prussiens?

M. Sauvage répondit, avec cette gouaillerie[15] parisienne reparaissant[△] malgré tout:

«Nous leur offririons une friture.»

Mais ils hésitaient à s'aventurer dans la campagne, intimidés par le silence de tout l'horizon.

15. Que feront-ils s'ils rencontrent l'ennemi?

A la fin, M. Sauvage se décida: «Allons, en route! mais avec précaution.» Et ils descendirent dans un champ de vigne, courbés en deux, rampant, profitant des buissons pour se couvrir, l'œil inquiet, l'oreille tendue.

Une bande de terre nue restait à traverser pour gagner le bord du fleuve. Il se mirent à courir; et dès qu'ils eurent atteint la berge, ils se blottirent dans les roseaux secs.[16]

16. Comment avancent-ils?

---

[13] **j'en suis**: j'y vais
[14] **munis d'un laissez-passer**: *bearing a pass*
[15] **gouaillerie**: *cheekiness, cockiness*
[16] **ils se blottirent dans les roseaux secs**: *they huddled amidst the dry reeds*

Morissot colla sa joue par terre pour écouter si on ne marchait pas dans les environs. Il n'entendit rien. Ils étaient bien seuls, tout seuls. Ils se rassurèrent et se mirent à pêcher.

17. Pourquoi se sentent-ils rassurés?

Activités sur le récit

Résumé de l'action

A. Faites un résumé de l'action en complétant les phrases suivantes.

1. Paris était bloqué. Les moineaux se faisaient rares, les égouts se dépeuplaient. On y mangeait...
2. M. Morissot se promenait, les mains dans les poches, et le ventre...
3. En se promenant M. Morissot rencontra...
4. Avant la guerre, ils allaient pêcher tous les deux chaque...
5. C'était loin pour y aller à pied. Ils prenaient d'abord...
6. Les deux amis avaient des goûts...
7. Au printemps le soleil leur versait dans le dos une bonne...
8. En automne ils admiraient le ciel ensanglanté par...
9. Dès qu'ils se furent reconnus, ils se...
10. Ensemble, ils entrèrent dans...
11. En sortant d'un deuxième café ils étaient fort étourdis parce qu'ils avaient...
12. M. Sauvage proposa: «. . .
13. «Je connais le colonel, dit-il. On nous laissera...
14. Ils se séparèrent pour prendre...
15. Le colonel sourit de leur demande et consentit à leur...
16. Le pays qu'ils traversèrent était vide, le village d'Argenteuil semblait...
17. M. Sauvage montra du doigt les sommets et murmura: «Là-haut il y a...
18. Pour les Prussiens qui occupaient leur pays ils avaient un sentiment...
19. «Si nous en rencontrons, dit M. Sauvage, nous leur...
20. Enfin M. Sauvage se décida: «Allons, en route! Mais avec...
21. Ils devaient traverser une bande de terre nue pour...
22. Ils le firent en courant. Arrivé au bord du fleuve, M. Morissot colla sa joue par terre pour...
23. Ils se rassurèrent et se mirent à...

Si vous n'avez pas trouvé la réponse vous pouvez la chercher dans la liste suivante.

a. bu deux absinthes à jeun

b. un café

c. chaleur de saison nouvelle

d. le chemin de fer

e. dimanche

f. écouter si on ne marchait pas dans les environs

g. fantaisie, idée

h. gagner le bord du fleuve, atteindre le fleuve

i. de haine, de terreur superstitieuse

j. leurs instruments, cannes

k. mort, abandonné

l. n'importe quoi

m. offrirons une friture

n. passer facilement

o. pêcher

p. précaution

q. les Prussiens

r. M. Sauvage, son confrère, une connaissance du bord de l'eau

s. semblables, identiques

t. serrèrent la main

u. si on y allait?

v. le soleil couchant

w. vide

B. Résumez l'action en spécifiant ce qui est désigné par chacune des phrases suivantes.

1. la ville que les Prussiens bloquaient

2. les animaux qui se faisaient bien rares sur les toits—car on les mangeait

3. les animaux qui se faisaient bien rares dans les égouts—car on les mangeait

4. l'objet en bambou que prenait M. Morissot quand il allait à la pêche

5. le sentiment que MM. Sauvage et Morissot avaient l'un pour l'autre

6. le sentiment qu'ils avaient pour les Prussiens

7. la saison où le soleil rajeuni leur versait dans le dos une bonne chaleur

8. la saison où le soleil couchant empourprait le fleuve entier et dorait les arbres roussis déjà

9. la saison où se passe l'action du conte

10. la couleur du ciel par ce premier beau jour de l'année

11. l'endroit où les deux amis entrèrent pour boire une absinthe

12. le nombre d'absinthes qu'ils burent sans avoir rien mangé

13. la décision qu'ils prirent, grisés par l'absinthe

14. la couleur de l'absinthe

15. la personne qui leur donna un laissez-passer

16. le nombre de personnes qu'ils rencontrèrent en traversant la plaine et les champs

17. ceux que les deux amis n'avaient jamais aperçus mais dont ils sentaient la présence depuis des mois

18. ce que M. Sauvage proposa de leur offrir s'ils les rencontraient

19. ce dont les deux amis profitèrent pour se couvrir et se cacher en traversant le champ de vigne

20. ce que Morissot entendit quand il colla sa joue par terre pour écouter

Si vous ne trouvez pas la réponse vous pouvez la chercher dans la liste suivante.

a. l'amitié

b. l'automne

c. bleu

d. les buissons

e. un café

f. une canne

g. le colonel Dumoulin

h. deux

i. une friture

j. la haine, la terreur

k. l'hiver

l. les moineaux

m. Paris

n. partir à la pêche

o. personne, aucune

p. le printemps

q. les Prussiens

r. les rats

s. rien

t. vert

Sujets de discussion, de composition, de recherche, et de présentation

C. **L'analyse: l'intrigue.** En développant la situation des deux amis à Paris pendant la guerre de 1870, considérons les problèmes et les contrastes.

1. De quoi manquait-on?

2. Qu'est-ce qu'on mangeait?

3. De quoi ne manquait-on pas? (Pensez aux deux amis dans le café.)

4. Quel souvenir des deux amis fait contraste avec la vie à Paris en état de siège?

5. Lesquels des termes suivants appartiennent au passé? Lesquels au présent?
la douceur   la tristesse   le boulevard
la friture

6. Quel contraste y a-t-il entre l'atmosphère de Paris, «bloqué, affamé et râlant» et le temps qu'il fait dans la ville le jour où les deux amis se rencontrent?

7. Comment est-ce que le temps semble encourager la fantaisie imprudente des deux amis?

8. Qui d'autre se montre imprudent?

D. **L'analyse: le personnage.** Considérons Walter Schnaffs et les deux amis: comment se ressemblent-ils?

1. Quelles sont leurs attitudes envers la guerre?

2. Quels sont les plaisirs qu'ils regrettent?

3. Quelles sont leurs attitudes envers l'ennemi?

4. Quelle importance la nourriture prend-elle dans leur vie?

E. **A la recherche: l'impressionisme.** Où sont Argenteuil, Colombes, et l'île Marante? Comment y aller de Paris? Pouvez-vous trouver des images de ces endroits? Le peintre Claude Monet a fait le tableau *Le Pont d'Argenteuil* en 1874. Quels autres artistes ont travaillé dans ces environs à cette époque? Peut-on trouver dans quelques passages de Maupassant des descriptions qui font penser à des scènes de tableau impressioniste?

Deux Amis

Guy de Maupassant

DEUXIÈME PARTIE

Préparation à la lecture

Le Lexique et la Grammaire

Etudiez les mots dans les résumés suivants. Quels sont les mots apparentés et partiellement apparentés?

Les amis sont **privés** de leurs plaisirs. Mais maintenant ils	*deprived*	
avancent en **balançant**	cf. *balancing*	*swinging*
les bras. Ils vont **attraper**	cf. *to trap*	*to catch*
des poissons, des **goujons**.	*gudgeons*	*small fry*
Les **rives** de la Seine semblent **délaissées**.	not: *rivers* *abandoned*	but: *banks*
A cheval sur leurs chaises,	*straddling*	
casquettes de pêcheur sur la	*caps*	
tête, ils attrapent des **poissons**.	*fish*	
Chacun à son **tour**,	*turn*	
ils les **ramassent**,	*pick up*	
et ils les mettent dans un **filet**.	*net*	
Les poissons seront bons à **frire**.	*fry*	
Un roseau jeté dans l'eau est **entraîné** par le courant.	*taken away*	
De petites **vagues** se forment	*waves*	
dans l'eau **plate**.	*flat*	
Soudain l'eau **rejaillit**.	*splashes up*	
C'est un gros poisson au bout du **fil**.	*line*	

On entend un bruit **sourd**.	*dull, thudding*	
C'est le canon qui **gronde**.	*rumbles, roars*	
Cela **secoue** la terre.	*shakes*	
Un soldat **barbu**	cf. *barber,*	*bearded*
introduit	*introduces*	*puts into*
le boulet dans le canon.	cf. *bullet*	*cannonball*
Le canon **tonne**.	cf. *detonates*	*booms*
Le **sol** tremble.	*soil*	*ground*
Est-ce que le **sang** va couler?	cf. *sanguinary*	*blood*
Les monts sont **coiffés d'**un nuage **laiteux**.	*wear as a hat* *milky*	
C'est l'**haleine** du canon, le canon qui **écrase** tout.	*breath* *crushes*	
Ces deux esprits **bornés** **tombent d'accord** sur une chose: ce sont les **rois** qui causent la guerre.	*of limited scope* *agree* *kings*	
Se tuer comme ça, c'est **pis** que des bêtes. Les deux amis sont **en colère**.	*worse* *angry*	
Ils **débrouillent** ensemble toutes ces grandes questions.	*settle (untangle)*	
Qu'arriverait-il si on les prenait pour des **espions** venus **guetter** les mouvements des Prussiens en **faisant semblant** de pêcher?	*spies* *watch, spy on* *pretending*	
Déciderait-on de leur **faire grâce**?	*pardon*	
Est-ce que l'ennemi va **s'attendrir**?	*to grow tender*	*to show pity*
Ils ont des **parents**.	*family*	
Tu peux parler **tant que** tu veux, mais **tant qu'**il y aura des gouvernements il y aura des guerres.	*as much as* *as long as*	
Il y aura **bien des** victimes.	*many*	
Tant pis pour eux.	*too bad*	

L'art de lire: les mots partiellement apparentés

Many of the words in the résumés like the one that introduces this chapter have a broader or narrower meaning than their English counterpart. A cognate with **chaleur** is *calorie* but the meaning of the word is *heat*. The word **sol** is close to our word *soil* but the meaning is *ground*. The cognate may not come to mind the first time you encounter a word in context. Even if it does, you may not be able to use it to get directly at the meaning. But being aware of the relationship to the English word should help you remember the meaning the next time the word occurs. Study and review the lexical résumés that begin each chapter to familiarize yourself with vocabulary. Remember to read them first with the English hidden.

L'art de lire: l'article défini

Review the information on the definite article in chapter two of *L'Aventure de Walter Schnaffs* and account for the meanings of the following uses:

Ils demeuraient immobiles sans ouvrir **la** bouche.

Il prit Morissot sous **le** bras.

Les amis se serrèrent **la** main.

Sometimes the indirect object pronoun is used to specify the possessor:

Le bon soleil **leur** coulait sa chaleur entre **les** épaules.

Note that both the epithet **le bon** and possessive **sa** characterize and personify the sun as almost a sentient being.

L'art de lire: l'adjectif démonstratif

In stories events can acquire meaning by reference to a more general, often cultural, context that it is assumed the reader shares. The language assumes we are familiar with **cette petite buée qui coule avec l'eau**.

Once they have started to catch some fish, the two friends are happy:

Et **une** joie délicieuse les pénétrait, **cette** joie qui **vous** saisit quand **on** retrouve un plaisir aimé dont on est privé depuis longtemps.

The indefinite article **une** has expressive value. Reference becomes specific with the demonstrative. The object **vous** (*that joy that seizes you*) and subject **on** both work with **cette** to define and specify not just a joy but also a reader, someone who is aware of that particular joy. Are you? Actual experience is all but irrelevant as long as we understand the text. The present tense helps integrate the story's own view of the reader's perspective and experience into the world it creates. Compare **L'art de lire** on demonstrative adjectives (1) in chapter two of *Les Bijoux* and the discussion on the pronoun **on** in chapter four of *L'Auberge aux Noyés*.

Exercices

A. Remplacez les mots en **caractères gras** dans les phrases suivantes par un mot ou expression qui signifie le contraire.

borné   mieux   tomber d'accord
plate   peu de

1. Aujourd'hui c'est encore **pis** qu'hier.
2. Regarde l'eau, comme elle est **agitée**!
3. Il y a **bien des** plaisirs qu'ils aiment autant que la pêche.
4. Ces deux amis ont l'esprit assez **large**.
5. Dans leurs conversations ils ont tendance à **se disputer**.

B. Lisez le passage suivant en remplaçant les mots en **caractères gras** par un synonyme.

attraper   gronder   pardonner
berge   guetter   secoue
colère   laiteuse   à leur tour
délaissées

Les deux amis font de la pêche sur la **rive** (1). Les deux rives du fleuve sont entièrement **abandonnées** (2). Ils s'installent et se mettent à **observer attentivement** (3). Ils espèrent **prendre** (4) beaucoup de poissons. Une buée **blanchâtre** (5) flotte sur l'eau. Ils entendent **tonner** (6) le canon. Cela leur fait penser à la guerre. Ils expriment leur **mécontentement violent** (7) contre ceux qui l'ont déclarée. Jamais ils ne pourraient leur **faire grâce** (8). Puis une idée leur vient à l'esprit. Cette fois, c'est peut-être **à eux** (9) d'être victimes de la guerre. C'est une idée qui les **trouble profondément** (10).

C. Lisez le passage suivant en remplissant les tirets par le mot convenable.

casquette   entraîner   poissons
coiffé   fait semblant   rejaillit
débrouiller   fil   roi
espion   haleine   vagues

M. Sauvage ___1___ d'aller dans son bureau, mais en réalité il a l'intention secrète d'aller à la pêche. Il se laisse ___2___ par sa passion. Il regarde autour de lui comme si un___3___ le suivait. Quand il va à la pêche il est plus heureux qu'un___4___. A cause du soleil il est ___5___ d'un chapeau à larges bords. Il prétend que cela le protège mieux que ne le ferait une ___6___. Il aime aller à la pêche même s'il n'attrape pas de ___7___. Il pense aux problèmes de la vie et croit pouvoir les ___8___ dans sa tête. L'eau est calme et plate. Il n'y a pas de ___9___. Il croit sentir un poisson qui mord. Il retient son ___10___. Mais un bateau rapide passe si près que l'eau ___11___ sur lui. Le poisson qu'il avait au bout du ___12___ s'est échappé!

Deux Amis

(Deuxième Partie)

En face d'eux, l'île Marante, abandonnée, les cachait de l'autre berge. La petite maison du restaurant était close, semblait délaissée depuis des années.

1. Qu'y avait-il sur l'île?

M. Sauvage prit le premier goujon. Morissot attrapa le second, et d'instant en instant ils levaient leurs lignes avec une petite bête argentée frétillant[1] au bout du fil: Une vraie pêche miraculeuse.

2. Comment va la pêche?

Ils introduisaient délicatement les poissons dans une poche de filet à mailles très serrées,[2] qui trempait à leurs pieds. Et une joie délicieuse les pénétrait, cette joie qui vous saisit quand on retrouve un plaisir aimé dont on est privé depuis longtemps.

3. Où mettent-ils les poissons?

4. Pourquoi ont-ils tant de plaisir cette fois?

Le bon soleil leur coulait sa chaleur entre les épaules; ils n'écoutaient plus rien; ils ne pensaient plus à rien; ils ignoraient le reste du monde; ils pêchaient.

Mais soudain un bruit sourd qui semblait venir de sous terre fit trembler le sol. Le canon se remettait à tonner.

Morissot tourna la tête, et par-dessus la berge il aperçut, là-bas, sur la gauche, la grande silhouette du Mont Valérien, qui portait au front une aigrette blanche,[3] une buée de poudre qu'il venait de cracher.[4]

5. Que voit-on au Mont Valérien, et qu'est-ce qu'on entend une seconde plus tard?

Et aussitôt un second jet de fumée partit du sommet de la forteresse; et quelques instants après une nouvelle détonation gronda.

Puis d'autres suivirent, et de moment en moment, la montagne△ jetait son haleine de mort, soufflait ses vapeurs△ laiteuses qui s'élevaient lentement dans le ciel calme, faisaient un nuage au-dessus d'elle.

M. Sauvage haussa les épaules: «Voilà qu'ils recommencent», dit-il.

---

[1] **frétillant**? Pensez au contexte. Que fait un poisson qu'on vient d'attraper?
[2] **à mailles très serrées**: *with a very fine mesh*
[3] **une aigrette blanche**: *a white feather (of smoke)*
[4] **une buée de poudre qu'il venait de cracher**: *a mist of gunpowder that it had just spat out*

Morissot, qui regardait anxieusement plonger△ coup sur coup la plume△ de son flotteur,△ fut pris soudain d'une colère d'homme paisible contre ces enragés qui se battaient ainsi, et il grommela: «Faut-il être stupide pour se tuer comme ça!»

M. Sauvage reprit: «C'est pis que des bêtes.»

Et Morissot, qui venait de saisir une ablette,[5] déclara: «Et dire que ce sera toujours ainsi tant qu'il y aura des gouvernements.»

M. Sauvage l'arrêta: «La République n'aurait pas déclaré la guerre...»

Morissot l'interrompit: «Avec les rois on a la guerre au dehors; avec la République on a la guerre au dedans.»

Et tranquillement ils se mirent à discuter, débrouillant les grands problèmes politiques avec une raison saine△ d'hommes doux et bornés, tombant d'accord sur ce point, qu'on ne serait jamais libres. Et le Mont Valérien tonnait sans repos, démolissant△ à coups de boulet des maisons françaises, broyant des vies,[6] écrasant des êtres, mettant fin à bien des rêves, à bien des joies attendues, à bien des bonheurs espérés, ouvrant en des cœurs de femmes, en des cœurs de filles, en des cœurs de mères, là-bas, en d'autres pays, des souffrances qui ne finiraient plus.

«C'est la vie», déclara M. Sauvage.

«Dites plutôt que c'est la mort», reprit en riant Morissot.

Mais ils tressaillirent effarés,[7] sentant bien qu'on venait de marcher derrière eux; et ayant tourné les yeux, ils aperçurent, debout contre leurs épaules, quatre hommes, quatre grands hommes armés et barbus, vêtus comme des domestiques en livrée et coiffés de casquettes plates, les tenant en joue au bout de leurs fusils.[8]

Les deux lignes s'échappèrent de leurs mains et se mirent à descendre la rivière.

En quelques secondes, ils furent saisis, attachés, emportés, jetés dans une barque△ et passés dans l'île.

Et derrière la maison qu'ils avaient crue abandonnée, ils aperçurent une vingtaine de soldats allemands.

6. Pourquoi Morissot est-il en colère?

7. D'après les deux amis, pourquoi y a-t-il des guerres?

8. Que fait le Mont Valérien pendant leur discussion? Quel effet cela a-t-il sur bien des vies?

9. De quoi se rendent-ils soudain compte?

10. Que font les soldats allemands des deux amis?

---

[5] **ablette**: petit poisson
[6] **broyant des vies**: *shattering lives*
[7] **ils tressaillirent effarés**: *they shuddered, frightened*
[8] **vêtus comme des domestiques en livrée et coiffés de casquettes plates, les tenant en joue au bout de leurs fusils**: *dressed like liveried servants, wearing flat caps, aiming at them with their rifles*

Une sorte de géant△ velu,⁹ qui fumait, à cheval sur une chaise, une grande pipe de porcelaine, leur demanda, en excellent français: «Eh bien, Messieurs, avez-vous fait bonne pêche?»

Alors un soldat déposa aux pieds de l'officier le filet plein de poissons, qu'il avait eu soin d'emporter. Le Prussien sourit: «Eh! eh! je vois que ça n'allait pas mal. Mais il s'agit d'autre chose. Ecoutez-moi et ne vous troublez pas.

«Pour moi, vous êtes deux espions envoyés pour me guetter. Je vous prends et je vous fusille. Vous faisiez semblant de pêcher, afin de mieux dissimuler vos projets. Vous êtes tombés entre mes mains, tant pis pour vous; c'est la guerre.

«Mais comme vous êtes sortis par les avant-postes, vous avez assurément△ un mot d'ordre¹⁰ pour rentrer. Donnez-moi ce mot d'ordre et je vous fais grâce.»

Les deux amis, livides,△ côte à côte, les mains agitées d'un léger tremblement nerveux, se taisaient.

L'officier reprit: «Personne ne le saura jamais, vous rentrerez paisiblement. Le secret disparaîtra avec vous. Si vous refusez, c'est la mort, et tout de suite. Choisissez.»

Ils demeuraient immobiles sans ouvrir la bouche.

Le Prussien, toujours calme, reprit en étendant la main vers la rivière: «Songez que dans cinq minutes vous serez au fond de cette eau. Dans cinq minutes! Vous devez avoir des parents?»

Le Mont Valérien tonnait toujours.

Les deux pêcheurs restaient debout et silencieux. L'Allemand donna des ordres dans sa langue.△ Puis il changea sa chaise de place¹¹ pour ne pas se trouver trop près des prisonniers; et douze hommes vinrent se placer à vingt pas, le fusil au pied.¹²

L'officier reprit: «Je vous donne une minute, pas deux secondes de plus.»

Puis il se leva brusquement, s'approcha des deux Français, prit Morissot sous le bras, l'entraîna plus loin, lui dit à voix basse: «Vite, ce mot d'ordre? Votre camarade ne saura rien, j'aurai l'air de m'attendrir.»

Morissot ne répondit rien.

11. Qu'est-ce que les soldats n'oublient pas d'emporter?

12. Selon l'officier, que faisaient les deux amis?

13. Quel choix les deux amis ont-ils?
14. Comment l'officier rend-il sa menace plus réaliste?

15. Pourquoi déplace-t-il sa chaise?

16. Pourquoi parle-t-il à chacun d'eux séparément?

---

⁹ **velu**: *hairy*
¹⁰ **mot d'ordre**? Que faut-il dire à la sentinelle?
¹¹ **changea sa chaise de place**? Imaginez l'action. Comment est-ce qu'on change sa chaise de place?
¹² **le fusil au pied**? Imaginez la posture du soldat. Comment se tient-on quand on a le fusil au pied?

Le Prussien entraîna alors M. Sauvage et lui posa la même question.

M. Sauvage ne répondit pas.

Ils se retrouvèrent côte à côte.

Et l'officier se mit à commander. Les soldats élevèrent leurs armes.

Alors le regard de Morissot tomba par hasard sur le filet plein de goujons, resté dans l'herbe, à quelques pas de lui.

Un rayon de soleil faisait briller le tas de poissons qui s'agitaient encore. Et une défaillance l'envahit.[13] Malgré ses efforts, ses yeux s'emplirent de larmes.

Il balbutia: «Adieu, monsieur Sauvage.»

M. Sauvage répondit: «Adieu, monsieur Morissot.»

Ils se serrèrent la main, secoués des pieds à la tête par d'invincibles tremblements.

L'officier cria: «Feu!»

Les douze coups n'en firent qu'un.

M. Sauvage tomba d'un bloc[14] sur le nez. Morissot, plus grand, oscilla,△ pivota△ et s'abattit[15] en travers sur son camarade, le visage au ciel, tandis que des bouillons de sang s'échappaient de sa tunique crevée à la poitrine.[16]

L'Allemand donna de nouveaux ordres.

Ses hommes se dispersèrent, puis revinrent avec des cordes△ et des pierres qu'ils attachèrent aux pieds des deux morts; puis ils les portèrent sur la berge.

Le Mont Valérien ne cessait pas de gronder, coiffé maintenant d'une montagne de fumée.

Deux soldats prirent Morissot par la tête et par les jambes; deux autres saisirent M. Sauvage de la même façon. Les corps, un instant balancés avec force, furent lancés au loin, décrivirent△ une courbe,△ puis plongèrent, debout, dans le fleuve, les pierres entraînant les pieds d'abord.

L'eau rejaillit, bouillonna,[17] frissonna, puis se calma, tandis que de toutes petites vagues s'en venaient jusqu'aux rives.

Un peu de sang flottait.

17. Que font les soldats à son ordre?

18. Quelle vue provoque soudain les larmes de M. Morissot?

19. Décrivez le dernier moment des deux amis.

20. Qu'est-ce qu'on fait de leurs corps?

21. Pourquoi les corps ne flottent-ils pas?

---

[13] **une défaillance l'envahit**: *he suddenly felt faint*
[14] **tomba d'un bloc**: *fell flat*
[15] **s'abattit**: tomba
[16] **des bouillons de sang s'échappaient de sa tunique crevée à la poitrine**: *blood came gushing out of his tunic, split open at the chest*
[17] **bouillonna**: *bubbled up*

L'officier, toujours serein,⁴ dit à mi-voix: «C'est le tour des poissons maintenant.»

Puis il revint vers la maison.

Et soudain il aperçut le filet aux goujons dans l'herbe. Il le
ramassa, l'examina, sourit, cria: «Wilhem!»

Un soldat accourut, en tablier[18] blanc. Et le Prussien, lui jetant
la pêche des deux fusillés, commanda: «Fais-moi frire tout de suite
ces petits animaux-là pendant qu'ils sont encore vivants. Ce sera
délicieux.»

Puis il se remit à fumer sa pipe.

22. Quelle remarque
l'officier fait-il et que
veut-il dire?
23. Que fait-on des
poissons?

---

[18] **tablier**: *apron*

L'art de lire: le futur et le conditionnel

Stories by convention tell what happened in the past. The future tells what is
going to happen. Predictions can serve as a menace from a person with the power
to control events. The Prussian officer tells future events to try to persuade his
captives.

Vous **rentrerez** chez vous.	*will return*
Personne ne le **saura** jamais.	*will know*
Le secret **disparaîtra** avec vous.	*will disappear*
J'aurai l'air de m'attendrir.	*I will appear*
Vous **serez** au fond de cette eau.	*will be*

Future endings, similar to present forms of **avoir**, are added to the infinitive or
an irregular stem that will end in **-r**. Distinguish future from conditional forms.

Si j'étais sûr, je **l'accuserais**.	*would accuse*
Je **pourrais** l'acheter, si vous m'en faisiez connaître la provenance.	*would be able*
Qu'est-ce que **tu ferais**, toi?	*would you do*

Activités sur le récit

Résumé de l'action

A. Résumez l'action en corrigeant les phrases fausses.

1. Il y avait du soleil mais la pêche n'était pas bonne.
2. Ils n'entendaient aucun bruit.
3. Ils sont d'accord que c'est stupide de faire la guerre.
4. Ils sont d'accord qu'ils ne seront libres que quand il y aura une République.
5. Soudain ils tournent les yeux et aperçoivent quatre soldats allemands.
6. Ils sont rassurés parce que les soldats ne sont pas armés.
7. Ils suivent les soldats en emportant leurs lignes et leur filet.
8. L'officier emploie un interprète pour les interroger.
9. L'officier leur dit de donner le mot d'ordre pour rentrer.
10. Ils lui disent qu'ils ne savent pas le mot d'ordre.
11. Il leur dit qu'ils seront fusillés le lendemain s'ils ne répondent pas.
12. Il demande à chacun séparément de lui donner le mot d'ordre.
13. Un des deux amis est sur le point de donner le mot d'ordre, mais soudain il a honte, et se tait.
14. Les deux amis se disent adieu.
15. M. Sauvage dénonce la barbarie de l'officier allemand.
16. On n'entend plus gronder le canon sur le Mont Valérien.
17. Les soldats jettent les corps des deux amis dans la Seine.
18. On voit les corps des deux fusillés flotter avec le courant.
19. Au moment de la mort des deux amis les poissons dans le filet sont morts, eux aussi.
20. L'officier allemand fait jeter les poissons dans la Seine.

B. Complétez la narration suivante en remplissant chaque espace vide par une phrase qui rend le dialogue ou la succession des événements cohérent.

1. Les deux amis pêchent côte à côte.
2.
3. «Voilà qu'ils recommencent,» dit M. Sauvage.
4.
5. Les deux lignes s'échappent de leurs mains.
6.
7. Un officier allemand se met à les interroger.
8.

9. «Ah, mais qu'est-ce que je vois là? dit-il. Il paraît que vous avez fait bonne pêche. Mais il ne s'agit pas de ça. Ecoutez-moi:

10.

11. «Mais si vous me donnez le mot d'ordre, dit-il, je vous fais grâce.»

12.

13. «Songez que dans cinq minutes vous serez au fond de cette eau.»

14.

15. Le Prussien entraîne alors M. Sauvage et lui pose la même question.

16. M. Sauvage ne répond pas.

17. Les soldats élèvent leurs armes.

18. Les yeux de Morissot s'emplissent de larmes.

19.

20. M. Sauvage répond: «Adieu, monsieur Morissot.»

21.

22. Les douze coups n'en font qu'un.

23.

24. L'eau rejaillit, bouillonne, frissonne, puis se calme.

25.

26. «Ce sera délicieux,» dit le Prussien. Puis il se remet à fumer sa pipe.

Sujets de discussion, de composition, de recherche, et de présentation

C. **L'analyse de l'action**, des personnages, du style, et de la signification du conte.

1. A quel moment de l'histoire de France se passe l'action?

2. Quels souvenirs idylliques évoquent la paix?

3. Comment la continuation de la guerre se manifeste-t-elle même aux bords paisibles de la Seine?

4. Qu'est-ce qui nous rappelle les souffrances infligées par la guerre en France, et aussi «en d'autres pays»?

5. Qui souffre pendant la guerre?

6. Quelle opinion les deux amis ont-ils de ceux qui font la guerre?

7. D'après les deux amis, qui est responsable de la guerre?

8. Est-ce que les deux amis expriment des sentiments patriotiques ou de la résignation pendant leur discussion de la guerre?

9. «C'est la vie,» dit M. Sauvage. «Dites plutôt que c'est la mort,» reprend M. Morissot. Et soudain la mort se présente. Sous quelle forme?

10. Pourquoi le Prussien veut-il savoir le mot d'ordre?

11. Comment répondent-ils quand le Prussien le leur demande?

12. Etant donné leur attitude envers la guerre, comment expliquez-vous leur réponse? Qu'en pensez-vous? Est-elle vraisemblable?

13. Comment expliquez-vous l'action de l'officier prussien? Qu'est-ce qui l'a motivée? Qu'en pensez-vous? Est-elle vraisemblable? Pouvez-vous citer des actions semblables en temps de guerre? Croyez-vous que l'un de ses soldats va le dénoncer?

14. Comment se manifeste l'impassibilité et le sang-froid de l'officier prussien pendant toute cette scène?

15. Sur quoi tombe le regard de Morissot au moment où les soldats élèvent leurs armes, et quel effet cela a-t-il sur lui?

16. Pourquoi est-ce que ce qu'il voit lui fait cet effet?

17. On jette les deux corps dans la Seine, et l'officier dit: «C'est le tour des poissons maintenant.» Qu'est-ce qu'il veut dire? Quelle attitude envers la vie cela semble-t-il montrer?

18. Que deviennent les poissons à la fin du conte?

19. Comment est-ce que ce détail à la fin du conte reprend le sujet du premier paragraphe?

20. Commentez l'emploi de **faire** dans cette phrase: «Fais-moi frire ces petits animaux-là.»

21. Au fond, de quoi s'agit-il dans ce conte? D'une atrocité prussienne? De l'héroïsme de deux Français? De l'absurdité de la guerre?

22. La vision de Maupassant est-elle complètement pessimiste dans ce conte? Evoque-t-il un monde où les plus forts mangent les plus faibles, et où le bonheur et le courage ne sont que des illusions?

D. A la recherche: l'absinthe. Nos deux amis ont bu quelques verres ensemble. Quel est cet alcool? Quelles histoires y sont associées? Quelle mythologie? Peut-on toujours la consommer en France ou ailleurs? Edgar Degas a fait le tableau *L'Absinthe* en 1876. Pouvez-vous trouver d'autres exemples de représentations artistiques et autres de la "fée verte"?

E. A la recherche: la pêche. On connaît d'autres drâmes associés à la pêche: «La seule auberge, l'Auberge des Pêcheurs... Maigret savait déjà que dans le pays on l'appelait couramment l'Auberge aux Noyés.» Quelles autres histoires de pêche connaissez-vous? Y a-t-il des rapports entre la pêche, l'art d'attraper les poissons, et le récit, l'art de raconter les histoires?

Les Hommes Invisibles

L. Anoma Kanié

Préparation à la lecture

Le genre et l'auteur

An independent young woman, newly married, finds herself in the new world that is her husband's. She is treated quite well, there are even some luxuries, but there is something very odd, something mysterious and disquieting. She did not have any idea that this was the kind of place the handsome and charming young man was going to bring her to and she struggles with her fears. The situation is typical of the "old dark house" romance genre from such authors as J. Sheridan Le Fanu and Daphne du Maurier. Here, however, the writer is the *ivoirien* poet L. Anoma Kanié (1920–) who tells a tale that comes, as he says, "du fond des âges," from the depths of the ages. The scene of the young woman served by invisible hands in a miraculous place can indeed recall a scene in a fairy tale, *Cupid and Psyche*, told by Apuleius in *The Golden Ass*, from the middle of the second century. A similar scene occurs as well in *La Belle et la Bête*, a *conte de fées* written for children by Jeanne-Marie Le Prince de Beaumont (1756). Folk literatures travel by word of mouth, as our author puts it in his preface: "tels que nous les ont transmis nos grands-mères," as our grandmothers passed them on to us. This African folk tale, a short ghost story, has a moral attached to it that is presented as an explanation of a cultural continuity: "C'est depuis ce temps-là que..." While individual desires are played out against the family, it is the notion of community that appears to be stronger: the story begins with "Un village" and that is also where the action ends.

A diplomat from the **Côte d'Ivoire**, L. Anoma Kanié also wrote theatre and novels as well as poetry. Like many African authors of his generation and beyond, he often develops African themes, presenting African society in coexistence, and sometimes in tension, with western cultures and with its own past. The following story is from Anoma Kanié's book *Quand les Bêtes Parlaient aux Hommes: Contes Africains* (1974, 2nd edition 1980).

Le Lexique et la Grammaire

Etudiez les mots dans les résumés suivants. Quels sont les mots apparentés et partiellement apparentés?

Elle **attendait un mari depuis longtemps**.	*had been waiting for a husband for a long time*
Elle **attend toujours**.	*is still waiting*
Ses parents lui proposent un **époux**.	*spouse* (m.)
Ils sont plus **experimentés** qu'elle et pourtant elle les **critique**.	not: *experimented* but: *experienced* / *criticizes*
Ils **se sont habitués** à donner des ordres.	*have gotten used to*
Elle se demande: Pourquoi accepter un mari **désigné** pour moi?	*designated* *chosen*
Je **souhaite** choisir un homme **à ma mesure**, qui **ne me lassera pas**.	*wish* / *of my size* *who fits (suits) me* / *will not bore me*
Mais elle **n'y arrive pas**.	*does not succeed*
Elle **entend parler** autour d'elle.	*hears (people, someone) speaking*
Un beau garçon, la **peau** noire, qui vient de **loin** a **entendu parler d'elle**.	*skin* / *far away* / *has heard tell of her*
Il **siffle** et on apporte des cadeaux qui sont **déposés** devant elle, des vêtements de **velours** vert	*whistles* / *deposited* *put down* / *velvet*
avec des **dessins**, de jolies choses **en terre cuite**, **à forme d'hommes**, faites avec des **outils** merveilleux.	*drawings* / *in terra cotta,* / *with human shape* / *tools*
Il la **salue** dans sa langue à elle.	not: *salutes* but: *greets*
Il **détache** une chaîne autour de son cou et la lui donne. Il demande sa main.	*detach* *unfasten*
Une demande **bienvenue**!	*welcome*
D'accord?	*agreed*
Accepté d'office!	*automatically accepted*
Elle **rit** de joie.	*laughs*
Elle **saisit** l'occasion.	*seizes*
Une nuit de **noces** inoubliable.	*marriage*
Mais est-ce qu'elle **voit clair**?	*see clearly*
Le **séjour** dans son village est court.	*sojourn, stay*
Ils partent pour son **royaume**.	*kingdom, realm*

Une marche dans la **brousse**.	*brush*	*wilderness (jungle)*
Une **ombre**	*shadow*	
se meut	*moves*	
dans le **brouillard**.	*fog*	
Serait-ce un **revenant**?	*ghost*	

L'art de lire: les idiotismes

Un idiotisme—*an idiom*—is an expression particular to a given language. The difficulty idioms present varies greatly. When a proposal is **accepté d'office** it is being accepted the way people may be *ex officio* on a committee, as a routine part of their position, as a matter of course. The expression **chemin faisant** indicates that a trip is underway and that something else is occuring *on* or *along the way*. The expression **sans âme qui vive** is an expressive way of saying the place is empty. The locution **Où donc que je suis?** is an example of popular language whose meaning should be perfectly clear although the answer may not be. Another popular locution, an example of the spoken register of language, is used when they hear something:

quelque chose **comme qui dirait**	*something, **as one might say**,*
des personnes revenant de la brousse	*people coming back from the jungle*

L'art de lire: l'infinitif

Infinitives usually pose few problems in reading French.

Elle veut **voir** clair.	*to see*
Elle finit par **s'habituer**.	*getting used to it*
Il a **entendu parler de** la fille.	*heard tell of*
On lui donne de l'eau **à boire**,	*to drink*
et de l'eau **pour se laver**.	*in order to wash herself*

Important narrative information can be given not only by the narrator or through dialogue but also by what a character hears or sees. When an infinitive is used with a verb of perception, syntax, particularly word order regarding the object of the verb, can vary.

Elle voit les mains se détacher.	*She sees hands detach (separate) themselves.*
Elle voit se présenter un garçon.	*She sees a boy present himself to her.*
J'entends parler.	*I hear (people) speaking.*

Review **L'art de lire** on **faire causatif** and the one on **les connaissances** in chapters one and two of *L'Auberge aux Noyés*.

L'art de lire: le chant

In the center of this tale the heroine sings a song that expresses her situation and her feelings. As no music is given, the text is as much a poem as a song, presented first in an African language, Agni, and then in French. One effect of the African verse in the French text is a certain realism: we understand the tale has a teller who is giving the story in French but here the girl appears to be singing as herself. The character acquires a new dimension as a dramatic voice emerges through her singing her own lyrics in her own language. Who is she singing to? We understand the song because the French is presented but many readers of this tale will not be able to read and understand the words: is it Agni or perhaps Baulé? The foreign language can serve to express for us the wonder and the elegant confusion of the young bride far from home.

Exercices

A. Changez le sens du passage suivant en remplaçant les mots en **caractères gras** par un mot qui signifie le contraire. Faites tous les changements nécessaires.

approuve	d'accord	intéressent
saisit	bienvenus	experimentés
ombres		

C'est une personne qui cherche les **clartés** (1). Les histoires de revenants la **lassent** (2). Elle **laisse tomber** (3) chaque occasion qui se présente pour les écouter en disant: **impossible** (4)! Elle **critique** (5) les gens qui les racontent, surtout les conteurs **débutants** (6) et elle trouve ces contes toujours **désagréables** (7).

B. Lisez le passage suivant en remplaçant les mots en **caractères gras** par un synonyme.

à sa mesure	loin	outils
rit	brousse	le mari
la peau	souhaite	choisi
se meut	réussir	voit clair
un dessin	les noces	revenant

On a célébré **le mariage** (1). Maintenant, **l'époux** (2) a du travail à faire. Il a été **désigné** (3) par le village pour faire **une représentation** (4) du visage de la vie et de la mort. Mais comment procéder? Quels **instruments** (5) faut-il employer? S'agit-il de donner forme à un **fantôme** (6)? Il veut bien accepter les difficultés **appropriées** (7) mais devant cette responsabilité il a peur. Il **veut** (8) du temps pour réfléchir. Il parle avec sa femme. Elle lui montre la **forêt** (9) qui est **à une grande distance** (10). Une ombre **bouge** (11) dans la forêt. Ensuite, elle lui montre **l'épiderme** (12) de son visage à elle, et elle **laisse éclater sa gaieté** (13). Et tout de suite il **comprend** (14). Il va pouvoir **y arriver** (15).

C. Lisez le passage suivant en remplissant les tirets par le mot convenable.

déposer	royaume	siffle
depuis	saluer	velours
détaché	séjour	entendu parler
habitué		

J'attends mon chien, Rex, __1__ quelques heures. Je suis sorti pour __2__ sa nourriture devant lui et le __3__ mais il est parti. Il s'est __4__ et je ne sais pas dans quelle direction il est allé. En général, il vient vite quand je __5__ mais il ne m'entend pas, peut-être. C'est un bon chien mais un peu snob. Il porte un collier de __6__ et il se croit le plus beau chien du __7__. Avez-vous jamais __8__ d'un chien aussi égoiste? Je ne sais pas où il est mais je crois que son __9__ là ne sera pas long. Il s'est __10__ à ses repas ici.

Les Hommes Invisibles

Un village. Dans ce village, il y avait une jeune fille. Quand ses parents lui choisissent un homme, elle refuse. Elle veut pouvoir choisir elle-même un mari à sa mesure. Alors elle attend, elle attend. Enfin, un jour arrive, elle voit se présenter un garçon charmant, tout noir, pagne[1] de velours vert avec des dessins dorés[2], une chaîne au cou, une grosse bague en or, des m'pabouas[3] en peau de panthère…

1. Qu'est-ce que ses parents lui ont choisi?
2. Quelle est sa réponse à ce choix? Pourquoi?
3. Que fait-elle?

Ce beau garçon vient de loin: il a entendu parler de la fille, il vient demander sa main.

— D'accord, fait la fille (elle tremble de joie).

Accepté d'office: c'est ce qu'elle attendait depuis longtemps. Mariage éclatant. Noces. Grands tams-tams. Quelque chose d'extra-ordinaire!

Après la lune de miel[4], le charmant époux demande à rentrer dans son royaume, avec sa femme.

— D'accord?

— D'accord!

Ils partent, arrivent dans un grand village, un village immense, mais sans âme qui vive. Personne. Un silence de cimetière.

4. Comment est-il, ce garçon? D'où vient-il? Comment est-il habillé? Qu'est-ce qu'il veut?
5. Quelle est la réponse de la jeune fille?
6. Comment sont les noces?
7. Que veut le charmant époux?
8. Où vont-ils? Qu'est-ce qu'on apprend sur le voyage?
9. Comment est le village?

Le soir arrive. On entend des voix, des bruits, quelque chose comme qui dirait, après les travaux des champs, des personnes revenant de la brousse. On entend des outils qui tombent avec bruit. On se salue, on se demande des nouvelles, on siffle, on rit, on critique… Mais la jeune mariée ne voit personne. De temps en temps, comme des ombres à forme d'hommes, et ces ombres disparaissent aussitôt.

"Où donc que je suis?" se demande la mariée. Elle ne voit personne et les voix se font plus fortes. On la salue; on lui souhaite la bienvenue dans sa langue à elle; elle répond, mais ne voit encore

10. Qu'est-ce qu'on entend?
11. Que dit-on?

12. Que voit la jeune mariée? Comment sont ces ombres? Est-ce qu'elle les voit?
13. Quelles paroles sont échangées entre la mariée et ces voix?

---

1 **pagne**: *loincloth*
2 **dorés**: *golden, gilded*
3 **Note de l'auteur: m'pabouas**: spartiates (**spartiates**: *sandals*)
4 **lune de miel**? Qu'est-ce qui se passe tout de suite après le mariage? **le miel**: *honey*

rien. Elle va s'asseoir. On lui apporte à manger dans de jolis vases en terre cuite. La main est invisible. Les vases déposés, elle voit les mains se détacher graduellement et se perdre dans le vide. On lui apporte de l'eau à boire, de l'eau pour se laver. On se meut autour d'elle, et elle ne voit encore rien. Quand la peur la saisit, elle se met à chanter:

14. Que sont ces vases? Comment sont ils?
15. Comment voit-elle la main invisible?
16. Que boit-elle?
17. Que fait-elle quand elle a peur?

> *Houan è Houan è Houan è*
> *Koulo Bié N'Golé so*
> *Houan è Houan è*
> *N'Touto Min Gnin. Mou Houman Sonan*
> *Houan è Houan è…*
> *N'Tié Edjo Djolé Mou Houman Sonan*
> *N'Zué N'Gomin Djiblé*
> *Houan è Houan è*
> *Afé M'Gobia Min yê sê!*
> *H… H…*

> Qui? Qui? Qui est là?
> Je suis allée dans un pays.
> Qui? Qui? Qui est là?
> Dans ce pays il n'y a personne
> Qui? Qui? Qui est là?
> Je jette les yeux, je ne vois personne.
> Qui? Qui? Qui est là?
> J'entends parler, je ne vois personne.
> Qui? Qui? Qui est là?
> On me donne de l'eau,
> Nettoyer mon corps,
> Je ne vois personne.
> Qui? Qui? Qui est là?
> Pourquoi me laver, puisque Personne…

Et toujours ainsi pendant tout son séjour dans le village mystérieux. Elle finit par s'habituer puisqu'elle se console quand même avec son mari qui, lui, est toujours charmant. Elle a trois enfants, mais cela ne suffit pas, elle veut voir clair. Comme elle n'y arrive pas, elle finit par se lasser et demande, un jour, la permission à son mari d'aller revoir ses parents. Le mari accepte. Alors, les villageois invisibles lui font des cadeaux pour le départ! D'autres même ont

18. Quelles questions posent-elle dans sa chanson?
19. Comment sont les rapports avec son mari?
20. Qu'est-ce qu'elle veut?
21. Pourquoi se lasse-t-elle?
22. Que demande-t-elle à son mari?
23. Comment sont les villageois lors du départ du couple?

été désignés pour porter les bagages et les enfants. Chemin faisant, la femme voit bien ses enfants, portés au dos de personnes invisibles, elle voit leurs petits corps se balancer au rythme de la marche, mais elle ne voit que cela. Et pourtant l'on parle derrière, devant, autour d'elle.

A l'entrée de son village, les enfants sont déposés là, et c'est fini, elle n'entend plus rien… Avec son mari et ses enfants, elle rentre dans sa famille. Et le mari fait savoir à ce moment seulement ce qu'il est en réalité et avec preuve: un revenant qui disparaît dans le brouillard!

C'est depuis ce temps-là que les jeunes filles acceptent en Afrique l'homme que leur proposent des parents plus expérimentés.

24. Comment la femme voit-elle ses enfants?

25. Qu'est-ce qu'elle entend à l'entrée de son village?

26. Que fait savoir le mari? que fait-il?

27. Qui a appris la leçon?

Activités sur le récit

Résumé de l'action

A. Résumez l'action en corrigeant les phrases fausses.

1. Les parents n'ont pas voulu choisir un homme pour leur fille.
2. La jeune fille veut pouvoir faire le choix d'un mari elle-même.
3. C'est un garçon charmant qui arrive, tout noir et beau, mais il n'est pas riche.
4. Quand elle accepte d'épouser le garçon elle tremble.
5. Le charmant époux demande à rentrer chez lui avec elle.
6. Ils arrivent dans un petit village muet, un silence de cimetière.
7. La jeune mariée, tout en ne voyant personne, entend parler autour d'elle.
8. Quand elle s'assied, on lui apporte à boire et à manger.
9. Elle n'a jamais peur et elle chante pour amuser son mari.
10. Elle ne s'habitue jamais à ce village mystérieux.
11. Quand elle demande la permission de rentrer chez elle, le mari hésite.
12. Des villageois aident la famille en portant les enfants.
13. Les porteurs invisibles accompagnent la famille jusqu'à l'entrée du village mais pas plus loin.
14. Quand la femme rentre dans sa famille, le mari montre ce qu'il est et il disparaît.
15. Depuis ce temps-là, les jeunes filles acceptent en Afrique l'homme que leur proposent leurs parents.

B. Résumez l'action en identifiant le personnage qui prononce ou qui pourrait prononcer chacune des phrases suivantes.

1. Elle me semble distante, la nouvelle femme de ce jeune homme. Elle accepte ce que je lui donne, mais elle ne me regarde jamais. C'est comme si elle ne me voyait pas du tout.

2. Tant pis pour elle si elle ne veut pas de moi, la pauvre fille. Mes parents m'expliqueront ce qu'il faut faire maintenant.

3. Dans mon pagne en velours vert avec des dessins je pense qu'elle fera attention à moi.

4. D'accord!

5. C'est curieux ici. Il n'y a personne. Où sont les parents de mon mari?

6. Eh! les amis! salut! Vous avez passé une bonne journée? Ça va?

7. Bon, voilà la vérité des faits. Je suis mort depuis longtemps. Je reviens comme ça pour donner des leçons à des jeunes filles sur l'importance d'écouter sa famille et puis je m'en vais. Adieu.

8. Ouf! Qu'est-ce qui se passe? Me voici balancé au rythme de la marche mais je ne marche pas! Où c'est qu'on va?

9. Je veux bien qu'elle revienne avec les petits mais est-ce qu'elle emmène avec elle ce type macabre qu'elle a insisté à épouser? Parce que si lui, il est là avec elle, moi, je m'en vais!

Si vous ne trouvez pas la réponse vous pouvez la chercher dans la liste suivante.

a. un des enfants
b. le garçon charmant, le mari
c. l'homme choisi par les parents
d. les hommes ou les femmes invisibles
e. la jeune fille, la mariée
f. le père ou la mère de la femme

Sujets de discussion, de composition, de recherche, et de présentation

C. **L'analyse: récit et culture.** Pour une discussion et un essai écrit sur des sens culturels de ce conte, considérons les questions suivantes.

1. Quel rôle les parents jouent-ils dans cette histoire? Est-ce qu'ils bloquent l'action? Est-ce qu'ils critiquent la jeune fille?

2. Comment sont les rapports entre la mariée et son mari? Peut-on parler d'amour entre les deux?

3. Quelle est la réaction des villageois dans le village du mari? Comment traitent-ils la nouvelle mariée?

4. Qu'est-ce qu'elle dit dans sa chanson? Pourquoi chante-t-elle?

5. Pourquoi veut-elle rentrer dans son village à elle?

6. On entend quelquefois que l'on n'épouse pas une personne mais une famille. Si la femme ne voit pas les parents, les amis, et les voisins de son mari, qu'est-ce que cela peut indiquer à propos de son mariage? à propos de son amour? sur le mariage comme institution?

7. Le conte prend fin en disant que "les jeunes filles acceptent en Afrique l'homme que leur proposent des parents plus expérimentés." Est-ce que c'est une explication croyable de l'expérience africaine ou plutôt une présentation imaginative, folklorique d'une culture traditionelle? Est-ce que le conte présente une image traditionelle ou moderne sur le mariage et sur la vie?

8. Pouvons-nous comparer l'expérience de cette jeune femme à celle de Viviane La Pommeraye dans *L'Auberge aux Noyés* ou à celle de M. Lantin dans *Les Bijoux*?

9. Quel rôle les parents jouent-ils dans le mariage des jeunes gens dans votre culture aujourd'hui? Quels rôles joue la communauté?

D. Raconter. Anoma Kanié montre par écrit qu'il s'agit d'un récit oral en employant des verbes au présent et des phrases nominales (sans verbe). Préparez par écrit, pour présenter oralement, le récit d'une histoire que vous connaissez, ou une partie d'une histoire, avec quelques phrases nominales et des phrases courtes au présent. Suggestion: Question et réponse. La fille? Elle n'écoute pas ses parents. Voici quelques possibilités.

1. l'histoire d'une cérémonie de noces: tout allait bien et puis il y a eu un problème, une surprise, une histoire. Et depuis?

2. une histoire de revenants: qui en a vu? où? quand? qu'est-ce qui s'est passé? qui en parle?

3. une histoire de pêche: on raconte, on continue, on amplifie, jusqu'où peut aller une exagération?

E. A la recherche: La Côte d'Ivoire. Pourquoi est-ce qu'un auteur ivoirien écrit en français? Quelles sont les autres langues de ce pays? Comment peut-on se renseigner sur le statut de la femme en Côte d'Ivoire pendant et après la période coloniale?

F. A la recherche: le conte traditionnel. Le recueil de contes *Quand les Bêtes Parlaient aux Hommes* peut être comparé aux *Nouveaux Contes d'Amadou Coumba* (1958) du grand conteur sénégalais Birago Diop. Comment se renseigner sur le conte populaire? Chez vous, quels sont les rôles de ces contes? Où trouve-t-on des exemples de contes et de motifs folkloriques: dans la littérature pour enfants? dans la publicité? à propos du mariage? pendant les grandes fêtes de l'année?

Le Déjeuner de Sylvie

François Truffaut

Préparation à la lecture

L'auteur

François Truffaut (1932–1984) was one of the most creative of the group of French moviemakers that came into prominence in the late 1950s and formed the movement known as **la nouvelle vague**. He made his debut with *Les Quatre Cents Coups* (1959), a partly autobiographical movie about a lonely and unhappy boy driven to delinquency. It remains, with *Jules et Jim* and *La Nuit Américaine*, one of his best movies. His work is characterized by its wit, its easygoing pace, and its tender moments, as well as its fascination with the craft of storytelling and moviemaking.

Les personnages

In *L'Argent de Poche* (1976) Truffaut returns to one of his favorite subjects: child-hood. The movie presents a loosely knit series of scenes in the lives of children living in Thiers, a small city located near the geographical center of France. The youngest is a newborn baby, the oldest is Bruno Rouillard, a boy of about four-teen who has developed a keen interest in the opposite sex. But the boys and girls at the center of the film are younger than Bruno. They are just beginning to be interested in one another and are equally engrossed in other discoveries: how to supplement their allowance, how to get into the movies without buying a ticket, how to get through a classroom period without being called on, how to get along with their teachers and parents or how to exasperate them.

Adults are very much present too, as they always are in the lives of children. There is a wise and easygoing teacher, another who has more difficulty handling the children's ebullience and liveliness, parents who enjoy their children, parents who are indifferent or worse, and Truffaut himself, casting a tender but unsentimental eye on the kids and their adventures. Although the movie is often funny, Truffaut has interjected some of the gnawing anxiety experienced by most parents about whether their children will make it to adulthood. Growing up is a risky business. In one scene the twenty-one-month-old Gregory falls from a ninth-story window before the horrified eyes of helpless adults watching from below. But the child bounces on a privet hedge, lands on the grass and arises unharmed, declaring: **"Gregory a fait boum!"** The scene is a striking way of making the point that if childhood is fraught with hazards, children are miraculously resilient. That confidence in children's ability to bounce back, and their own eagerness to live and grow, give the movie its freshness and charm.

The selection included here comes from a short novel Truffaut published under the same title as the film and telling the same story.

Le Lexique et la Grammaire

L'**immeuble** où les enfants demeurent n'est pas loin.	*building*	
La mère **se tient** près de la fenêtre. Elle peut les **surveiller** ou du moins jeter un **coup d'œil** de temps en temps du **rebord de la fenêtre**.	*stands* *watch over* *glance* *windowsill*	
Les enfants terminent leurs **jeux** et leurs **bavardages** et vont à **l'école**. Ce n'est pas pour eux une joie **sans mélange**.	*games* *chattering* *school* *unmixed*	
Ils n'y vont pas **au pas de course**.	*at a racing pace*	
Evidemment il n'y a pas de **serrure** à la porte. Ils ne sont pas **enfermés** à **clef**. Mais ils n'aiment pas l'école.	*lock* *locked in* *key*	
L'église est en face de l'école.	*church*	
L'église est **proche** de l'école.	*near*	
Les **gamins** sont assis sur les **marches**.	*kids* *steps*	
Sylvie est une petite fille **coquette**.	*coquettish*	*clothes-conscious*
Elle se **brosse** les cheveux avant de sortir. Elle a une belle **chevelure** blonde. Elle n'aime pas se faire **couper** les cheveux.	*brushes* *head of hair* *cut*	
Le petit Franck **fait la cour** à Sylvie.	*pays court*	
Elle demeure de l'autre côté de la **cour**.	*courtyard*	
Franck lui dit qu'elle est née dans une **poubelle**.	*garbage can*	
Elle lui **adresse un sourire**.	*smiles at*	

Elle n'est pas très **agacée** par la remarque. Elle n'est pas **bouleversée**.	*irritated* *upset*	
«**Ça m'est égal**», dit-elle.	*I don't care*	
Sylvie joue avec ses **poissons rouges**.	not: *red fish*	but: *goldfish*
On va au restaurant? **Chic** alors!	*chic*	*swell, great*
Elle a une jolie robe **imprimée** à **fleurs**.	*printed* *flowers*	
Elle met ses **affaires** dans son sac.	*affairs*	*things*
Il y a beaucoup de **taches** sur le sac.	*spots*	
Le sac est tout couvert de **crasse**.	not: *crass*	but: *dirt*
Elle **frotte** les taches pour les enlever. Puis, elle **change d'avis**.	*rubs* *changes her mind*	
A bout de patience, elle va jouer.	*At the end of her*	
Elle **tend** la main vers le mégaphone et lit l'**étiquette**.	*extends* cf. *ticket*	*label*
Le mégaphone est un appareil **tentateur** pour elle. Viens ici dans le **salon**!	*tempting* not: *saloon*	but: *living room*
Son père **tente** de lui offrir un autre sac. Mais ce sac ne la **tente** pas.	*attempts* *tempt*	
Il **s'étonne de** l'attitude de sa fille.	*is surprised at*	
Le bruit de sa voix **résonne** dans la cour.	*resounds*	
Les frères Deluca viennent **à la rescousse**.	*to the rescue*	
Ils remplissent un **panier** de provisions. Le père **se penche** vers le panier. Il enlève ce qui est superflu.	*basket* *leans over*	

L'art de lire: ellipse du verbe avec *dont*

Sometimes the relative pronoun **dont** may be used without a verb following it.

Il y a aussi un groupe d'enfants plus petits, **dont** Sylvie.	*There is also a group of smaller children,* **one of whom** *is Sylvie.*

Note that the verb may be omitted in English as well.

Plusieurs enfants, **dont** deux filles, sont assis.	*Several children,* **including** *two girls, are seated.*

L'art de lire: le présent

The story begins with a **passé composé**: quelques gamins **se sont arrêtés**. The English could be: *some kids stopped*. The text continues, however, in the present tense. The present is not used, as it ordinarily might be, simply to describe—Sylvie **a** l'esprit logique—but is also used to depict events: Sylvie **hausse** les épaules. Notice how transitions are effected. In one transition, the narrator appears to experience the same interruption as the characters: **Mais voilà la sonnerie de l'école; il faut y aller.** This technique combines description with narration. It is as though the director is describing the action of his film the way one might describe a picture, only these pictures move. The first verb expresses the English present perfect: *some kids have stopped*.

L'art de lire: les pronoms personnels

1. As object pronouns precede the verb in French and as there are some identical forms with different functions, it is possible to get confused by these words. Direct object pronouns pose few problems:

La mère **la** traite comme un bébé.	*The mother treats **her** like a baby.*
Elle va **la** jeter dans le bocal.	*She's going to throw **it** in the bowl.*
On **t'**a trouvée dans une poubelle.	*They found **you** in a garbage can.*
Je vais **te** nettoyer. Tu **le** veux?	*I'll clean **you**. Do you want **that**?*

2. Indirect object pronouns in the third person **lui** and **leur** both have homonyms in different grammatical functions. Distinguish the meanings in these examples.

On ne peut pas **leur** imposer ça!	*We can't impose that **on them**!*
Les frères préparent **leur** petit déjeuner.	*The brothers prepare **their** breakfast.*
J'ai rendez-vous avec elle, pas avec **lui**.	*I am meeting with her, not with **him**.*
Va **lui** chercher un petit sac.	*Go get **her** (or **him**) a little bag.*
Ça va? **lui** demande-t-elle.	*OK? she asks **him** (or **her**).*

3. The adverbial pronouns **y** and **en** have a similar syntax.

   Qu'est-ce qu'il fait **de son argent**? Qu'est-ce qu'il **en** fait? Qu'est-ce qu'il veut **en** faire?

   Elle n'arrive pas **à voir clair**. Elle n'**y** arrive pas.

   Il faut aller **à l'école**. Il faut **y** aller.

4. In colloquial speech the first or second person object pronoun may occasionally be used to make a statement more emphatic or vivid. Grammarians call this the "ethical dative." A similar use of the pronoun in English appears in a phrase like "That car died *on me* just after I bought it." Note that the pronoun is used for emphasis and has little meaning beyond that. Contrast the following two forms:

Regarde-**moi** ça!   *(Will you) look at that!*

Dépêche-**toi**!   *Hurry up! (from **se dépêcher**)*

Exercices

A. Lisez les phrases suivantes en remplissant les tirets par le mot convenable. Ces mots sont des «faux amis». Expliquez—en français si possible—ce qu'ils veulent dire.

achevé	dressa	préviens
blessée	ignore	restée
crasse	issue	toilette

1. Elle a des invités importants ce soir et elle n'a pas de _____ convenable.

2. Les autres se sont levés, mais, étant malade, elle est _____ assise.

3. Après avoir _____ son déjeuner, elle sortit se promener.

4. Entendant quelqu'un s'approcher, elle se _____ soudain.

5. Jamais je ne permettrai ça. Je vous _____ tout de suite.

6. C'était une femme qui se sentait _____ par la vie.

7. Je ne saurais vous dire qui est ce garçon. Je l'_____.

8. Il y avait beaucoup de monde à ce meeting et une seule _____.

9. Comment peut-on tolérer l'état de ce salon! Quelle _____!

B. Lisez le passage suivant en remplaçant les mots en **caractères gras** par un synonyme.

agacée	s'étonne	gamins
à bout de forces	ne lui fait rien	sans mélange
change d'avis	immeuble	surveiller
coup d'œil	au pas de course	se tient

La mère **est debout** (1) à la fenêtre. Elle voit un groupe d'**enfants** (2) qui arrivent **à toute vitesse** (3) de l'école et se mettent à jouer dans la cour. Ce sont ses propres enfants, et puis d'autres qui demeurent dans le même **bâtiment** (4) qu'elle. Elle décide de descendre pour mieux **observer** (5) les enfants à leurs jeux, puis **se ravise** (6). Elle se contente de jeter un **regard rapide** (7) par la fenêtre de temps en temps. Quelquefois elle rentre du travail **très fatiguée** (8). C'est alors qu'elle est

sérieusement ennuyée (9) par le bruit que font les enfants. Mais aujourd'hui ça **lui est égal** (10) s'ils font du bruit ou non. Elle aime la joie **pure** (11) qu'ils prennent à leurs jeux. Elle **est surprise** (12) de les voir s'entendre si bien.

C. Remplacez les mots en **caractères gras** dans les phrases suivantes par un mot qui signifie le contraire.

bavardage	jeux	répugnante
bouleversé	loin	sali
enfermés		

1. Le restaurant est **tout proche** de notre immeuble.
2. C'est une proposition **tentatrice** que vous nous présentez.
3. La petite fille a **nettoyé** son sac à main.
4. Les enfants se sentent **libérés** dans cette salle de classe.
5. Ils aiment beaucoup leurs **devoirs**.
6. Leur **silence** est vraiment exceptionnel.
7. La nouvelle que vous m'apportez m'a **apaisé**.

D. Lisez le passage suivant en remplissant les tirets par le mot convenable.

chevelure	fleurs	marches
clef	frotte	poubelle
couper	imprimée	serrure
l'église	panier	taches
se penche		

La petite Sylvie a une belle ___1___ blonde. Ce serait vraiment dommage de lui ___2___ les cheveux.

Quand la famille va à ___3___ le dimanche elle aime porter sa jolie robe ___4___ et emporter son sac à main. Mais il est tout couvert de ___5___. Il est vraiment très sale. Elle le ___6___ un peu pour le nettoyer, mais sa mère lui dit qu'il faudrait le jeter à la ___7___. Il est vraiment trop sale. Les voilà tous prêts à partir. Le père met la ___8___ dans la ___9___ et ferme la porte. La petite fille aime compter les ___10___ quand ils descendent l'escalier. Le père ___11___ vers sa fille pour mieux entendre ce qu'elle dit.

Quant à la mère, elle emporte un ___12___ où elle mettra ses achats. Et puisque c'est dimanche elle va aussi acheter des ___13___ qu'elle mettra dans un vase.

Le Déjeuner
de Sylvie

La première fois que nous voyons Sylvie dans le film c'est sur les marches de l'église avec quelques autres gamins.

Sur les marches de l'église, proche de l'école, quelques gamins se sont arrêtés pour discuter leurs problèmes d'argent de poche: combien chacun reçoit et ce qu'il en fait... Un autre groupe réunit^Δ des enfants plus petits, dont Sylvie, une ravissante petite blonde aux yeux immenses. Franck Deluca, le petit frère de Mathieu, est prêt à tout pour s'assurer l'exclusivité de son attention. Il choisit pour faire sa cour la manière agressive:

—Je me suis renseigné que toi, on t'a trouvée dans une poubelle.

Sylvie, qui a l'esprit logique, réplique calmement:

—Non, c'est pas vrai. Je suis née à Toulon. Franck insiste:

—Alors, on t'a trouvée dans une poubelle de Toulon.

Sylvie hausse les épaules.

Mais voilà la sonnerie de l'école; il faut y aller et tous se lèvent sans enthousiasme exagéré.

Quand nous la revoyons c'est un dimanche, vers onze heures du matin. Nous avons vu les frères Deluca préparer leur petit déjeuner, et maintenant nous passons à côté chez la petite Sylvie.

Dans le même immeuble que les Deluca, mais de l'autre côté de la cour, habite la petite Sylvie, celle qui ne veut pas qu'il soit dit qu'elle est née dans une poubelle!

Lorsque son père entre dans sa chambre, Sylvie est encore en chemise de nuit, occupée à nourrir^Δ ses deux poissons rouges.

—Bonjour, Sylvie, tu as bien dormi?

—Oui, papa.

—Eh bien, dis donc, tu t'en occupes bien de tes poissons. Tu crois qu'ils te reconnaissent?

Sylvie n'aime pas qu'on la traite^Δ comme un bébé, et elle s'em-

1. Que discutent les gamins?

2. Qu'est-ce que Franck dit à Sylvie pour lui faire la cour?

3. Comment Sylvie prend-elle cela?

4. Qu'est-ce qui interrompt la conversation?

5. Comment est vêtue Sylvie et que fait-elle?

6. Que lui demande son père? et que pense-t-elle de sa question?

presse de corriger:

—Moi, je sais les reconnaître. Celui-là s'appelle Plic et celui-là s'appelle Ploc.

D'un doigt sûr, elle a désigné alternativement les deux poissons. Son père décide d'entrer dans son jeu.

—Ah bon, alors celui qui est en train de manger, là, c'est Ploc?

—Non. C'est Plic.

—Ah bon, alors c'est celui-là qui s'appelle Ploc?

—Non, c'est celui-là. Celui-ci s'appelle Plic.

—Mais tu m'avais dit que celui-ci c'était Plic et que l'autre, là-bas, c'était Ploc.

—Oui, mais depuis ils ont tourné en rond, répond Sylvie imperturbable.

7. Quel est le sujet de la petite discussion entre Sylvie et son père?

Le père, agacé, bat en retraite,△ non sans ajouter:

—Ecoute, je n'y comprends rien du tout à tes poissons. Tu devrais leur mettre une étiquette sur le dos, comme ça je les reconnaîtrai... et puis, dépêche-toi de t'habiller. Tu sais, nous déjeunons au restaurant.

Sylvie lui adresse enfin un sourire.

—On va au restaurant? Chic alors!

8. Pourquoi Sylvie est-elle contente?

* * *

Dans sa chambre, Sylvie est pratiquement prête. Elle porte une jolie robe blanche imprimée de petites fleurs et s'occupe activement à nettoyer son sac à main qui a la forme d'un éléphant en peluche.[1] Elle trempe une brosse dans l'eau du bocal[2] à poissons rouges et frotte, sans grand résultat, les taches de crasse dont l'animal est couvert, tout en lui disant doucement:

9. Décrivez le sac à main de Sylvie.
10. Comment le nettoie-t-elle?

—Je vais te nettoyer un peu. Tu es vraiment sale.

Quelques minutes plus tard, Sylvie rejoint sa maman dans le salon. La maman approuve la robe de Sylvie, mais s'étonne de ce qu'elle tient à la main:

11. Que pense la mère de la robe de Sylvie?

—Et ça, qu'est-ce que c'est?

—Mon sac.

—Un sac, ce machin tout dégoûtant?

12. Et de son sac?

—C'est mon sac à main, il y a toutes mes affaires dedans.

—Et qu'est-ce que tu veux en faire?

---

[1] **peluche**: *plush*
[2] **bocal**? Dans quoi est-ce qu'on met des poissons?

—Je veux l'emmener avec moi au restaurant.

Sylvie semble déterminée à faire ce qu'elle dit, mais sa mère le prend assez mal:

—Tu veux emmener ce vieux sac tout sale au restaurant? Mais est-ce que tu te rends compte que tu peux couper l'appétit aux gens? On ne peut pas leur imposer ça, tout de même!

Sylvie reste ferme[△] sur ses positions:

—Je veux l'emmener avec moi.

Sa mère change de tactique et essaie d'en appeler à sa vanité:

—Sylvie, tu es une petite fille très coquette. Alors, tu ne devrais pas emmener ce sac.

Sylvie ne faiblit pas:

—Ça m'est égal.

A bout d'arguments, la maman de Sylvie appelle son mari à la rescousse:

—Jean-Marie! Tu ne connais pas la dernière trouvaille de ta fille?[3] Elle a décidé d'emmener ce vieux machin tout dégoûtant au restaurant. Regarde-moi ça!

Le père se penche vers le vieil éléphant que Sylvie tient fermement dans sa main. Il partage, bien sûr, l'opinion de sa femme, mais essaie d'arbitrer le débat[△] avec diplomatie:

—Ecoute, Sylvie, tu ne veux pas amener ce sac au restaurant, regarde, il est tout taché, il n'est vraiment pas beau, hein? Tu vas le poser et puis maman va aller te chercher un vrai sac de dame, tu veux? Tiens, Cathy, va lui chercher un petit sac.

Sylvie s'est désintéressée du problème et joue avec un mégaphone qui traîne sur un fauteuil. Son père l'aperçoit:

—Ah, Sylvie, ne touche pas à ça. Tu sais que je m'en sers pour mon travail, hein!

La mère, qui avait quitté la pièce, réapparaît et fait signe à son mari de la rejoindre.

—Tu crois que ça va aller, ça? lui demande-t-elle à voix basse en lui présentant un petit sac en velours rouge à monture d'argent.[4]

—Mais bien sûr, ça va aller. Il n'y a pas de problème, lui assure le père.

La maman tend alors le sac dans la direction de Sylvie avec un

13. Qu'est-ce que Sylvie est déterminée à faire?

14. Quel effet est-ce que cela fera au restaurant, d'après la mère?

15. Changeant de tactique, à quoi en appelle la mère ensuite?

16. Quelle solution le père trouve-t-il?

17. Que fait Sylvie pendant tout cela?

18. Que dit son père quand il l'aperçoit?

19. Qu'est-ce que la mère a à la main quand elle revient?

---

[3] **tu ne connais pas la dernière trouvaille?** *You know what she's come up with now?* (**trouvaille**: *a find, a stroke of inspiration*)

[4] **à monture d'argent**: *with a silver clasp*

sourire tentateur.

—Regarde, Sylvie, ce que je t'ai amené. C'est un de mes sacs; tu le veux?

Sylvie ne prend même pas la peine de répondre. Plantée à l'autre bout de la pièce, elle se contente de secouer négativement la tête. Le père tente sa chance à nouveau:

—Ecoute, Sylvie, prends ce sac. Tu vois bien qu'il est beaucoup plus beau que le tien, et puis c'est un vrai sac de dame: comme ça, on te prendra pour ma femme. Tu le veux?

Sylvie, une fois de plus, hoche[5] la tête négativement. Le ton du père change nettement:

—Bon, écoute, Sylvie. Ce n'est pas compliqué: ou tu prends ce sac-là, ou alors nous allons au restaurant, ta mère et moi, et nous te laissons ici toute seule.

Sylvie répond calmement:

—Ça m'est égal.

—Ça t'est égal? Tu t'obstines? Bien.

Les parents de Sylvie quittent la pièce. Une seconde... et la tête du père réapparaît:

—Tu sais, Sylvie, il est encore temps. Tu n'as pas changé d'avis?

Ce que voit le père de Sylvie, c'est le dos de sa fille et sa chevelure qui oscille[Δ] de droite à gauche. Elle a choisi ce moyen de lui indiquer définitivement que son choix[Δ] était fait.

—Bon, eh bien, tant pis.

Et, cette fois-ci, il ferme la porte. Sans une hésitation, Sylvie s'en approche, donne un tour de clef, sort la clef de la serrure et va la jeter dans le bocal à poissons.

Les parents de Sylvie traversent la cour pour quitter l'immeuble sans même jeter un coup d'œil en arrière. Sylvie les surveille de la fenêtre; dès qu'ils ont disparu, elle va prendre sur la table du salon le mégaphone que son père lui a interdit de toucher.

Ce mégaphone, elle doit le porter à deux mains tellement il est lourd. Mais Sylvie, évidemment, sait ce qu'elle veut: elle s'approche de la fenêtre ouverte, appuie le pavillon[6] du mégaphone sur le rebord de la fenêtre, presse le bouton qui fait fonctionner l'appareil, et sa petite voix amplifiée résonne dans toute la cour:

—J'ai faim... J'ai faim... J'ai faim...

20. Quelle offre la mère fait-elle à Sylvie?

21. Comment Sylvie répond-elle sans dire un mot?

22. Selon le père, quels sont les avantages du sac qu'il lui offre?

23. Quelle menace fait-il ensuite?

24. Que dit le père quand il réapparaît?

25. Montrez comment elle répond.

26. Que fait-elle dès qu'ils s'en vont?

27. Comment désobéit-elle?

28. Que fait le bouton du mégaphone quand on le presse?

29. Que dit-elle dans le mégaphone?

---

[5] **hoche**? Utilisez le contexte.
[6] **le pavillon du mégaphone**: *the horn of the megaphone*

Une par une, les fenêtres des appartements voisins s'ouvrent et des têtes curieuses apparaissent. Les frères Deluca ont, eux aussi, entendu la voix de Sylvie et ouvert leur fenêtre. Les parents Deluca se sont joints aux enfants et c'est leur maman qui, la première, lui adresse la parole:

—Qu'est-ce que tu fais là?

Sylvie continue son appel:

—J'ai faim... J'ai faim...

Un voisin du côté gauche intervient:

—Où sont tes parents?

Sylvie explique:

—Ils sont partis au restaurant.

M. Deluca maintenant:

—Ils ne t'ont pas emmenée avec eux?

—Non, ils m'ont laissée ici et j'ai faim.

L'appartement situé au-dessus de chez Sylvie est habité par Thi Loan, une jeune femme vietnamienne. Elle aussi est à la fenêtre avec sa fille et son mari, le papetier,[7] à qui elle explique:

—C'est la petite du troisième à gauche.

—Oui, je la connais, je lui ai déjà vendu de la pâte à modeler,[8] lui répond son mari.

Sylvie reprend de plus belle:[9]

—J'ai faim... J'ai faim...

Les deux Deluca, après avoir consulté leurs parents, font une proposition à Sylvie:

—Viens manger avec nous!

—Je ne peux pas, je suis enfermée.

Toute la cour est bouleversée: comment peut-on laisser une enfant aussi jeune toute seule... la fille d'un commissaire de police... c'est honteux... et s'il lui arrivait quelque chose?... En tout cas, il faut la nourrir... Pendant que les adultes continuent leurs bavardages, les petits Deluca ont pris une décision.

Mathieu, dans la cuisine, remplit généreusement un panier de provisions diverses, tandis que Franck prépare un solide rouleau de corde.[10]

30. Que font les voisins?

31. Que leur dit-elle à propos de ses parents?

32. Quelle invitation les frères Deluca lui font-ils?

33. Avec quel petit mensonge répond Sylvie?

34. Quelles sont les réactions des voisins?

35. Que préparent les petits Deluca?

---

[7] **papetier**: marchand qui vend du papier etc.
[8] **pâte à modeler**: *modelling clay*
[9] **de plus belle**: encore plus fort
[10] **rouleau de corde**: *coil of rope*

Au passage, le père Deluca inspecte le panier d'où il enlève une bouteille de vin qui lui semble superflue. Au pas de course les petits Deluca traversent la cour, montent l'escalier, réapparaissent à une fenêtre de palier[11] de l'étage supérieur à Sylvie et, avec l'aide de Thi Loan et sous les regards admiratifs de tous les habitants[Δ] de l'immeuble, ils établissent une sorte de pont aérien[12] afin que le panier redescende juste devant la fenêtre où se tient Sylvie.

La petite fille se saisit du panier, remercie ses sauveurs[Δ] et va s'asseoir sur un fauteuil pour déjeuner en se répétant avec une joie sans mélange:

—Tout le monde m'a regardée, tout le monde m'a regardée...

36. Comment leur père intervient-il?

37. Où réapparaissent les petits Deluca?

38. Que font-ils avec le panier?

39. Que fait Sylvie et pourquoi est-elle si heureuse?

---

[11] **palier**: *landing*
[12] **pont aérien**: *airlift. Supplies are brought into a beleaguered city by airlift. In this case, the supplies are not lifted, but lowered from the landing above.*

Activités sur le récit

Résumé de l'action

A. Résumez l'action en choisissant la terminaison qui convient à chacune des phrases suivantes.

1. Les gamins s'arrêtent sur les marches de l'église...
   a. parce qu'ils ne veulent pas y entrer
   b. pour parler de l'argent de poche qu'ils reçoivent
   c. pendant que leurs parents vont au restaurant

2. Pour faire sa cour à la ravissante petite Sylvie le jeune Franck Deluca lui offre...
   a. une insulte
   b. des fleurs
   c. ses poissons rouges

3. Sylvie réagit à la remarque de Franck Deluca en...
   a. lui assurant l'exclusivité de son attention
   b. choisissant la manière agressive
   c. haussant les épaules

4. D'après Franck, on a trouvé Sylvie...

    a. dans une poubelle

    b. dans un bocal à poissons

    c. dans un pavillon de mégaphone

5. Quand son père entre dans sa chambre Sylvie est occupée à...

    a. tourner en rond

    b. jouer avec le mégaphone

    c. nourrir ses poissons

6. Sylvie considère que son père la traite comme un bébé quand il lui demande...

    a. si elle veut aller au restaurant

    b. si les poissons la reconnaissent

    c. si elle veut jouer avec le mégaphone

7. Le père dit qu'il pourrait reconnaître les poissons de Sylvie...

    a. s'ils ne tournaient pas en rond

    b. si elle les désignait du doigt

    c. si elle leur mettait une étiquette sur le dos

8. Quand le père lui annonce qu'ils déjeunent au restaurant Sylvie...

    a. demeure imperturbable

    b. lui adresse un sourire

    c. bat en retraite

9. L'objet qui a la forme d'un éléphant en peluche c'est...

    a. son bocal à poissons

    b. sa robe imprimée

    c. son sac à main

10. Pour enlever les taches de crasse de l'animal elle trempe dans l'eau du bocal...

    a. sa chemise de nuit

    b. les poissons rouges

    c. une brosse

11. Quand la mère voit le sac à main de Sylvie elle...

    a. l'appelle un machin tout dégoûtant

    b. le laisse traîner sur un fauteuil

    c. lui adresse un sourire tentateur

12. Elle lui dit que quand les gens verront ce sac...

    a. ils vont vouloir l'emmener

    b. ça va leur couper l'appétit

    c. ils changeront de tactique

13. A bout d'arguments la maman de Sylvie décide d'appeler à la rescousse...
    a. un machin tout dégoûtant
    b. son mari Jean-Marie
    c. la jolie robe blanche

14. La maman quitte la pièce pour aller chercher...
    a. le mégaphone dont son mari se sert
    b. le vieil éléphant qu'elle tient à la main
    c. un petit sac en velours rouge

15. Quand sa maman tend le sac vers elle et lui demande si elle ne le veut pas, Sylvie...
    a. ne prend même pas la peine de répondre
    b. s'exclame «Chic alors!»
    c. lui montre comment elle a nettoyé son sac

16. Quand ils lui disent qu'ils la laisseront toute seule elle...
    a. s'écrie «J'ai faim!»
    b. essaie d'arbitrer le débat
    c. répond «Ça m'est égal».

17. Quand ils sont partis, elle ferme la porte à clef, et jette la clef...
    a. par la fenêtre
    b. dans son sac à main
    c. dans le bocal à poissons

18. Elle va prendre le mégaphone sur la table. Elle doit le porter à deux mains parce qu'...
    a. il est interdit d'y toucher
    b. elle oscille de droite à gauche
    c. il est très lourd à porter

19. Sylvie doit pousser le bouton du mégaphone pour...
    a. l'appuyer sur le rebord de la fenêtre
    b. faire fonctionner l'appareil
    c. surveiller ses parents de la fenêtre

20. Les fenêtres des voisins s'ouvrent et des têtes apparaissent parce que:
    a. Sylvie secoue négativement la tête
    b. ils quittent l'immeuble sans même jeter un coup d'œil
    c. la voix de Sylvie résonne dans la cour

21. Quand toute la cour apprend que ses parents ont laissé Sylvie enfermée toute seule...
    a. ils décident qu'elle doit l'avoir mérité
    b. ils disent que c'est honteux de leur part
    c. ils n'en sont aucunement bouleversés

22. Les petits Deluca lui préparent un déjeuner en mettant des provisions dans...
    a. un panier
    b. un bocal
    c. un sac à main

23. Ensuite ils le font descendre devant la fenêtre de Sylvie au moyen...
    a. d'un immeuble
    b. d'un fauteuil
    c. d'une corde

24. La joie de la petite fille est sans mélange parce que:
    a. elle avait vraiment faim
    b. tout le monde l'a regardée
    c. elle s'est vengée sur le petit Deluca

B. Résumez l'action en spécifiant ce qui est désigné par les pronoms en **caractères gras** dans les phrases suivantes.

1. Les enfants s'**y** arrêtent pour discuter leurs problèmes d'argent de poche.
2. Les enfants parlent de ce qu'ils **en** font.
3. On **y** a trouvé la petite Sylvie, du moins d'après Franck Deluca.
4. Les enfants s'**y** dirigent—sans enthousiasme exagéré—quand ils entendent la sonnerie.
5. Sylvie, les Deluca, Thi Loan et son mari le papetier, et d'autres voisins **y** demeurent.
6. Le père de Sylvie **y** entre pour bavarder avec sa fille.
7. Sylvie est occupée a **les** nourrir.
8. Le père de Sylvie va **y** emmener leur petite famille ce dimanche-là.
9. Sylvie **lui** adresse un sourire.
10. Sylvie **y** garde toutes ses affaires.
11. On ne peut pas **leur** imposer ce vieux machin tout dégoûtant.
12. La maman de Sylvie **y** réapparaît, un petit sac en velours rouge à la main.
13. Son père **l'**aperçoit et dit à Sylvie de ne pas toucher à ça.
14. Sylvie **en** sort la clef après le départ de ses parents.
15. Sylvie **y** jette la clef.
16. Ses parents **la** traversent sans jeter un coup d'œil en arrière.

17. Le mégaphone dont le père de Sylvie se sert dans son travail **y** traîne.

18. Sylvie **y** appuie le pavillon du mégaphone.

19. Des têtes curieuses **y** apparaissent quand la voix de Sylvie résonne dans toute la cour.

20. Les petits Deluca **y** mettent des provisions diverses y compris une bouteille de vin que leur père enlève.

21. Les petits Deluca **y** montent, et, avec l'aide de Thi Loan, font redescendre le panier au moyen d'une corde.

22. Sylvie s'**y** tient, se saisit du panier, et remercie ses sauveurs.

Si vous ne trouvez pas toutes les réponses vous pouvez les chercher dans la liste suivante.

a. de l'argent	l. sur les marches de l'église
b. dans le bocal	m. dans le panier
c. dans la chambre de Sylvie	n. à son père
d. aux clients qui seront au restaurant	o. les poissons
e. la cour	p. dans une poubelle
f. vers l'école	q. au rebord de la fenêtre
g. à l'étage supérieur	r. au restaurant
h. dans un fauteuil	s. dans son sac à main
i. aux fenêtres	t. dans le salon
j. à sa fenêtre	u. de la serrure
k. dans l'immeuble	v. que Sylvie joue avec un mégaphone

Sujets de discussion, de composition, de recherche, et de présentation

C. **L'analyse: les enfants.** Analysons le comportement des enfants dans cet épisode du film. En quoi semble-t-il typique? Diffère-t-il de ce que cela serait dans votre propre pays? Considérez aussi le comportement des adultes, du même point de vue. Questions à discuter:

1. La façon dont le petit Franck s'y prend pour s'assurer l'exclusivité de l'attention de Sylvie.

2. La réponse de Sylvie. Est-elle timide? Pleure-t-elle facilement? Sait-elle se défendre? Connaissez-vous des enfants qui lui ressemblent?

3. Quel jour est-ce, et où Sylvie et ses parents vont-ils déjeuner? Fait-on la même chose chez vous?

4. Sylvie et ses poissons. La perplexité de son père.

5. Sylvie et son sac à main. Les enfants ont-ils souvent une possession qu'ils chérissent tout particulièrement?

6. L'attitude des parents envers la propreté (*cleanliness*) et les apparences. Serait-elle la même dans les milieux que vous connaissez? Croyez-vous qu'ils s'inquiètent trop de la réaction des autres clients dans le restaurant?

7. La tactique des parents. Ont-ils raison de l'adopter? Faut-il encourager les petites filles à être coquettes—c'est-à-dire à s'habiller avec beaucoup de soin? Y a-t-il d'autres qualités—indépendance, confiance en soi—plus importantes?

8. A un certain moment il est évident que l'idée de déjeuner dans le restaurant n'intéresse plus Sylvie. Qu'est-ce qu'elle a décidé de faire? Cela vous semble-t-il vraisemblable de la part d'un enfant de son âge?

9. Quelle est l'attitude du narrateur envers ces parents qui laissent leur petite fille toute seule? Envers cette petite fille qui désobéit à ses parents et qui ment à ses voisins? Désapprouve-t-il?

10. La solution que les petits Deluca trouvent à la situation où Sylvie prétend se trouver. Est-ce là une idée qui viendrait tout naturellement à l'esprit d'un enfant?

11. On a prétendu qu'en France on applaudit les enfants sages (*good children*), mais on admire les enfants malins (*smart, cunning*). Cet épisode confirme-t-il cette idée?

D. L'aspect dramatique. Imaginons une scène qui aura lieu plus tard entre les parents de Sylvie d'un côté et quelques voisins de l'autre. Quels conflits seront développés? De quoi va-t-on blâmer les parents? Comment est-ce que les parents vont défendre leurs actions?

E. Raconter. Choisissez une autre scène du film *L'Argent de poche* et racontez cette scène dans le style de cet auteur.

Au Parc Borély avec Tante Rose

Marcel Pagnol

Préparation à la lecture

L'auteur

The moviemaker, dramatist, and novelist, Marcel Pagnol (1895–1974) was one of the most popular and successful authors of his time. Especially in some of the movies he made during the thirties—the *Marius, Fanny, César* trilogy, *La Femme du Boulanger, La Fille du Puisatier* and others—he enchanted French and international audiences with the image he presented of the life and manners of his native Provence and its metropolis, Marseille. His skill at story-telling and dialogue, his humor, gift of phrase, eye for detail, and the keen appetite for life that his work displays help to explain the popularity it continues to enjoy.

Le personnage et le cadre

In the *Souvenirs d'Enfance*, from which this selection is taken, Pagnol evokes his extraordinarily picturesque, fragrant, sundrenched native land. He celebrates its **provençal** song and mirth, and nostalgically recalls the semi-impoverished but adventurous life his family led there at the turn of the 20th century. The setting and the events are seen through the eyes of the boy Marcel, from his first memories to early adolescence. The six-year-old Marcel we meet in this selection, with his avid enjoyment of the park, his lively response to the adults around him, and his sudden initiation into the fine art of impenitent lying, is a child that many readers have enjoyed getting to know. The first two of the books that make up *Souvenirs d'Enfance* have been made into movies directed by Yves Robert. These are *La Gloire de Mon Père* (from which our selection comes) and *Le Château de Ma Mère*. Both the movies and the books are highly recommended.

The episode presented here takes place in Marseille, and begins in the **parc Borély**, an elegant park in an elegant part of the city. Although much has changed in France since 1901—trolleys belong to the past and grown-ups no longer feel the need to take bicycle lessons—children are still taken to the park on days when there is no school, there are still ducks in the pond and donkey rides, and you still get in trouble if you walk on the grass.

Le Lexique et la Grammaire

J'aimais jouer sur le **plancher**	*floor*	
de la **salle à manger** entre les jambes	*dining room*	
des adultes.		
A l'**époque** nous allions	*epoch*	*time*
souvent au parc. J'aimais ces **sorties**.	*excursions*	
Je vivais dans l'**espoir** d'y être emmené	*hope*	
et je n'étais jamais **déçu**.	*disappointed*	
J'étais **reconnaissant** à tante Rose.	*grateful*	
Je me **hâtais** d'arriver au parc.	*hastened*	
Nous nous promenions dans les **allées**	*alleys*	*paths, walks*
ombragées.	*shaded*	
Il y avait des plantes **sauvages**.	*savage*	*wild*
Il était **défendu** d'y toucher.	*defended*	*forbidden*
Le **gardien** ne le permettait pas. Il y avait	cf. *guardian*	*guard*
un omnibus tiré par quatre **chèvres**.	*goats*	
Il y avait de belles **pelouses** vertes.	*lawns*	
Une **escadre**	*squadron*	
de **canards** naviguait dans	*ducks*	
l'**étang**.	*pond*	
J'apportais toujours du **pain**.	*bread*	
Je lançais des **croûtons** aux bêtes,	*croutons*	*crumbs*
rangées en demi-cercle devant moi.	*arranged*	*lined up*
J'aimais m'approcher de ces **oiseaux**	*birds*	
en **retenant mon souffle**,	*holding my breath*	
et la **mâchoire**	*jaw*	
serrée, comme un guerrier, une pierre	*clenched*	
à la main. Quand je la lançais, ils		
battaient de l'**aile** et faisaient	*wing*	
entendre des cris **déchirants**.	*piercing*	
Parfois un cycliste débutant		
faisait une **chute**, puis se	*fall*	
relevait, couvert de **poussière**,	*dust*	
et le pantalon déchiré aux **genoux**.	*knees*	

Nous nous asseyions **d'ordinaire** sur le même banc. Il était devenu, pour ainsi dire, notre **campement**.	*ordinarily* *encampment*	*usually*
Ma tante portait une jolie **voilette** qui cachait ses **tempes**.	*little veil* *temples*	
Elle portait une **ombrelle** qu'elle avait **empruntée** à maman.	*not: umbrella* *borrowed*	but: *parasol*
Elle était assise sur un banc avec son **tricot**.	*knitting*	
Il y avait un monsieur avec une moustache **épaisse**, et des **sourcils** noirs.	*thick* *eyebrows*	
Il avait la **figure** rose, et portait des **gants** de cuir.	*figure* cf. *gauntlet*	*face* *gloves*
Il avait beaucoup d'**éducation**.	*education*	*breeding, upbringing*
Il vivait de ses **rentes**.	*not: rent*	but: *private income*
Moi, je le considérais comme **un vieillard**.	*old man*	
J'ai **assisté à** leur première rencontre.	*not: assisted at*	but: *was present at*
Elle **rougissait** quand il lui parlait.	*blushed*	
Rose, était-elle **soutenue** par ce monsieur riche? Etait-ce une **courtisane**?	*sustained* *courtesan*	*supported* *kept woman*
Mais non! Quelle idée **plaisante**!	*pleasing*	*funny*
Tout le parc **lui appartenait**.	*belonged to him*	
C'était **sinon** un mensonge **du moins** une grosse exagération, mais **à force de** le répéter il le croyait lui-même.	*if not* *at least* *by, by dint of*	

L'art de lire: les idiotismes

There are a number of idioms in the story that should be fairly easy to understand, especially in context. See if you can guess what they mean before looking at the right-hand column.

Cet enfant **a bonne mine**.	*looks fine, healthy*
Le garde s'en alla **à pas comptés**.	*with a measured tread*
Trente-sept ans, c'est **la force de l'âge**.	*the prime of life*
Pour être beau, il n'est pas beau.	*as far as good looks are concerned*
Il l'a frappé **en pleine tête**.	*right in the middle of his head*
Il en riait **aux larmes**.	*until tears came to his eyes*

L'art de lire: le comparatif et le superlatif

The comparative and the superlative follow a similar pattern in French and in English.

moins... que	*less... than*
plus... que	*more... than*
le plus	*the most*
le moins	*the least*

The equivalent for **plus** and **le plus** in English, however, is often the *-er* or *-est* ending.

Elle était **plus jolie que** les autres.	*She was **prettier** than the others.*
Elle était **la plus jolie.**	*She was **the prettiest.***
Je vous verrai **plus tard.**	*I'll see you **later**.*

Related expressions:

Elle devenait **de plus en plus jolie.**	*She was becoming **prettier and prettier**.*
Elle était **aussi jolie que** ma mère.	*She was **as pretty as** my mother.*
Elle était **si jolie que** tout le monde l'admirait.	*She was **so pretty that** everyone admired her.*
J'étais fier d'avoir un ami **si riche.**	*I was proud of having **such a rich** friend.*
Cela ne lui coûtait rien, mais je **n'en** étais **pas moins** reconnaissant.	*It cost him nothing, but I was **nonetheless** grateful.*
Plus il me donnait, **plus** j'étais content.	***The more** he gave me, **the happier** I was.*

Note that when the **ne** is omitted from the negative expression **ne... plus**, only the context can tell you where **plus** means *more* or *no more*.

Plus de sorties au parc! Ce garçon doit travailler.	*No more trips to the park! This boy has to work.*
Plus de sorties au parc! Ce garçon a besoin d'air pur.	*More trips to the park! This boy needs fresh air.*

L'art de lire: le personnage

We get to know the little boy through his actions and through his perspective on people and events. He pays more attention to ducks and to oldsters trying to ride bicycles but somehow manages to relate the courting and marriage of his aunt. Descriptive details outline and then flesh out characters in situations. Clothing and physical characteristics are emphasized. The central character is possessive, torments animals, learns to live with falsehoods, and charms readers. Try to visualize scenes in this story in your own way.

L'art de lire: le temps

1. **L'article défini.** Used before days of the week and some other expressions of time, the definite article indicates that the action is recurring or habitual.

   Le jeudi et **le dimanche** nous allions au parc.

   Thursdays and *Sundays* we *went to the park.*

2. **Mais.** The beginning of the story, the telling of recurrent and habitual events, comes to an end with the beginning of a story. The plot is set in motion with an exceptional, interrupting occurrence set up by the conjunction **mais** and some introductory indefinites: **un beau dimanche**. The **imparfait** is replaced by the **passé simple**. Review the information on **l'imparfait et le passé simple** in chapter two of *Walter Schnaffs*.

3. **La première personne.** The perspective in this story is determined by first-person narration. The **passé simple** keeps the **récit** at a level of past action, when Marcel was a little boy. First-person examples of this tense are worth remarking: nous **trouvâmes** un monsieur.

4. **L'avenir.** A future of the story is suggested from the perspective of the moment of writing: **cette prophétie ne s'est pas encore réalisée**. Note the switch to the **passé composé**. The present of the writing is the present of the text. Marcel the narrator can still hope.

Exercices

A. Lisez le passage suivant en remplaçant les mots en **caractères gras** par un synonyme.

aux larmes	faire une chute	reconnaissance
croûtons	lancer	sortie
déchirants	ombragé	vieillard
déçu		

Encore aujourd'hui j'ai beaucoup de **gratitude** (1) pour ma tante Rose. C'est elle qui m'emmenait, deux fois par semaine, faire une **petite excursion** (2) au parc Borély. J'y allais toujours avec beaucoup d'anticipation, et je n'étais jamais **désappointé** (3).

J'aimais **jeter** (4) aux canards qui naviguaient dans l'étang des **petits morceaux de pain** (5) que j'emportais dans un sac. J'aimais aussi regarder les cyclistes débutants s'élancer dans les allées, et puis soudain **tomber** (6), en poussant des cris **qui perçaient les oreilles** (7). J'en riais **follement** (8). Nous nous installions toujours sur le même banc **à l'abri du soleil** (9). J'avais six ans. Pour moi, le monsieur qui est venu un beau jour s'installer sur notre banc était un **homme très âgé** (10).

B. Lisez le passage suivant en remplissant les tirets par le mot convenable.

ailes	genoux	serrée
canards	mâchoire	sinon
chèvre	du moins	sœur
épais	oiseaux	souffle
espoir	plancher	sourcils
à force de		

J'étais encore tout petit, mais j'étais agile comme une ___1___. Quand je jouais avec mon petit frère, je me mettais à ___2___ sur le ___3___ de la salle à manger, et je courais à quatre pattes à toute vitesse. Mais j'aimais surtout aller au parc avec ma tante Rose. C'était la ___4___ de ma mère, et tout aussi jolie. Elle avait de longs cheveux noirs et ___5___. Ses beaux yeux brillaient sous ses ___6___ noirs et fins. Au parc, on entendait les petits ___7___ qui chantaient dans les arbres. On les entendait chanter, on entendait battre leurs ___8___. Il y avait aussi des ___9___ qui nageaient dans l'étang. Mon grand ___10___ était de frapper un de ces animaux d'une pierre. Le regard fixe, et la ___11___ serrée, je m'approchais en retenant mon ___12___, pour ne pas leur faire peur. Je tenais la pierre ___13___ dans la main, puis je la lançais. Un jour, ___14___ lancer des pierres, j'ai fini par en atteindre un, et cela m'a fait peur. Je craignais de l'avoir ___15___ tué, ___16___ blessé sérieusement.

Au Parc Borély
avec Tante Rose

A ce moment de l'histoire, Marcel a presque six ans. La maîtresse d'école lui dit qu'il chante faux. Quand les autres chantent il se taît volontiers: "je restais muet, paisible, souriant; les yeux fermés, je me racontais des histoires, et je me promenais au bord de l'étang du parc Borély, qui est une sorte de parc de Saint-Cloud, au bout du Prado de Marseille."

Le jeudi[1] et le dimanche, ma tante Rose, qui était la sœur aînée de ma mère, et qui était aussi jolie qu'elle, venait déjeuner à la maison, et me conduisait ensuite, au moyen d'un tramway, jusqu'en ces lieux enchantés.

On y trouvait des allées ombragées par d'antiques platanes,[2] des bosquets[3] sauvages, des pelouses qui vous invitaient à vous rouler dans l'herbe, des gardiens pour vous le défendre, et des étangs où naviguaient des flottilles de canards.

On y trouvait aussi, à cette époque, un certain nombre de gens qui apprenaient à gouverner[4] des bicyclettes: le regard fixe, les mâchoires serrées, ils échappaient soudain au professeur, traversaient l'allée, disparaissaient dans un fourré,[5] et reparaissaient, leur machine autour du cou. Ce spectacle ne manquait pas d'intérêt, et j'en riais aux larmes. Mais ma tante ne me laissait pas longtemps dans cette zone dangereuse: elle m'entraînait—la tête tournée en arrière—vers un coin tranquille, au bord de l'étang.

Nous nous installions sur un banc, toujours le même, devant un massif de lauriers,[6] entre deux platanes; elle sortait un tricot de son sac, et j'allais vaquer[7] aux travaux de mon âge.

1. Quand Marcel et sa tante allaient-ils au parc?

2. Qu'est-ce qu'il était défendu d'y faire?

3. Qu'est-ce que ces gens apprenaient à faire?

4. De quel œil Marcel voyait-il leurs accidents?

5. Que faisait la tante Rose quand Marcel jouait?

---

[1] **jeudi**: jour de congé des écoles à cette époque
[2] **platanes**: *plane trees*
[3] **bosquets**: *groves*
[4] **gouverner**? Continuez à lire et utilisez le contexte.
[5] **fourré**: *thicket*
[6] **un massif de lauriers**: *a clump of laurel*
[7] **vaquer**: *to attend to*

Ma principale occupation était de lancer du pain aux canards. Ces stupides animaux me connaissaient bien. Dès que je montrais un croûton, leur flottille venait vers moi, à force de palmes,[8] et je commençais ma distribution.

6. Pourquoi les canards venaient-ils vers Marcel?

Lorsque ma tante ne me regardait pas, tout en leur disant, d'une voix suave, des paroles de tendresse, je leur lançais aussi des pierres, avec la ferme intention d'en tuer un. Cet espoir, toujours déçu, faisait le charme de ces sorties, et dans le grinçant[9] tramway du Prado, j'avais des frémissements[10] d'impatience.

7. Que faisait-il quand on ne le regardait pas?

Mais un beau dimanche, je fus péniblement surpris lorsque nous trouvâmes un monsieur assis sur notre banc. Sa figure était vieux-rose; il avait une épaisse moustache châtain,[11] des sourcils roux[12] et bien fournis, de gros yeux bleus, un peu saillants.[13] Sur ses tempes, quelques fils blancs.[14] Comme de plus, il lisait un journal, je le classai aussitôt parmi les vieillards.

8. Quelle surprise ont-ils un jour?

Ma tante voulut m'entraîner vers un autre campement; mais je protestai: c'était *notre* banc, et ce monsieur n'avait qu'à partir.

9. Comment Marcel classe-t-il le monsieur, et pourquoi?

Il fut poli et discret. Sans mot dire, il glissa jusqu'au bout du siège, et tira près de lui son chapeau melon,[15] sur lequel était posée une paire de gants de cuir,[16] signe incontestable de richesse, et d'une bonne éducation.

10. Comment sait-on qu'il a une bonne éducation?

Ma tante s'installa à l'autre bout, sortit son tricot et je courus, avec mon petit sac de croûtons, vers le bord de l'étang.

Je choisis d'abord une très belle pierre, grande comme une pièce de cinq francs, assez plate, et merveilleusement tranchante. Par malheur, un garde me regardait: je la cachai donc dans ma poche, et je commençai ma distribution, avec des paroles si plaisantes et si affectueuses que je fus bientôt en face de toute une escadre rangée en demi-cercle.

11. Pourquoi Marcel cache-t-il sa pierre?

12. Comment parle-t-il aux canards?

Le garde—un blasé△—me parut peu intéressé par ce spectacle: il tourna simplement le dos, et s'en alla à pas comptés. Je sortis aus-

---

[8] **palmes**: *webbed feet*
[9] **grinçant**: *creaking*
[10] **frémissements**: *tremblings*
[11] **châtain**: *chestnut-colored*
[12] **roux**: *red*
[13] **saillants**: *protuberant*
[14] **quelques fils blancs**: *a few white hairs*
[15] **chapeau melon**: *derby hat*
[16] **cuir**? Quelle sorte de gants un monsieur élégant porterait-il?

sitôt ma pierre, et j'eus la joie—un peu inquiète—d'atteindre en pleine tête le vieux père canard. Mais au lieu de chavirer et de couler à pic[17] —comme je l'espérais—ce dur-à-cuire vira de bord,[18] et s'enfuit à toutes palmes, en poussant de grands cris d'indignation. A dix mètres du bord, il s'arrêta et se tourna de nouveau vers moi; debout sur l'eau et battant des ailes, il me lança toutes les injures qu'il savait, soutenu par les cris déchirants de toute sa famille.

Le garde n'était pas bien loin: je courus me réfugier auprès de ma tante.

Elle n'avait rien vu, elle n'avait rien entendu, elle ne tricotait pas: elle faisait la conversation avec le monsieur du banc.

—Oh! le charmant petit garçon! dit-il. Quel âge as-tu?

—Six ans.

—Il en paraît sept! dit le monsieur. Puis il fit compliment sur ma bonne mine, et déclara que j'avais vraiment de très beaux yeux.

Elle se hâta de dire que je n'étais pas son fils, mais celui de sa sœur, et elle ajouta qu'elle n'était pas mariée. Sur quoi l'aimable vieillard me donna deux sous, pour aller acheter des «oublies»[19] au marchand qui était au bout de l'allée.

On me laissa beaucoup plus libre que d'ordinaire. J'en profitai pour aller chez les cyclistes. Debout sur un banc—par prudence—j'assistai à quelques chutes inexplicables.

La plus franchement comique fut celle d'un vieillard d'au moins quarante ans: en faisant de plaisantes grimaces, il arracha le guidon[20] de la machine, et s'abattit[21] tout à coup sur le côté, en serrant toujours de toutes ses forces les poignées de caoutchouc.[22] On le releva, couvert de poussière, ses pantalons déchirés aux genoux, et aussi indigné que le vieux canard. J'espérais une bataille de grandes personnes, lorsque ma tante et le monsieur du banc arrivèrent et m'entraînèrent loin du groupe vociférant, car il était l'heure de rentrer.

Le monsieur prit le tramway avec nous: il paya même nos places, malgré les très vives protestations de ma tante qui en était, à mon

13. Quel succès a-t-il quand il lance enfin sa pierre?

14. Que fait le vieux père canard?

15. Que dit le monsieur à propos de Marcel?

16. Qu'est-ce que Rose se hâte d'expliquer?

17. Qu'est-ce que le monsieur donne à Marcel et pour quoi faire?

18. Qui Marcel va-t-il regarder?

19. En quel état est le cycliste qui est tombé?

20. Qu'est-ce que Marcel espérait voir?

21. Que fait le monsieur dans le tramway, malgré les protestations de la tante Rose?

---

[17] **chavirer et couler à pic**: *capsizing and sinking straight to the bottom*

[18] **ce dur-à-cuire vira de bord**: *this tough customer came about (to come about [in a sailboat], to head off on another tack)*

[19] **«oublies»**: *thin, cone-shaped cookies, traditionally sold by street vendors*

[20] **le guidon**: *the handlebar*

[21] **s'abattit**: *tomba*

[22] **les poignées de caoutchouc**: *the rubber handle-guards*

grand étonnement, toute rougissante. J'ai compris, beaucoup plus tard, qu'elle s'était considérée comme une véritable courtisane, parce qu'un monsieur encore inconnu avait payé trois sous pour nous.

Nous le quittâmes au terminus, et il nous fit de grandes salutations, avec son chapeau melon à bout de bras.

En arrivant sur la porte de notre maison, ma tante me recommanda—à voix basse—de ne parler jamais à personne de cette rencontre. Elle m'apprit que ce monsieur était le propriétaire du parc Borély, que si nous disions un seul mot de lui, il le saurait certainement, et qu'il nous défendrait d'y retourner. Comme je lui demandais pourquoi, elle me répondit que c'était un «secret». Je fus charmé de connaître, sinon un secret, du moins son existence. Je promis, et je tins parole.

Nos promenades au parc devinrent de plus en plus fréquentes, et l'aimable «propriétaire» nous attendait toujours sur notre banc. Mais il était assez difficile de le reconnaître de loin, car il n'avait jamais le même costume. Tantôt c'était un veston clair avec un gilet bleu, tantôt une veste de chasse sur un gilet de tricot; je l'ai même vu en jaquette.[23]

De son côté, ma tante Rose portait maintenant un boa de plumes, et une petite toque de mousseline[24] sous un oiseau bleu aux ailes ouvertes, qui avait l'air de couver son chignon.[25]

Elle empruntait l'ombrelle de ma mère, ou ses gants, ou son sac. Elle riait, elle rougissait, et elle devenait de plus en plus jolie.

Dès que nous arrivions, le «propriétaire» me confiait d'abord au berger des ânes[26] que je chevauchais[27] pendant des heures, puis à l'omnibus traîné par quatre chèvres, puis au patron du toboggan:[28] je savais que ces largesses ne lui coûtaient rien, puisque tout le parc lui appartenait, mais je n'en étais pas moins très reconnaissant, et j'étais fier d'avoir un ami si riche, et qui me prouvait un si parfait amour.

Six mois plus tard, en jouant aux cachettes[29] avec mon frère Paul, je m'enfermai dans le bas du buffet, après avoir repoussé les assiettes. Pendant que Paul me cherchait dans ma chambre, et que je

22. Quel mensonge innocent Rose dit-elle à Marcel à propos du monsieur?

23. Quelle promesse Marcel fait-il?

24. Pourquoi était-il difficile de reconnaître le monsieur de loin?

25. A votre avis, pourquoi s'habillent-ils tous les deux avec tant de soin?

26. Pourquoi Marcel croit-il que les largesses du monsieur ne lui coûtent rien?

27. Où se cache-t-il en jouant aux cachettes?

---

[23] **jacquette**: *morning coat;* **veste**: *jacket;* **veston**: *jacket;* **gilet**: *vest.*
[24] **une toque de mousseline**: *a muslin cap*
[25] **qui avait l'air de couver son chignon**: *which seemed to be nesting on her bun*
[26] **le berger des ânes**: *the man in charge of donkey rides*
[27] **chevauchais**? Que fait-on sur un âne?
[28] **le patron du toboggan**: *the man in charge of the slide*
[29] **cachettes**? Dans quel jeu les joueurs se cachent-ils?

retenais mon souffle, mon père, ma mère et ma tante entrèrent dans la salle à manger. Ma mère disait:

—Tout de même, trente-sept ans, c'est bien vieux!

—Allons donc! dit mon père, j'aurai trente ans à la fin de l'année, et je me considère comme un homme encore jeune. Trente-sept ans, c'est la force de l'âge! Et puis, Rose n'a pas dix-huit ans!

—J'ai vingt-six ans, dit la tante Rose. Et puis il me plaît.

—Qu'est-ce qu'il fait, à la Préfecture?[30]

—Il est sous-chef de bureau. Il gagne deux cent vingt francs par mois.

—Hé! hé! dit mon père.

—Et il a de petites rentes qui lui viennent de sa famille.

—Ho Ho! dit mon père.

—Il m'a dit que nous pouvions compter sur trois cent cinquante francs par mois.

J'entendis un long sifflement, puis mon père ajouta:

—Eh bien, ma chère Rose, je vous félicite! Mais au moins, est-ce qu'il est beau?

—Oh non! dit ma mère. Ça, pour être beau, il n'est pas beau.

Alors, je poussai brusquement la porte du buffet, je sautai sur le plancher, et je criai:

—Oui! Il est beau! Il est superbe!

Et je courus vers la cuisine, dont je fermai la porte à clef.

C'est à la suite de tous ces événements que le propriétaire vint un jour à la maison, accompagné de ma tante Rose.

Il montrait un large sourire, sous les ailes d'un chapeau melon, qui était d'un noir lustré.[Δ] La tante Rose était toute rose, vêtue de rose des pieds à la tête, et ses beaux yeux brillaient derrière une voilette bleue accrochée au bord d'un canotier.[31]

Ils revenaient tous deux d'un court voyage, et il y eut de grandes embrassades: oui, le propriétaire, sous nos yeux stupéfaits, embrassa ma mère, puis mon père!

Ensuite, il me prit sous les aisselles,[32] me souleva, me regarda un instant, et dit: «Maintenant, je m'appelle l'oncle Jules, parce que je suis le mari de tante Rose.»

28. Qui entend-il parler?

29. Quelle est l'objection de la mère, et comment le père y répond-il?

30. Où le monsieur travaille-t-il?

31. Quel autre revenu a-t-il?

32. Qu'est-ce qui fait une grande impression sur le père?

33. Comment la mère juge-t-elle l'aspect physique du monsieur?

34. Quelle surprise les adultes ont-ils à ce moment-là?
35. Qui est venu un jour à la maison?

36. Comment le monsieur a-t-il étonné les enfants?

37. Quelle annonce fait-il à Marcel?

---

[30] **Préfecture**: *office of the* **préfet**, *chief administrator of the region, appointed by the central government. Not to be confused with the* **préfecture de police**—*the police station.*

[31] **un canotier**: *a straw hat, a boater*

[32] **sous les aisselles**? Comment prend-on un enfant de cinq ou six ans quand on le soulève. Montrez le geste.

* * *

Le plus étonnant, c'est qu'il ne s'appelait pas Jules. Son véritable prénom était Thomas. Mais ma chère tante ayant entendu dire que les gens de la campagne appelait Thomas leur pot de chambre, avait décidé de l'appeler Jules, ce qui est encore beaucoup plus usité pour désigner le même objet. L'innocente créature, faute d'avoir fait son service militaire, l'ignorait, et personne n'osa l'en informer, même pas Thomas-Jules, qui l'aimait trop pour la contredire, surtout quand il avait raison!

38. Pourquoi Rose l'appelle-t-elle «Jules» et pas «Thomas»? Mais quelle ironie y a-t-il?
39. Selon Marcel, qu'est-ce qui explique l'ignorance de sa tante?

* * *

Mon oncle Jules devint très vite mon grand ami. Il me félicitait souvent d'avoir tenu la parole donnée, et d'avoir gardé le secret, au temps des rendez-vous au parc Borély: il disait à qui voulait l'entendre, que «cet enfant ferait un grand diplomate» ou un «officier de premier ordre» (cette prophétie, qui avait pourtant une alternative, ne s'est pas encore réalisée). Il tenait beaucoup à voir mes bulletins scolaires,[33] et me récompensait (ou me consolait) par des jouets[34] ou des sachets de berlingots.[35]

40. De quoi l'oncle Jules félicitait-il souvent Marcel?

41. Quelles carrières lui prédisait-il?

Cependant, comme je lui conseillais un jour de faire construire une petite maison dans son admirable parc Borély, avec un balcon pour voir les cyclistes, il m'avoua, sur le mode badin,[36] qu'il n'en avait jamais été le propriétaire.

42. Quel conseil Marcel donne-t-il un jour à son oncle?
43. Qu'est-ce que l'oncle avoue dans sa réponse?

Je fus consterné par la perte instantanée d'un si beau patrimoine,[Δ] et je regrettai d'avoir si longtemps admiré un imposteur.

De plus, je découvris, ce jour-là que les grandes personnes savaient mentir aussi bien que moi, et il me sembla que je n'étais plus en sécurité parmi elles.

44. Quelle découverte la réponse nonchalante de l'oncle Jules apporte-t-elle au petit Marcel?

Mais d'un autre côté, cette révélation, qui justifiait mes propres mensonges passés, présents et futurs, m'apporta la paix du cœur, et lorsqu'il était indispensable de mentir à mon père, et que ma petite conscience protestait faiblement, je lui répondais: «Comme l'oncle Jules!», alors, l'œil naïf et le front serein, je mentais admirablement.

45. Quel avantage trouve-t-il dans cette révélation?
46. Que fait-il désormais en bonne conscience?
47. Comment le justifie-t-il?

_____

[33] **mes bulletins scolaires**: *my report cards*
[34] **des jouets**? Qu'est-ce qu'un bon oncle comme Jules offrirait à son neveu?
[35] **des sachets de berlingots**: *bags of candy*
[36] **sur le mode badin**: *in a jocular manner*

Activités sur le récit

Résumé de l'action

A. Résumez l'action en spécifiant ce qui est désigné par les pronoms en **caractères gras** dans les phrases suivantes.

1. Sa tante Rose **y** emmenait le petit Marcel, le jeudi et le dimanche.
2. Les gardiens vous défendaient de vous **y** rouler dans l'herbe.
3. A cette époque un certain nombre de gens apprenaient à **les** gouverner, non sans accidents.
4. Marcel et sa tante s'**y** installaient, toujours sur le même.
5. La tante Rose **le** sortait de son sac tandis que le garçon allait jouer.
6. Posés sur son chapeau melon par le monsieur assis à côté d'eux, **ils** étaient un signe incontestable de son éducation.
7. Des flotilles de canards **y** naviguaient.
8. Marcel **en** jetait aux canards quand on le regardait.
9. Il **en** jetait aux canards quand on ne le regardait pas.
10. Atteint en pleine tête, **il** s'enfuit à toutes palmes, en poussant de grands cris d'indignation.
11. Le monsieur **en** donna à Marcel pour aller acheter des «oublies» au marchand qui était au bout de l'allée.
12. Quand on releva le monsieur qui était tombé de sa bicyclette, **ils** étaient déchirés aux genoux.
13. La tante Rose et Marcel **le** prenaient pour aller au parc, et pour en revenir.
14. A l'heure de rentrer, le monsieur **les** paya, malgré les vives protestations de la tante Rose.
15. Le monsieur **en** portait un différent chaque fois qu'il les rencontrait au parc.
16. Il y **en** avait quatre qui traînaient l'omnibus dans lequel l'heureux petit Marcel se promenait.
17. Marcel s'**y** enferma en jouant aux cachettes avec son frère Paul, et ainsi entendit la conversation des adultes.
18. En plus de son salaire, le monsieur qui allait devenir l'oncle Jules avait **ce** qui lui venait de sa famille.
19. La tante Rose ignorait qu'on appelait **ça** «Jules».
20. Thomas-Jules l'aimait trop pour **la** contredire.
21. Le jour où Marcel conseilla à son oncle Jules d'**en** construire une dans son admirable parc Borély, il apprit enfin la vérité.
22. Désormais Marcel **en** disait sans hésiter. C'est qu'il suivait l'exemple de l'oncle Jules.

Si vous ne trouvez pas la réponse vous pouvez la chercher dans la liste suivante.

a. de l'argent (deux sous)

b. sur leur banc

c. les bicyclettes

d. dans le buffet

e. des chèvres

f. un costume

g. dans l'étang

h. ses gants (de cuir)

i. une maison (avec un balcon)

j. des mensonges

k. du pain

l. ses pantalons

m. au parc Borély

n. sur les pelouses

o. des pierres

p. leurs places (dans le tramway)

q. un pot de chambre

r. de petites rentes

s. la tante Rose

t. le tramway

u. son tricot

v. le vieux père canard

B. Résumez l'action en spécifiant qui prononce ou pourrait prononcer les phrases suivantes.

1. Je ne suis pas un ogre, mais il est de mon devoir d'empêcher les enfants de marcher sur la pelouse.

2. Mais c'est notre banc, ce monsieur n'a qu'à partir!

3. Marcel! Si tu n'es pas plus poli je te laisserai à la maison la prochaine fois!

4. Oh! le charmant petit garçon! Quel âge a-t-il?

5. Mon Dieu, que mes étudiants sont maladroits! En voilà un qui a arraché le guidon d'une des machines.

6. Regardez mes pantalons déchirés! Vous auriez dû me prévenir du risque! Vous n'avez pas honte?

7. Les trois places, ça vous fait un total de trois sous, monsieur.

8. Le monsieur c'est le propriétaire du parc Borély. Mais tu dois promettre de n'en jamais dire un mot à personne.

9. Mais bien sûr que tu peux l'emprunter mon ombrelle, ma petite Rose, et que cela te porte bonheur.

10. Cette petite toque de mousseline vous va comme un charme, mademoiselle. Remarquez aussi que le prix est très intéressant.

11. Ce veston bleu est absolument impeccable. Et il irait très bien avec le gilet que vous portez, monsieur.

12. Du moment qu'il peut payer, il peut chevaucher mes ânes tant qu'il veut, ce garçon. Tant mieux, puisque j'en gagne.

13. Dis donc, tu veux jouer aux cachettes, Marcel, tu veux?

14. Tout de même, trente-sept ans c'est bien vieux!

15. Allons donc! J'en aurai trente à la fin de l'année et je me considère comme un homme encore jeune.

16. Ça, pour être beau, il n'est pas beau.

17. Oui! Il est beau! Il est superbe!

18. Puisque le nom «Thomas» a parfois un sens vulgaire, je préfère l'appeler «Jules».

19. Mais écoute, mon petit Marcel, ça c'était une plaisanterie. Propriétaire du parc Borély, je ne le suis pas.

20. Eh bien, puisque c'est comme ça, puisque les grandes personnes le font, je n'ai qu'à faire comme eux—comme l'oncle Jules, quoi!

Si vous ne trouvez pas la réponse vous pouvez la chercher dans la liste suivante.

a. le berger des ânes

b. le cycliste débutant

c. le professeur (de bicyclette)

d. le gardien

e. Marcel

f. la mère de Marcel

g. l'oncle Jules

h. Paul (le frère de Marcel)

i. le père de Marcel

j. le receveur de Tramway

k. la tante Rose

l. le vendeur (dans un magasin d'habillement masculin)

m. la vendeuse (dans un magasin d'habillement féminin)

Sujets de discussion, de composition, de recherche, et de présentation

C. L'analyse: les enfants.

1. **La comparaison.** Cette sélection des *Souvenirs d'Enfance* de Marcel Pagnol, comme la sélection de *L'Argent de Poche* de François Truffaut, présente la vie des enfants, avec cette différence, cependant: dans la sélection de Pagnol, il s'agit des souvenirs d'une enfance passée vers le début du vingtième siècle, l'époque des moustaches en guidon de vélo (*handlebar*) et des boas de plumes. Quels sont les éléments dans le texte qui se rattachent à ce passé assez lointain? A part cela, la vie de Marcel ressemble-t-elle à celle des enfants dans *L'Argent de Poche*?

2. **L'individu et le type.** Dans le comportement du petit Marcel, qu'est-ce qui, à votre avis, est typique des enfants en général, et qu'est-ce qui est distinctif? Considérez divers épisodes.

   a. Marcel et les canards. Pourquoi leur lance-t-il des pierres? Faisiez-vous des choses comme ça quand vous étiez petit? Que lui diriez-vous si vous étiez là?

   b. Marcel et les cyclistes. Qu'est-ce qui le fait rire? Est-ce plus amusant parce que ce sont des adultes? Qu'est-ce qu'il espère quand la dispute commence? Cela vous semble-t-il typique d'un petit garçon?

   c. Marcel et ses parents. Comment entend-il leur conversation. Que pensez-vous de son intervention? A-t-il du courage? Est-il timide?

   d. Marcel et le mensonge. Qu'est-ce qu'il apprend? Que pensez-vous de sa réaction à cette révélation? L'épisode est-il entièrement humoristique? Quelle attitude Marcel a-t-il envers les adultes en général?

Dans la Foule: Après l'Affaire de la Rue Ordener
2 mai 1912

Colette

Préparation à la lecture

L'auteur, le genre

On December 21, 1911, Jules Bonnot, a worker with anarchist political convictions, led a daring and successful armed robbery of the **Société Générale**, a bank on the **rue Ordener** in Paris. Newspapers followed the story of **la Bande à Bonnot**, *Bonnot's gang*, with great enthusiasm while the gang continued to get away with more violent acts. Eventually, on April 28, 1912, the police discovered their hideout, a garage in a **banlieue** of Paris, Choisy-le-Roi, and Bonnot was surrounded by police, some army units, and a crowd of onlookers[1]. Among the crowd, in her capacity as journalist, was the author who would in a few years begin signing simply Colette.

Sidonie Gabrielle Colette (1873–1954) is one of the best writers France ever produced. She started working for the newspaper *Le Matin* in December, 1910. When this article appeared, she had established herself as a writer and as an actress and music-hall entertainer. Later, she wrote for another newspaper, *Le Figaro*. She remained a prolific writer in all kinds of genres, including short stories, novels, theatre, and cinema. In January, 1953, a year before her death, the *Figaro Littéraire* dedicated an issue to her as author and cultural figure.

Only some of the qualities of her writing are visible here but you are likely to be struck by the wealth of detail and by the quality of her perceptions in this short piece. It does not read like ordinary journalism at all. For one thing, it is very personal. Colette places herself within the scene and she plays a number of little roles in order simply to try and find out what is going on. One of the difficulties in reading *Dans la Foule* comes from the fact that she never really does entirely

---

[1] A movie, *La Bande à Bonnot* (1968) directed by Philippe Fourastié, presents a version of these events.

understand what is happening. The story is written in the present tense. What does that contribute to the style? At the end, she heads back to Paris to learn just what **drame** she has been witnessing. The attempt to discover the who, what, where, why and when of journalism has not been entirely successful but the evocation of this spectacle certainly has. For it is a spectacle that she is writing about, emotional suspense, dramatic and violent theatre in the streets.

It must be said that there are other difficulties in reading Colette. As Michelangelo tends to use a quantity of marble when he makes a statue, and as Rembrandt's pictures are notable for their use of paint, this author has a tendency to use lots of words. While in other writers, and with most journalism, the event structure of the story or the developing situations of character may be what intrigue us most, with writers like Colette the use of language, including figurative and popular turns of phrase to create a number of simultaneous contexts, tends to become a focus of attention and interest. While she presents herself as helpless within the crowd, the use of language, her style, reveals a highly intelligent, sensitive observer who easily dominates the situation.

At one point in this story, she takes shelter in the surging crowd by holding onto a photographer who is letting his camera take pictures **au jugé**, at random. That image helps characterize the style of presentation in this piece, some apparently random snapshots of a flood of people close to violence. Without pushing the analogy too far, we may say that this presentation gives us an example of Modernism as a style: an unfinished, open aesthetic, one that acknowledges a certain confusion and that does not shrink from the presentation of the underside of human behavior. All style is artifice. One may perhaps say about Colette's writing just what she says about the real blood she observes that it is: **"si abondant et si rose dans le plein jour de midi qu'il me semble artificiel."**

Le Lexique

Vocabulaire

Les bandits **gîtaient**	were lodging
dans une **masure**,	shack
une **bicoque**, dans quelque	shanty
faubourg. Ce n'est	suburb
pas **commode**,	comfortable
mais ils **s'abritent** là.	take shelter

Mais les gardes de Paris ont **déployé**	deployed	
des forces et travaillent sans **relâche**	cf. *relax*	*pause*
pour les capturer ou **les écraser**.	destroy them	

La police veut **foncer** sur eux	to charge
mais il faut **se garer** des coups de fusil.	protect themselves

Surtout, que les bandits ne **se sauvent**	escape
pas! qu'ils ne se **trottent** pas!	run away

Crainte qu'ils	*For fear*
réchappent, la police va peut-être	*escape, get away*
les faire sauter à la dynamite.	*blow them up*
Derrière un vrai **barrage**	*dam*
de gendarmes, la **foule**	*crowd*
remue.	*stirs*
Aimantée par le tumulte,	*Drawn as if by a magnet*
la foule **hurlante**	*screaming*
est **en proie** à une agitation exécrable.	*in the grip, caught*
Une curiosité **s'empare**	*takes hold*
de cette **cohue**,	*mob*
de cette multitude **volubile**,	*voluble*
une curiosité qui **aveugle**.	*blinds*
On dirait un **troupeau de taureaux**,	*herd of bulls*
ou d'autres bêtes. On les entend **glapir**	*yap*
et il y en a un qui **aboie**:	*is barking*
«**A mort!**»	*To the death! (Kill them!)*
Bref, ce n'est pas un **grand magasin**	*department store*
aux **jours de solde** et ce n'est pas	*sale days*
la **foire** de Neuilly!	*fair*
Il y a un **carrier** avec une voix	*quarryman*
rauque,	*harsh*
une voix **enrouée**. Il n'y a pas	*hoarse*
beaucoup de **jupes** dans la foule.	*skirts*
Là-bas, on dirait une **ouvrière**: elle	*worker (female)*
porte un **tablier**.	*apron*
Elle **s'aperçoit d'**un	*notices*
gros **gars** sportif qui dit:	*guy*
«**Je gage**	*I bet*
qu'ils **plient**	*fold*
sous ces **bourrades**.»	*blows*
Un homme désabusé répond «**je paie dix**	*I bet ten (francs)*
que non.» Un **Méridional**	*southerner*
se **hisse** sur un mur.	*hoists*
Son **but** c'est de	not: *but* but: *goal*
mieux **viser** la baraque.	*to get a view of*
On **rompt** la porte de la maison.	*break*
Ils font une **trouée** dans le mur,	*hole*
La maison est **défoncée**,	*smashed in*
complètement **éventrée**.	*gutted*
Des **rafales**,	*gusts*
des **tourbillons** de vent	*swirls of wind*
soulèvent la poussière.	*lift up*

Desagrégée de la foule,	*Separated*
elle n'**étouffe** plus,	*suffocates*
elle **halète**,	*pants*
elle **respire**.	*breathes*
Par bienséance	*For propriety's sake,*
elle n'**ôte** pas son chapeau.	*take off*
Elle est de nature **badaude**	*openly curious*
mais elle est stupéfaite.	
Elle n'est pas **chétive** mais elle	*sickly, poor*
n'aime pas qu'on la **mène** ainsi,	*(that she be) taken, led*
être **ballottée** ainsi.	*knocked about*
Quand **on la reprend**	*she is scolded*
vertement, elle	*severely*
répond **rageusement**.	*in a rage*
Mais elle **reprend**	*takes up*
la lutte **derechef**.	*for a second time*
Elle **écarte** les autres de son chemin.	*pushes away*
Elle fait **démarrer**	*starts up*
sa voiture et ne **ralentit** pas avant	*slow down*
d'arriver.	

Mots apparentés, partiellement apparentés, et faux amis

Une **maladresse** a causé	cf. *maladroit*	*clumsiness*
une **incendie**. Après, on voit	cf. *incendiary*	*fire*
la **fumée** qui	cf. *fumigate*	*smoke*
émane des cendres.	*emanates*	
Les **piliers** devant la maison sont	*pillars*	
ruinés et on remarque un **matelas**	*mattress*	
et des **draps** brûlés. Une personne	*drapes*	*bedsheets*
a été **meurtrie** en tombant de la	not: *murdered*	but: *bruised*
fenêtre. Les voisins vont **suppléer** à	*to supply*	*to make up what lacks*
leurs besoins.		

L'art de lire: les familles de mots

In the crowd, Colette finds herself thrown down *on her knees*: she is **agenouillée**. Later she is **acculée**, *backed up*, against the rear of a car. A body part, the **genou**, *knee*, or the **cul**, *backside* (often as a vulgarity) is made into a verb by the addition of a prefix **a-** (or **ac-**) and a characteristic verbal ending **–er**. In these examples, the verb is used in its past participle form to indicate the result of an action. Similarly, the verb **s'adosser** is to lean one's **dos**, *back*, against the wall, **s'accouder** is to lean on one's **coude**, *elbow*. A different prefix makes a different meaning: **éventrer** is to remove the **ventre**, *belly*, as when a fish is *gutted*.

A **gîte** is a *lair* and to say "C'est là qu'ils **gîtaient**" gives an expressive tonality, one that tends to debase, and that also suggests a short stay. An **aimant** is a *magnet* and to be **aimanté** towards something is to be irresistably *attracted* to it.

L'art de lire: la langue figurative

The newspaper Colette wrote this piece for was *Le Matin*. She called her regular column there *Contes de Mille et Un Matins*. The title plays on the *Contes de Mille et Une Nuits*, the *Arabian Nights*. The purpose of that title is to establish a personal story space within the newspaper. These **contes** are filled with an extraordinary multitude of fantasy and magic not of Arabian Nights but of France in the morning of the twentieth century. There is a **barrage** of **agents** keeping the crowd back. The image of the dam continues as the crowd is referred to in water terms as it *spreads out*, **se répand**, in **ruisseaux inégaux**, *differently-sized streams*, and **flaques**, *puddles*. Even the silica dust in the air is compared to **l'écume des vagues**, the *foam of waves*. When the crowd breaks loose, she says she hangs onto some arms that at first try to shake her off but eventually **me halent**, *haul me*. The verb **haler** has a maritime connotation, as does **hisser** (*to hoist up*). These water images reinforce the notion of a force of nature in the crowd.

Another aspect of life that contributes vocabulary to this scene is theatre. Without leaving the dusty road, our narrator refers to someone ordering *a second drink at a musical café*: **Bis! au café-concert**, to some jokes apparently at her expense **qui datent des revues de l'année dernière**, *from last year's musical comedy revues*, to a **place gardée**, *reserved seat*, and to a **fauteuil d'orchestre**, a good *seat in the orchestra section*. In this context, even the **rideau d'arbres**, *the curtain of trees*, appears to have a dramatic quality to it. When she goes back to Paris, it is to find out **à quel drame je viens d'assister**.

Near the end, the narrator refers to herself as a **grain de foule**, *a grain or a particle of crowd*, as though crowds were made of these particles. What had been a particle is, finally, **désagrégée**, *disaggregated*, from the crowd. At another point near the end, a car takes off **comme un noir orage**, *like a black storm*. There has been no storm though it may seem as though there has been one. The adjective **noir** would ordinarily follow the noun and this pre-positioning underlines a poetic, affective quality of the image. Another poetic aspect of this prose may be perceptible in repetitions, alliteration, and rhythms: **"Entre les têtes, entre les épaules mouvantes, la masure m'apparaît, enlacée de flammes."**

L'art de lire: la langue populaire

Popular speech frequently uses figurative language to transfer animal qualities to humans, often, though not always, with a debasing function. When the verb **trotter** is used for *to run*, when a crowd is compared to a **troupeau**, and when people shouting are said to **aboyer**, *to bark*, or **glapir**, *to yelp*, the effect is to present the human in the direction of the savage. What other animal images can you find in this text? The expression **être en proie à une agitation**, *to be agitated*, means literally *to be prey to (to be the victim of) an agitation*.

When Colette's characters use familiar turns of speech, the effect is one of immediacy and realism. As a journalist, Colette should be allowed beyond the police barrier but the policeman doesn't let her go, saying: "**Même si vous seriez de la presse...**" According to both French and English grammar, the conditional of the verb should appear in the result clause (**vous ne pourriez pas passer**, *you wouldn't be able to go*) rather than in the clause that sets the condition (**Même si vous étiez de la presse**, *even if you were from the press*). The policeman is not making a mistake; he is using a spoken, colloquial form just as people do when they say *"If I would have known..."*

When the author presents someone who would like to charge the barricade and **filer sur la route vide**, *to run on the empty road*, using the familiar **filer** instead of **courir**, and when she refers to children as **bambins**, she establishes her own voice in the popular, familiar register of oral story telling. That kind of writing develops a particular style with this author's use of more formal terms such as **désagrégée** and metaphors like **aimanter**.

Exercices

A. Lisez le passage suivant en remplaçant les mots en **caractères gras** par un synonyme.

s'abriter	enrouée	masure
tourbillons	aimanté	un faubourg
méridional	se trotter	suis aveugle
gage	en proie à	visait
bienséance	gîtait	rageusement
volubile	crainte	hurlante
me reprend	derechef	maladresse
fait sauter		

J'ai toujours été **attiré** (1) par l'argent dans les banques et par l'absinthe dans les bars. J'étais dans un café et j'expliquais à des gens que j'étais ami de Bonnot. Je suis **du sud** (2) et je suis **grand parleur** (3). J'étais **pris par** (4) un enthousiasme extravagant. Je disais que j'étais avec la bande à Bonnot quand on a **dynamité** (5) une banque. J'ai remarqué un homme qui me **regardait fixement** (6). Il m'a dit d'une voix **rauque** (7) et gutturale qu'il ne me croyait pas. Moi, je n'aime pas quand on **m'attaque** (8) ainsi. Il a dit **une seconde fois** (9) aux voisins que je mentais. Alors, de **peur** (10) de sembler idiot, je raconte tout. J'explique que j'allais voir M. Jules Bonnot là où il **habitait** (11), et que c'était dans **la banlieue** (12), à Choisy-le-Roi. C'était peut-être une **stupidité** (13) de ma part. Il y a une certaine **politesse** (14) entre les bandits. On ne doit pas annoncer à tout le monde l'endroit où on est allé **se cacher** (15). Quand je bois trop, j'ai des **vents qui tournoient** (16) dans ma tête et je **ne vois plus rien** (17). Cet après-midi même, quand je suis allé voir Bonnot dans sa petite **maison misérable** (18) il y avait une foule **bruyante** (19) quelque part et ensuite la police partout: il fallait **courir** (20) pour ne pas se faire arrêter. Si jamais Bonnot apprend que c'est peut-être par moi qu'il a été découvert, je **paie dix** (21) qu'il me parlera **avec colère** (22).

B. Lisez le passage suivant en remplaçant les mots en **caractères gras** par un synonyme.

s'aperçoit	écarte	meurtri
se répand	barrage	écraser
un orage	se sauver	bourrades
s'empare	piliers	suppléer
but	foncent	rafales
une trouée	pas commode	foule
relâche	déployer	se garer

Le samedi après-midi on se réunit sur un terrain pour jouer au rugby. Une **multitude** (1) vient pour nous encourager. Aujourd'hui, Max, un des meilleurs joueurs, un des **supports** (2) de notre équipe (*team*) a eu un accident et il s'est **blessé** (3). On va le **remplacer** (4) par le petit Marcel. Nous avons commencé par bien **placer** (5) nos forces mais Marcel **remarque** (6) que les autres sont plus grands que nous. Qu'est-ce qui se passe? Marcel **pousse** (7) un autre joueur et

prend possession (8) du ballon. Nous nous mettons devant lui pour créer un **obstacle** (9) pour le protéger mais les autres **se jettent** (10) sur nous et réussissent à faire **un large passage** (11). Marcel essaie de **se protéger** (12) des coups mais il n'y arrive pas. Il a été dans une situation **inconfortable** (13) avant de pouvoir **s'échapper** (14). Malgré les **coups** (15), il n'a jamais cédé. Nous continuons à jouer sans **repos** (16) pendant des heures. Et enfin le petit Marcel réussit à marquer un **point!** (17) On est content! On entend la voix des spectateurs: On va les **détruire!** (18) Vers la fin de l'après-midi, il y a des nuages noirs. On sent des **coups de vent** (19). Ça y est! c'est la fin! C'est **une tempête** (20) qui arrive. Regardez l'eau qui **coule partout** (21).

C. Remplacez les mots en **caractères gras** dans les phrases suivantes par un mot qui signifie le contraire.

aboie	démarrer	plie
rompre	agenouillé	éventré
ralentir	vertement	chétif
hisser	remuer	commode
ôte	reprendre	

1. On va **descendre** le piano jusqu'ici au moyen d'une corde.
2. Le piano est un objet difficile à **immobiliser**.
3. Le piano est **en excellent état**.
4. On va **bien attacher** la corde.
5. Le petit frère de Marceline est **robuste**.
6. On l'accuse de toutes sortes de choses et elle répond **avec calme**.
7. Elle **met** son pyjama avant de se coucher.
8. Je vais **abandonner** les études.
9. Mais vous allez trop vite! —Quoi? Il faut **accélérer**?
10. Mais il est temps de partir! —Quoi? Il faut **arrêter** la voiture?
11. Il est à l'église, **debout**.
12. Mon mari a une grosse voix et quand il **chante** tout le monde fait attention.
13. Il **résiste** devant tous les obstacles de la vie.
14. Le tablier est un vêtement **sans utilité** contre la poussière.

D. Lisez le passage suivant en remplissant les tirets par le mot convenable.

badaud	draps	gars
mène	bambins	émane
grand magasin	ouvrière	bicoque
étouffé	haleter	respirer
ballottés	flaque	l'incendie
soulever	barrage	foire
jours de solde	tablier	carrier
fumée	matelas	

Ils sont pauvres. Ils habitent dans une ___1___ près du ___2___, à côté de la rivière. Lui, il était ___3___ quand il pouvait travailler. Il était beau ___4___ à cette époque, avant ___5___ qui a détruit leur première maison. Il a été presque ___6___ par la ___7___. Depuis, il est très faible: il a du mal à ___8___. Il ne peut rien ___9___ de lourd. Même un peu d'exercice physique le fait ___10___. Elle était ___11___ mais maintenant avec les ___12___ elle a dû abandonner. Elle travaille de temps en temps dans un ___13___ mais seulement quand ils en ont besoin, c'est-à-dire pendant les ___14___. Ils n'ont même pas de lit; ils dorment tous sur des ___15___ avec, pour couverture, quelques vieux ___16___. Mais ils sont bien ensemble. Quand elle a de l'argent, elle ___17___ toute la famille à la ___18___. L'autre jour, moi qui suis bien ___19___, je l'ai vue, elle, qui posait son ___20___ sur une ___21___ d'eau pour que son mari puisse traverser facilement. Ils ont été bien ___22___ par la vie mais l'amour qui ___23___ de ce couple réussit à nous toucher tous.

Dans la Foule:
Après l'Affaire de la
Rue Ordener

2 mai 1912

Il y a quelque chose là-bas... C'est plus loin que la foule, arrêtée par un barrage d'agents et de gardes de Paris, et qui se répand en ruisseaux inégaux sur les bas-côtés[1] de la route, qui stagne△ en longues flaques noires... C'est derrière la poussière siliceuse[2] et lourde qui vole comme l'écume[3] des vagues△... Il y a quelque chose là-bas, à droite de la grande route, quelque chose que tout le monde regarde et que personne ne voit...

Je viens d'arriver. J'ai déployé tour à tour, pour me pousser au premier rang, la brutalité d'une acheteuse de grands magasins aux jours de solde et la gentillesse flagorneuse[4] des créatures faibles: "Monsieur, laissez-moi passer... Oh! Monsieur, on m'étouffe... Monsieur, vous qui avez la chance d'être si grand..." On m'a laissé parvenir au premier rang parce qu'il n'y a presque pas de femmes dans cette foule. Je touche les épaules bleues d'un agent — un des piliers du barrage — et je prétends encore aller plus loin:

— Monsieur l'agent...

— On ne passe pas!

— Mais ceux-là qui courent, tenez, vous les laissez bien passer!

— Ceux-là, c'est ces messieurs de la presse. Et puis c'est des hommes. Même si vous seriez de la presse, tout ce qui porte une jupe doit rester ici tranquille.

— Voulez-vous mon pantalon, madame? suggère une voix

1. Qu'est-ce qui arrête la foule?
2. Qu'est-ce qui se répand en ruisseaux?

3. Quelles techniques a-t-elle employées pour se pousser au premier rang?

4. Pourquoi est-ce qu'on la laisse passer au premier rang?

5. Pourquoi est-ce qu'elle ne peut pas passer avec les autres journalistes?

---

[1] **bas-côtés**: *side-aisles (usually of a church)*
[2] **siliceuse**: *siliceous (the air is filled with silica dust)*
[3] **l'écume**: *foam*
[4] **flagorneuse**: flatteuse

faubourienne.

On rit très haut. Je me tais. Je regarde la route, barrée⁴ de tour-billons intermittents. Je vise, comme tout le monde, un point presque invisible derrière la poussière et le rideau d'arbres: une bicoque grise, l'angle de son toit posé de biais⁴... Je piétine⁵ sur place, en proie à une agitation badaude:

— Qu'est-ce qu'il y a? Qu'est-ce qu'on a déjà fait? Où sont-*ils*?

L'agent, tourné vers la route, ne me répond plus; ma voisine, une personne en cheveux,⁶ qui abrite un bambin sous chaque bras, me toise.⁷ Je me fais très douce:

— Dites, madame, *ils* sont là-bas?

— Les bandits? Mais bien sûr, madame. Dans cette maison, à droite.

L'intonation signifie clairement: "D'où sortez-vous? Tout le monde sait ça!" Un gros gars tranquille, contre mon dos, me renseigne:

— *Ils* sont là-dedans. Alors, crainte qu'*ils* réchappent encore, on va *les* faire sauter à la dynamite...

— Les faire sauter? Ah! là là! Je paie dix qu'ils se trottent et qu'ils laissent Lépine⁸ en carafe!⁹

Cette réplique sportive¹⁰ émane d'un jeune homme pâle et dés-abusé, qui témoigne par ailleurs d'une activité continue: il s'appuie sournoisement¹¹ contre ses voisins, il me presse avec une fausse maladresse. Je gage qu'à la première occasion il va foncer tête baissée sous le bras de l'agent et filer sur la route vide...

Ils sont là-bas... On va les dynamiter... L'exécrable esprit specta-teur s'empare de moi, celui qui mène les femmes aux courses de taureaux,¹² aux combats de boxe et jusqu'au pied de la guillotine, l'esprit de curiosité qui supplée si parfaitement au réel courage... Je piétine, je ploie le front¹³ pour me garer des rafales de poussières...

6. Pourquoi rit-on?

7. Que veut-on voir?

8. Qu'est-ce que la per-sonne en cheveux lui apprend?

9. Que dit le jeune homme pâle. Que fait-il?

10. Comment est cet "esprit spectateur?" Quels sont ses effets?

---

⁵ **piétine**: s'agiter sur place en frappant du pied
⁶ **en cheveux**: qui ne porte pas de chapeau. Le chapeau est un élément de mode (*fashion*) qui peut varier selon la région et selon la classe sociale. A cette époque, une femme qui sort sans cha-peau serait peut-être de la classe ouvrière.
⁷ **toise**: regarde avec un certain défi et un certain dédain
⁸ **Lépine**: L. Lépine, le préfet de police à Paris
⁹ **en carafe!**: sans ressources, muet, béant (**argot**, *slang*)
¹⁰ **sportive**: La réplique est sportive en ce qu'elle suggère le jeu (*a bet*)
¹¹ **sournoisement**: *slyly, sneakily*
¹² **courses de taureaux**: *bullfights*
¹³ **je ploie le front**: *I bow my forehead* (**ployer**: *to bow, to lower*)

— Mais, madame, si vous croyez que c'est commode d'y voir quelque chose à côté de quelqu'un qui remue autant que vous!

C'est ma sévère voisine, la mère de famille. Je grommelle[14] et elle me reprend vertement:

— C'est vrai, ça! Ça ne serait pas la peine qu'on soye là depuis neuf heures ce matin pour que vous vous mettiez devant moi au dernier moment![15] Une place gardée,[16] c'est une place gardée. D'abord quand on a un si grand chapeau, on l'ôte!

Elle défend son «fauteuil d'orchestre»[17] avec une autorité qui cherche—et trouve—l'approbation générale. J'entends derrière moi des cris rythmés de: «Chapeau! Chapeau!» des plaisanteries qui datent des revues[18] de l'année dernière, mais qui prennent ici une étrange saveur quand on songe à ce qui se passe là-bas…

Soudain le vent jette sur nous, avec la poussière qui craque△ sous les dents, l'odeur connue, l'odeur saisissante de l'incendie: là-bas, ce n'est plus de la poussière qui aveugle la route, mais l'azur gris d'une fumée violentée par le vent… Les cris, derrière moi, montent comme des flammes:

— *Ils* y sont! *Ils* y sont! Entendez-vous? J'ai entendu le coup! La maison a sauté!… Non, c'est les coups de fusil! *Ils* se sauvent, *ils* se sauvent!…

Personne n'a rien vu, rien entendu mais cette foule nerveuse qui me serre de tous côtés invente, inconsciemment, peut-être télépathiquement, tout ce qui se passe là-bas. Une poussée△ préparée, irrésistible, rompt le barrage et me porte en avant; je cours pour n'être pas écrasée; je cours en même temps que ma voisine et ses deux enfants agiles. Le jeune homme sportif et désabusé m'écarte d'un rude coup d'épaule, mille autres viennent derrière. Nous courons, avec un bruit de troupeau, vers le but plus que jamais invisible, là-bas… Un arrêt brusque, puis un reflux me renversant à demi. Agenouillée, je me suspends à deux bras solides qui me secouent rageusement d'abord, puis me halent; je n'ai pas le temps de remercier:

11. Qu'est-ce que la sévère voisine lui reproche?

12. Quelle est la réaction des autres gens envers la sévère voisine? Que signifie le cri «Chapeau!»?

13. Comment savent-ils qu'il y a un incendie?

14. Qui annonce ce qui se passe? Qui comprend ce qui se passe?

15. Quelles semblent être les raisons pour lesquelles la foule rompt le barrage?

16. Comment est-elle à demi renversée? Comment se remet-elle?

---

[14] **Je grommelle**: *I grumble*
[15] **Ça ne serait pas la peine qu'on soye là depuis neuf heures ce matin pour que vous vous mettiez devant moi au dernier moment**: *There just wouldn't be any point in being here since nine o'clock this morning so that you could put yourself in front of me at the last minute.*
[16] **place gardée**: *reserved seat*
[17] **fauteuil d'orchestre**: *seat in the orchestra section*
[18] **revues**: *theatrical revues*

— Où sont-ils? Où sont-ils?…

Une ouvrière chétive, en tablier noir, halète:

— Ils se sont sauvés! Ils courent dans les champs! Le monde court après eux!

17. Que prétend l'ouvrière? A-t-elle raison?

Elle ne peut pas le savoir, elle n'a rien vu. Elle crie, elle raconte tout haut ce qu'elle imagine… La cohue[19] nous reprend toutes deux, nous soulève; je m'abrite un instant contre un homme très grand, qui se laisse ballotter et rouler△ froidement, ses deux bras levés soutenant en l'air un appareil photographique qu'il fait fonctionner sans relâche, au jugé[20]…

18. Que fait le grand homme qui se laisse ballotter froidement?

La poussière, la fumée suffoquent△… Pendant que le vent déplace le nuage qui nous couvre, je m'aperçois que je suis tout près de la bicoque défoncée[21] qui craque et flambe; mais tout de suite la foule m'emporte et je lutte[22] pour qu'elle ne m'écrase point… On crie confusément; les voix sont rauques et enrouées comme celles des gens qui sanglotent.[23] Une clameur se précise, s'étend et régularise le tumulte: «A mort! A mort!» Je respire, grâce à une trouée…

19. Comment est la maison?
20. Pourquoi doit-elle lutter? Quelle est la situation?

— A mort! A mort!

De nouveau me voici poussée, meurtrie, acculée contre l'arrière d'une automobile qu'on ouvre pour y hisser quelque chose de lourd, de long, d'inerte…

21. Qu'est-ce qu'on met dans la voiture? Qu'est-ce que cela pourrait être?

Aucun de ceux qui crient près de moi, autour de moi, ne distingue ce qui se passe; mais ils crient par contagion, par imitation, puis-je dire par bienséance?…

22. Comment explique-t-elle les cris de la foule?

— A mort! A mort!

Ce carrier blond aboie, mécaniquement, les yeux fixes; un méridional dodu[24] grasseye[25] «A mort!» sur le ton dont il dirait: «Mais parfaitement!» ou bien: Bis![26] au café-concert. J'admire, stupéfaite, deux midinettes,[27] aussi gaies qu'à la foire de Neuilly, qui se tiennent par le bras, plient sous les bourrades, se laissent secouer et s'arrêtent de glapir: «A mort! A mort!» pour éclater de rire…

23. Qu'est-ce qu'il y a dans l'attitude du carrier, du mériodional, et des midinettes, qui surprend Colette?

---

[19] **cohue**: *mob*

[20] **au jugé**: *at random*

[21] **défoncée**: *smashed in*

[22] **lutte**: *fight*

[23] **sanglotent**: *sob*

[24] **dodu**: *plump*

[25] **grasseye**: *speaking with the characteristic accent of the Midi (the south of France)*

[26] **Bis!**: Encore! un deuxième!

[27] **midinettes**: *young women working in the apparel trades*

Entre les têtes, entre les épaules mouvantes, la masure m'apparaît, enlacée de flammes… Un homme se penche à une fenêtre éventrée et jette en bas un matelas, des draps trempés d'un sang si abondant et si rose dans le plein jour de midi qu'il me semble artificiel…

— A mort!

Comme les cris, ici, s'échauffent et s'enragent!… Je sens la voiture frémir,[28] démarrer lentement. Il me faut derechef courir si je ne veux pas tomber sous les pieds de ceux qui la suivent… Son passage semble aimanter et entraîner la foule entière.

Enfin je puis ralentir ma course, m'arrêter. L'automobile et son escorte hurlante s'éloignent comme un noir orage. Déjà la route blanche, du côté de Paris, se couvre d'une multitude volubile, encore à demi ignorante de ce qu'elle enveloppa. Désagrégée[29] de sa masse, je demeure un long instant devant le bouquet de flammes nourries de bois sec, magnifiques et joyeuses, variées par le vent vif. C'est là qu'ils gîtaient…

Grain de foule opprimé et aveugle tout à l'heure, je redeviens lucide. Je m'en vais à mon tour vers Paris, pour y savoir à quel drame je viens d'assister…[30]

24. Que voit-elle dans la fenêtre de la masure enlacée de flammes?

25. Pourquoi faut-il derechef courir?

26. Quelle est cette escorte hurlante de l'automobile?

27. Qu'est-ce qu'elle contemple une fois qu'elle est séparée de la foule?

28. Que va-t-elle faire quand elle sera à Paris?

---

[28] **frémir**: *to shudder, shake*

[29] **Désagrégée**: *disaggregated, separated, broken away from*

[30] **à quel drame je viens d'assister**: Jules Bonnot sera transporté à l'hôpital où il meurt le même jour, le 28 avril 1912.

Activités sur le récit

Résumé de l'action

A. Résumez l'action en identifiant le personnage qui prononce ou qui pourrait prononcer chacune des phrases suivantes.

1. Cette foule est comme un fleuve et les agents sont comme un barrage mais ce fleuve va rompre ce barrage.

2. Une femme qui voudrait faire commes les journalistes! Elle ne comprend pas que je la protège en refusant qu'elle aille plus loin.

3. Je crois reconnaître cette dame derrière nous. Elle est journaliste. Pourquoi est-ce qu'on ne la laisse pas passer avec nous?

4. Je ne suis pas bandit, moi. Mais je n'aime pas la police. Je suis sûr qu'ils s'échapperont. Ce Lépine! Qu'est-ce qu'il pourra faire après?

5. Mais qu'est-ce qui se passe? Pourquoi est-ce que je fais partie de cette foule exécrable? C'est que je veux bien savoir ce qui se passe, mais je ne suis pas comme eux. Je crois.

6. Cette petite flagorneuse avec son chapeau, elle se prend pour un journaliste et elle se met devant moi!

7. Maman sait où aller pour trouver les meilleurs spectacles. Moi, je trouve ceci bien plus amusant que le parc, par exemple, ou l'école...

8. Pourquoi est-ce que nous nous arrêtons? Et quelle est cette personne qui me tient par les bras! Allez-vous-en! Oh, bof! Elle n'est pas bien lourde. Je l'emmène avec moi.

9. Les voilà! Ils se sont échappés! Ils courent par là. Tout le monde court après!

10. Si je continue à faire des photos, même sans voir ce que je fais, il y en aura sans doute quelques-unes d'intéressantes.

11. A mort!

12. Situation difficile. Il faut m'en aller. Je vais sauter sur ce matelas qui me protégera. Puis je vais filer.

13. Tous ces gens qui me suivent! Qu'est-ce qu'ils veulent? Ne voient-ils pas que c'est dangereux? Ils ne vont pas me suivre jusqu'à Paris!

14. Ça y est? Vous les avez attrapés? Très bien. Il était temps! C'est la fin de cette bande d'anarchistes.

15. Mais Madame, ce n'est pas possible! Où étiez-vous? Pourquoi y êtes-vous allée? Qui était là? Pourquoi? Qu'est-ce qui s'est passé? De quoi s'agit-il donc dans ce papier?

Si vous ne trouvez pas la réponse vous pouvez la chercher dans la liste suivante.

a. un chauffeur d'automobile

b. Colette

c. un éditeur de Colette

d. un enfant de la voisine de Colette

e. l'homme qui se penche à la fenêtre

f. la foule

g. un grand homme qui se laisse ballotter froidement

h. le jeune homme désabusé

i. Lépine

j. un des messieurs de la presse

k. le monsieur avec deux bras solides

l. une ouvrière

m. la personne en cheveux

n. un des piliers du barrage

B. Résumez l'action en spécifiant ce qui est désigné par les pronoms en **caractères gras** dans les phrases suivantes.

1. C'est **ce qui** arrête la foule qui veut aller plus loin.

2. L'air **en** est rempli, comme l'écume des vagues.

3. C'est **ce qu'**elle a utilisé pour se pousser au premier rang.

4. C'est **où** elle veut aller mais l'agent ne le permet pas.

5. Une voix faubourienne lui offre **ceci**, mais c'est pour rire.

6. Le toit de **ceci** est posé de biais.

7. **Elle** abrite deux enfants.

8. C'est **ce qui** signifie "Tout le monde sait ça!"

9. Si les bandits s'échappent **il** sera laissé en carafe, béant.

10. On va **les** dynamiter.

11. C'est **ce qui** mène les femmes au pied de la guillotine.

12. C'est **ce que** Colette fait quand la voisine lui dit qu'elle remue trop.

13. C'est **ce que** la voisine cherche et trouve.

14. C'est **ce que** le vent jette sur eux.

15. C'est **ce que** la foule a vu et entendu.

16. C'est **celui qui** écarte Colette quand elle court avec tout le monde.

17. L'ouvrière chétive raconte **ceci** tout haut.

18. **Ceci** fonctionne sans relâche, au jugé.

19. On met **cela** dans une voiture.

20. Un homme crie **cela** sur le ton dont on dirait Bis! au café.

21. La masure **en** est enlacée.

22. Des draps **en** sont trempés.

23. Elle **l'**était avant mais maintenant elle est lucide.

Si vous ne trouvez pas la réponse vous pouvez la chercher dans la liste suivante.

a. l'appareil photographique
b. l'approbation du public
c. aveugle
d. les bandits
e. le barrage d'agents
f. une bicoque
g. la brutalité et la gentillesse
h. ce qu'elle imagine
i. un coup d'épaule
j. un esprit spectateur
k. des flammes
l. elle grommelle
m. l'intonation de la voisine
n. Lépine
o. A mort!
p. l'odeur de l'incendie
q. son pantalon
r. la personne en cheveux
s. plus loin que la foule
t. une poussière silicieuse
u. quelque chose de lourd
v. rien
w. du sang
x. le jeune homme désabusé

Sujets de discussion, de composition, de recherche, et de présentation

C. **L'analyse: la foule.** La foule est présentée ici presque comme un personnage. Pour une discussion en classe et un essai écrit, analysons ce "personnage".

1. Pourquoi est-ce que ces gens se sont réunis ainsi? Qu'est-ce qui les intéresse? Quel est le rôle de cet "esprit spectateur" dans cette foule?

2. Que fait la foule? Qu'est-ce qu'ils voient? Comment est-ce que les désirs de la foule sont frustrés? Quelles sont les paroles de la foule?

3. Y a-t-il un changement dans le comportement de la foule? Comment est-ce que la violence est associée à la foule?

4. Qui sont les individus qui composent la foule? Est-ce qu'ils se ressemblent? Combien de noms propres sont donnés?

5. Quelles métaphores caractérisent la foule? Quels liens peut-on identifier entre ces expressions symboliques?

6. Quels personnages ne font pas partie de la foule? Qui entre dans la foule et en sort ensuite?

7. Il est question d'être **lucide** et **aveugle**. Comment est-ce que cette thématique se développe dans la présentation de la foule? Qui est aveugle? Qui voit clair? Est-ce que la foule voit clair quelquefois?

8. Il est aussi question de **jupe** et de **pantalon**. Comment est-ce que les hommes et les femmes sont présentés dans cette foule?

9. Où trouve-t-on des foules en général? Avez-vous pu observer une foule qui se transforme en cohue, qui devient violente? En avez-vous fait partie?

10. Quels rôles est-ce que les foules peuvent jouer dans l'histoire politique en général? Dans l'histoire de la France?

D. L'analyse: les vêtements. Les vêtements, la jupe, le pantalon, un tablier noir, un chapeau, ne pas porter de chapeau, même les "épaules bleues" de l'agent, jouent plusieurs rôles dans ce "conte." Identifiez, pour un petit paragraph écrit, les fonctions différentes ici de l'uniforme, des vêtements, de la mode, etc.

E. A la recherche: la mode. Paris est connu comme un des centres de la mode, surtout de la mode féminine. Comment faire des recherches pour caractériser la mode féminine à l'époque où Colette a écrit notre texte? Qu'est-ce que c'est qu'une «midinette»? Dans les images de Colette elle-même, comment se présente-t-elle? Quels changements peut-on observer dans la mode pendant la vie de Colette?

F. A la recherche: la police. Dans les Mémoires de Louis Lépine (1846–1933), on lit: "Un préfet de police qu'on ne voit pas, dont on ne connaît pas la physionomie par les caricatures des journaux, qu'on n'a pas coudoyé (*rubbed elbows with*) dans les rues, avec lequel on n'a pas échangé quelques propos, ce préfet-là peut avoir toutes les qualités du monde; pour le Parisien, il lui en manquera toujours une: ce n'est pas son homme." Comment se renseigner sur l'organisation et sur les fonctions de la police à l'époque de cette communication du journal, *Le Matin*? Quelle est l'histoire de la police? en France? chez vous? Quand l'agent dit à Colette: "tout ce qui porte une jupe doit rester ici tranquille" qu'est-ce que cela suggère à propos de l'attitude sur les femmes de cet agent?

L'art de lire: la lecture

As you finish these readings, you should be considering what to read next. You could find more stories of these or other writers. Stories, through the enjoyment they give, can motivate reading closely and seriously enough for the reader to understand and want to finish. If you have been keeping track of progress, maintaining a portfolio or a journal of your own, of challenges and mastery over this material, use it to help reflect on your abilities and interests. You may move to reading more analytic prose, professional matters, or to essays, to biography, news, or perhaps poetry. How much assistance with new texts do you expect to require? What kind of help might you need? Where could you find it? Remember that reading means understanding concepts as well as words. Cultural and generic frameworks, symbolic and realistic modes, and references that help structure knowledge and stories generally, are some of the strategic tools that, with the words and the grammar, help us through written French. Just as important in developing control over reading is the critical perception of what you read. Try to respond to texts and learn to use them.

Vocabulaire

Most identical and nearly identical cognates are omitted. Definitions apply only to the contexts in which words appear in the text. The abbreviations used are: *m* masculine noun; *f* feminine noun; *mf* noun that can be either masculine or feminine; *pl* plural; and, where the word may also have a different identify, *adj* adjective. Feminine forms of adjectives are given only if they are irregular.

A

abattre to knock down; **s'abattre** to fall down

ablette *f* bleak (small river fish)

abois, être aux abois to be at bay; to be in a desperate plight

aboyer to bark

abri *m* shelter

abriter to shelter

absinthe *f* absinth

absolument absolutely

accabler to overwhelm

accompagner to accompany

accorder to accord, grant

accourir to run up; to come running; to rush

accrocher to hook onto

accroupi squatting

accueillir to greet, welcome

acculée backed up against a wall

acharné fierce, unrelenting

acharnement *m* determination, relentlessness, fury

acheter to buy

acheteuse *f* shopper

achever to finish

acier *m* steel

acquéreur *m* purchaser

acquérir to acquire

acte de décès *m* death certificate

adieu *m* farewell

admettre to admit, allow

adossé leaning with one's back against something

adresser la parole à to speak to; **adresser un sourire à** to smile at

aérien *adj* aerial

s'affaiblir to weaken, grow feeble, diminish

affaires *f* things, possessions; business

affamé famished

affectueux, affectueuse affectionate

affirmer to affirm, state

affreux, affreuse frightful

affronter to confront

afin de so as to, in order to

agacé irritated

agenda de commerce *m* account book

agenouillé on one's knees

agir to act; **s'agir de** to be about

agiter to agitate, excite; **s'agiter** to grow agitated; to struggle

agrémenté decorated

aide *f* help

aider to help

aïeul *m* ancestor

aigrette *f* feather

aigu, **aiguë** acute, sharp

aile *f* wing

ailleurs elsewhere

aimable likable

aimanter to magnetize, to draw towards

aimer to love, like

aimer mieux to prefer

aîné elder, eldest

ainsi thus, so; **et ainsi de suite** and so on

air *m* air; manner, look;

aise *f* ease; **à l'aise** at ease

aisselle *f* armpit

ajouter to add

alcool *m* alcohol

allée *f* walk, path; **allées et venues** comings and goings

allemand German

aller to go; **aller bien** to be in good health; **ça va?** how is it going? how are you? **aller à la rencontre de** to go to meet

allumer to light

allure *f* rate, speed; manner

alors then, so, well; **alors que** while, whereas

alourdir to weigh down, to make heavier

amant *m* lover

amarrer to tie up, moor

âme *f* soul

amener to bring; **amener à** to bring to; to make one decide to

ami *m* friend

amitié *f* friendship

amour *m* love

amoureux, **amoureuse** *adj* in love; *m, f* lover

amuser to amuse; **s'amuser** to have a good time, have fun

an *m* year

ancêtre *m* ancestor

ancien ancient; former

âne *m* donkey

angoisse *f* anguish; anxiety

angoissé anxious

année *f* year

annoncer to announce; to tell about

anonyme anonymous

anormal abnormal

apaiser to calm down, appease

apercevoir, **s'apercevoir** to notice, see, remark

appareil *m* machine; **appareil photographique** camera

apparence *f* appearance

appartenir to belong; to appertain

appel *m* call

appeler to call

appointements *m pl* salary

apporter to bring

apprécier to appreciate, value

apprendre to learn, find out; to teach, inform

approcher, **s'approcher** to approach; to draw near

approuver to approve

approximativement approximately

appui *m* support

appuyer to lean; to support

après after; **et après?** so what? **d'après** according to

après-midi *mf* afternoon

arbre *m* tree

argent *m* money; silver

argenté silvery

arme *f* arm (weapon); **arme à feu** firearm; **fait d'armes** *m* feat of arms

armée *f* army

arracher to tear; to grab away

s'arranger to work out

arrêt *m* stop

arrêter to stop

arrière behind

arrivée *f* arrival

arriver to arrive; to happen; to succeed

arriviste *m* social climber
artillerie *f* artillery
as *m* ace; expert
assaillir to assail
assassiner to kill; to assassinate
assaut *m* assault
s'asseoir to sit down
assez enough
assiette *f* plate
assis seated
assister à to witness; to be present at
assurément assuredly
attacher to attach
attaquer to attack
attarder to delay
atteindre to reach, attain; to strike
atteint stricken
attendre to wait, to wait for
s'attendre à ce que to expect
attendrir to touch, move
attendu expected
atterrer to overwhelm, knock down, floor
attirer to attract
attraper to catch
aube *f* dawn
auberge *f* inn
aubergiste *m* innkeeper
aucun, aucune none, not any
audacieux, audacieuse audacious
au-dedans inside
au-dessus above
auparavant beforehand, first
auprès de near, close to; by; at
aurore *f* dawn
aussi also; therefore
aussitôt immediately; **aussitôt que** as soon as
autant as much, as long; **tout autant** just as much; **en faire autant** to do as much; to do the same thing
automne *m* autumn
autoriser to authorize

autour de around
autre other
autrefois in the past
autrement otherwise; differently; **autrement dit** in other words
avaler to swallow
avance: en avance in advance
avancer to advance
avant before; **avant-hier** the day before yesterday; **l'avant-veille** two days before
avant-garde *f* vanguard
avant-poste *m* outpost
avec with
avenir *m* future
s'aventurer to venture forth
avertir to warn
aveugle blind; **aveuglé** blinded; **aveugler** to blind
avis *m* opinion
s'aviser to notice; to be aware
avocat *m* lawyer
avoir to have; **y avoir** to be; **avoir lieu** to take place; **avoir raison** to be right; **avoir tort** to be wrong; **on les aura** we'll get them
avouer to admit

B

badaud *m* on-looker, stroller
badaud *adj* curious
badin jocular
bague *f* ring
bâiller to yawn
baiser *m* kiss
baiser to kiss
baisser to lower
se balader to traipse around
balancer to swing
balbutier to stammer
balcon *m* balcony
baleine *f* whale
ballant *adj* dangling

ballotté knocked about

bambin *m* baby

bambou *m* bamboo

banal banal, ordinary

banc *m* bench

bande *f* band, gang

banlieue *f* suburb

baraque *f* shed, hovel

barbu bearded

barque *f* boat

barrage *m* dam, obstruction

barre *f* bar; **à la barre** in court, at the bar of justice

barré barred, blocked

barrière *f* barrier, gate

bas low; **en bas** down below; **tout bas** in a low voice

bas-côtés *m pl* side-aisles (usually of a church)

bataille *f* battle

bâtiment *m* building

battre to beat

bavard talkative

bavardage *m* talking

béant gaping, open-mouthed

beau, belle beautiful; fine

bébé *m* baby

bégayer to stammer, stutter

béquille *f* crutch

berge *f* bank of a river

berger *m* shepherd; **berger des ânes** donkey-keeper

berlingot *m* a kind of candy

besogne *f* job, work

besoin *m* need

bête *f* animal

bête *adj* stupid; **bêtement** stupidly; **bêtise** *f* stupidity

biais *adj* slanting

bicoque *f* shack

bien well; indeed; very; **bien des** many; **si bien que** so that; **bien portant** healthy; **bien entendu** of course

bien-aimée *f* beloved

bienséance *f* propriety, decency

bientôt soon; **à bientôt** see you soon

bienveillant benevolent, kindly

bienvenue *f* welcome

bière *f* beer

bijou *m* jewel

bijoutier *m* jeweler

bille *f* billiard ball

billet *m* bill

blanc, blanche white

blanchâtre whitish

blanchir to whiten, turn white

blasé blasé, world-weary

blesser to wound

bleu blue

bloc *m* block; **tomber d'un bloc** to fall flat

bloqué blockaded

se blottir to hide, crouch down

boa de plumes *m* feather boa

bocal *m* basin; fishbowl

bock *m* glass of beer

bohémienne *f* gypsy woman

boire to drink; **boire un coup** to have a drink

bois *m* wood

boîte *f* box

bon, bonne good; **à quoi bon** what's the use of

bond *m* leap; **d'un bond** in a rush

bondir to leap, bound

bondissant leaping, bounding

bonheur *m* happiness

bonhomie *f* cheeriness

bonjour *m* good day, hello

bonne *f* maid

bonsoir *m* good evening

bord *m* edge; bank; side

border to line; to run alongside

borné limited, narrow, shortsighted

bosquet *m* grove

botte *f* boot

bouche *f* mouth
bouchée *f* mouthful
boue *f* mud
bouffée *f* puff
bouger to move, budge
bouillon *m* bubble
bouillonner to bubble up
boule *f* ball; **boules** type of bowls (game)
boulet *m* cannonball
bouleverser to upset
bourgeoisie *f* upper middle class
bourrade *f* blow
bout *m* end; bit; **à bout de** at the end of; out of
bouteille *f* bottle
boutique *f* shop
bouton *m* button; knob
boxe *f* boxing
branchage *m* branches
brandir to brandish; to hold
bras *m* arm (anatomy)
brasserie *f* beer hall, café-restaurant
brave brave; good, decent
bref brief; in brief
brigadier *m* police sergeant
briller to shine
brise *f* breeze, wind
briser to break
broche *f* brooch
brosse *f* brush
brosser to brush; **se brosser les cheveux** to brush one's hair
broussaille *f* brushwood, undergrowth
brousse *f* brush, wilderness
bruit *m* noise
brûlé *adj* burned
brûlure *f* burn
brun brown
brusque brusque; sudden
brusquement suddenly; brusquely
buée *f* mist
buisson *m* bush

bulletin scolaire *m* report card
bureau *m* bureau; office
but *m* goal, objective

C

cabine téléphonique *f* telephone booth
cabinet *m* cabinet; office
cacher to hide
cachettes *f, pl;* **jouer aux cachettes** to play hide and seek
cadeau *m* gift, present
cadre *m* frame, setting
café *m* coffee; café, bar
caillou du Rhin *m* rhinestone
calomnie *f* slander, calumny
camarade *mf* friend, buddy; comrade
camion *m* truck
campagne *f* countryside
campement *m* camp; encampment
canard *m* duck
canne *f* cane; fishing pole
canon *m* cannon; **canon de fusil** rifle barrel
canotier *m* straw hat
caoutchouc *m* rubber
capitaine *m* captain
car because, for
car *m* van; bus
carafe *f* decanter; **laisser en carafe** *(slang)* to leave someone speechless
carrément squarely; frankly
carrier *m* quarryman
carte *f* card; map; **carte de visite** visiting (calling) card
carton *m* carton, box; cardboard
cartouche *f* cartridge
cas *m* case
casque *m* helmet; **casque à pointe** pointed helmet
casquette *f* cap
casser to break
cause *f* cause; **à cause de** because of

causer to cause; to chat, talk

ce, cet, cette, ces this, that, these, those

ceci, cela this, that

céder to give way, cede

célèbre celebrated, famous

cependant however

ce que, ce qui what

cercle *m* circle; club

cerisier *m* cherry tree

certes certainly

cesse cease; **sans cesse** constantly, without ceasing

cesser to cease, stop

chacun each, each one

chagrin *m* chagrin, sorrow

chaise *f* chair

chaleur *f* heat

chambre *f* bedroom; **chambre d'amis** guest room

champ *m* field

chance *f* luck

changement *m* change

changer to change; **changer d'avis** to change one's mind

chanter to sing

chanteur, chanteuse *m, f* singer

chapeau *m* hat; **chapeau melon** derby

chaque each

charger to load; to take on board; **se charger de** to take care of

chasse *f* hunting, hunt

chat *m* cat

châtain chestnut-colored

château *m* castle

chatouiller to tickle; to titillate

chatterie *f* caress, kittenish manner

chaud hot

chauffeur *m* chauffeur, driver

chaussée *f* pavement

chavirer to capsize

chef *m* employer, boss

chemin *m* path, way; **chemin faisant** along the way; **en chemin** along the way; **chemin de fer** railroad

chemise de nuit *f* nightshirt

chercher to look for

chétif, chétive weak, sickly

cheval *m* horse; **à cheval sur** sitting astride

chevaucher to ride on a horse or donkey

chevelure *f* head of hair, hair

chevet *m* bedside

cheveux *m pl* hair

chèvre *f* goat

chez at the house of

chic fashionable; swell, great

chien *m* dog

chiffre *m* number, figure

chignon *m* chignon, bun

choc *m* shock; impact

choisir to choose

choix *m* choice

choquer to shock

chose *f* thing

chute *f* fall

ciel *m* heaven; sky

cimetière *m* cemetery

cinq five

cinquante fifty

circonspection *f* circumspection, caution; respect

circuler to circulate, move about

clair clear; bright; light

clameur *f* clamor, noise

clarté *f* clarity, light

clef *f* key

clinquant *m* false jewelry

clos closed

cœur *m* heart

coffre *m* trunk of a car

cohue *f* mob

coiffé wearing on one's head

coin *m* corner; **coin du feu** fireside

colère *f* anger

collègue *m* colleague, co-worker

coller to stick; to glue

collier *m* collar; necklace

colonne *f* column

colporter to peddle; **colporter des ragots** spread gossip

combattant *m* combatant; soldier

comédie *f* play (theatrical), reenactment; act, pretense, show

comme like; as, since

commencement *m* beginning

comment how; what

commettre to commit

commis *m* shop assistant; **commis de bureau** office clerk

commissaire de police *m* police superintendent

commission *f* errand

commode *adj* convenient, comfortable

commun common; **le commun des mortels** the common run of people

compagne *f* female companion

compagnie *f* company

compagnon *m* male companion

complaisance *f* indulgence; accommodating spirit

complice *mf* accomplice

compliqué complicated; **ce n'est pas compliqué** that's all there is to it

comprendre to understand, comprehend; to include; **y compris** including

compte *m* account

compter to count; to count on, plan

comptoir *m* counter

condamner to condemn

condoléances *f pl* sympathy, condolences

conduire to conduct, lead; to drive; **se conduire** to behave

conduite *f* conduct, behavior

confiance *f* confidence

confier to confide; to entrust

confondre to confuse, mix up, confound

confrère *m* friend, associate

confus confused, embarrassed

congé *m* day off; **en congé** on leave; **prendre congé** to take one's leave

connaissance *f* acquaintance; consciousness; **apporter à la connaissance de quelqu'un** to bring to someone's attention

connaître to know, be acquainted with

conquérir to conquer, overcome

conseil *m* advice

conseiller to advise, counsel

constater to notice, observe, take note of

consterner to consternate; to alarm

constituer to constitute; **se constituer prisonnier** to give oneself up

construire to construct

consultation *f* doctor's appointment

consumer to consume; **se consumer** to wear out, go out

conte *m* story, tale

contenir to contain

contraindre to constrain

contrainte *f* constraint

contraire *m* the contrary

contrarier to thwart, go against the wishes of

contre against

contre-expertise *f* counterappraisal, second expert assessment

contretemps *m* contretemps, hitch

convenable suitable, proper

convenir to agree; to be suitable

convocation *f* summons

copain *m* pal

coquet, coquette well-dressed; flirtatious

coquetterie *f* conquettishness; pride

corde *f* cord, rope

corps *m* body; **corps d'armée** army corps

corriger to correct

côte *f* hill; **côte à côte** side by side

côté *m* side; **à côté** beside, nearby; **du côté de** toward, over by

cou *m* neck

couchant *m* **couchant du soleil** sunset

couche *f* layer

coucher to lay down; **se coucher** to go to bed

coude *m* elbow

couler to flow, pour; **couler à pic** to sink to the bottom

coup *m* blow, strike; **coup de couteau** stab; **coup d'œil** glance; **coup de main** helping hand; **coup de pied** kick; **coup de téléphone** telephone call; **coup de vent** gust of wind; **boire un coup** to have a drink; **d'un coup** all at once; **coup sur coup** over and over

coupable guilty

couper to cut

cour *f* court, courtyard; **faire la cour** to pay court

couramment ordinarily, usually

courant *m* current

courbe *f* curve, parabola

courbé bent

courir to run

courrier *m* mail

course *f* errand; **au pas de course** at full speed

course de taureaux *f* bullfight

courtisane courtesan, "kept woman"

couteau *m* knife

coûter to cost

couver to hatch

couvert *m* cover; table setting

couvrir to cover

cracher to spit; to emit

craindre to fear

crainte *f* fear

craintif timid, fearful

crapule *f* villain

crapuleux, crapuleuse villainous

craquer to crack

crasse *f* dirt

créer to create

crépuscule *m* dusk, twilight

crever to burst

cri *m* cry, yell

crier to yell, call, cry out

crise cardiaque *f* heart attack

critiquer to criticize

croire to believe

croiser to cross; **croiser les bras** to fold one's arms

croissant *m* crescent of the moon

crotté muddy

croûton *m* bread crumb

croyable credible, believable

cuir *m* leather

cuire to cook

cuisine *f* kitchen; cooking

cuisinière *f* cook

cuite cooked

culotte *f* pants

curieux, curieuse curious, strange

cycliste *m* bicyclist

cynique cynical

D

d'abord at first

d'accord agreed, OK

d'ailleurs besides

dame *f* lady

damné damned

d'après according to

davantage more

débarrasser to clear away; **se débarrasser de** to get rid of

débat *m* debate, discussion

débattre to debate; to discuss

debout standing

déboutonner to unbutton

débrouiller to untangle; to figure out

début *m* beginning

débutant *m* beginner

débuter to begin

décemment decently

décès *m* death

décevoir to disappoint

déchirant piercing

déchirer to tear

décidé à determined to

décider to decide; to persuade someone (to)

décomposer to decompose; **se décomposer** to fall apart; to become distorted

décorer to decorate; to give a medal to

découvert uncovered; open; convertible

découverte *f* discovery

découvrir to discover

décrire to describe

déçu disappointed

dedans, au-dedans inside

défaillance *f* weakness; faintness

défaire to undo; **se défaire de** to get rid of

défaite *f* defeat

défendre to defend; to forbid

défendu forbidden

défenseur *m* defender

définitivement definitively; for good

dégoût *m* disgust

dégoûtant disgusting

dehors outside

déjà already

déjeuner *m* lunch

déjeuner to lunch

delà: au delà beyond

délaissé abandoned

délibérément deliberately

demain *m* tomorrow

demander to ask; to require

démangeaison *f* itch; need

démarrer to start up; to drive off

demeurer to remain; to live

demi half

demi-cercle *m* half-circle

démission *f* resignation

demoiselle de compagnie *f* lady's companion

démolir to demolish

dénoncer to denounce; to reveal the presence of

dénué bare, denuded

départ *m* departure

dépasser to pass, go beyond

dépêcher: se dépêcher to hurry, hasten

dépeupler: se dépeupler to be depopulated

déplacer: se déplacer to move about

déployer to deploy

déposer to put down; to drop off

depuis since

déranger to bother

derechef a second time, yet again

dernier, dernière last

derrière behind, rear

dès as soon as; beginning with; **dès lors** from then on

désabusé disillusioned

désaccord *m* disagreement

désagréable disagreeable

désagréger to disaggregate

descendre to descend, go down; to get off; **descendre à l'hôtel** to stay at the hotel

désert *m* desert; *adj* deserted

désespéré desperate

désespoir *m* despair

déshabillage *m* undressing

déshabillé undressed

désigné chosen

désintéresser: se désintéresser to lose interest

désolé sorry

désordre *m* disorder

désormais henceforth

dessin *m* drawing

dessus above, over; **tirer dessus** to shoot at

détachement *m* detachment; troops sent on special service

détacher to unfasten

détenteur *m* possessor

détruire to destroy

dette *f* debt

devant in front of, before

devenir to become

devoir to owe; to have to

devoir *m* duty

dévouement *m* devotion

d'habitude usually

dieu *m* god; **mon dieu** heavens

digne worthy; dignified

dimanche *m* Sunday

dîner to dine

dire to say; **cela ne vous dit rien de...?** would you be interested in...? **Pour ainsi dire** so to speak

diriger to direct; **se diriger vers** to head toward

discuter to discuss

disparaître to disappear

dissimuler to dissimulate, hide

distraire to distract; **se distraire** to relax, enjoy oneself

divertissement *m* entertainment, amusement; show

dix ten

d'office automatically

doigt *m* finger

domestique *mf* servant

domicile *m* domicile, home; **à domicile** at the doorstep

donc therefore

donner to give; **étant donné que** given that, since

dont of which; whose

d'ordinaire usually, ordinarily

dorer to gild

dormir to sleep

dos *m* back

dot *f* dowry

doucement gently; quietly; slowly

douceur *f* delight; sweetness

douleur *f* sorrow; pain

douloureux, douloureuse painful

doute *m* doubt

douter to doubt; **se douter de** to suspect

doux, douce sweet; soft; gentle

douzaine *f* dozen

draguer to drag

drame *m* drama; adventure

drap *m* sheet; clothing material

droit *m* right; **faire son droit** to study law

droite *f* right (versus left)

drôle funny

dupe duped, fooled

dur hard; **dur-à-cuire** *m* tough customer

durer to last

E

eau *f* water

écarlate scarlet

écart *m*: **à l'écart** off to the side

écarter to put aside; to separate, to shove away

échange *m* exchange

échapper to escape

échauffer: s'échauffer to heat up; to get excited

éclairé lighted up; with the lights on

éclairer to reconnoiter

éclater to burst

école *f* school

écouter to listen

écraser to crush

s'écrier to cry out

écrire to write

écrouler: s'écrouler to fall down

écume f foam

éducation f upbringing

effarer to frighten, startle

effectuer to bring about; to carry out

effet m effect; en effet in fact; in effect; sure enough

effleurer to brush up against; le doute l'effleura doubt crept into his mind

effraction f illegal entry

égal equal; ça m'est égal I don't care

également also; equally

égard m regard, respect; à cet égard with respect to that (in that regard)

église f church

égout m sewer

élancer: s'élancer to rush forward

élever to bring up

s'éloigner to go off

émail m enamel

émaner to emenate

embrassade f embrace

embrasser to embrace; to kiss

émeraude f emerald

émerveiller: s'émerveiller to marvel

emmener to lead off; to take away; to take

emparer, s'emparer de to take hold of, to take possession

empêcher to prevent

emplir to fill

employé m employee

employer to use; to employ

emporter to carry off; to take away

empourprer to turn purple

empresser: s'empresser to hasten

emprunter to borrow; to take

ému moved; upset

encadré flanked

encore again; yet

endormi asleep; half-asleep

endormir: s'endormir to fall asleep

endroit m place

enfance f childhood

enfant mf child

enfantin childish

enfermer to close in; to lock up

enflammer to inflame

s'enfuir to run away

enjamber to step over

enlacer to interlace, intertwine

enlever to take away; to take off; to carry off, abduct

ennui m problem, difficulty

ennuyer to bother, annoy; to bore

ennuyeux, ennuyeuse boring

enquête f investigation

enquêter to investigate

enragé fanatic; furious

enroué hoarse

ensanglanté bloody, blood-red

ensemble together

ensuite next

entendre to hear; to understand; to mean, intend; entendre parler to hear (someone) speaking; entendre parler de to hear about; bien entendu of course; s'entendre to get along

enterrement m burial; funeral

enterrer to bury

entier, entière entire, whole

entourer to surround

entraîné carried away

entraîner to drag, take off

entre between

entrée f entrance; entry

entrer to enter, go in

entretien m conversation

envahir to invade

envelopper to envelop, wrap up, surround

envers toward

envie f desire; avoir envie de to want to

environ around

épais, épaisse thick

épaule *f* shoulder; **hausser les épaules** to shrug one's shoulders

éperdu overcome; frantic

éperdument frantically

époque *f* period, time, epoch

épouse *f* wife, spouse

épouser to marry

épouvantable frightful

épouvante *f* fright, fear

époux *m* husband, spouse

éprendre: s'éprendre de to be infatuated with, taken with, in love with

épreuve *f* trial, difficulty

épuiser to wear out, exhaust

équipage *m* carriage

équipe *f* crew, team

erreur *f* error

escadre *f* squadron

escalier *m* staircase, stairs

espérer to hope

espion *m* spy

espoir *m* hope

essai essay

esprit *m* mind, spirit, wit

essayer to try

essence *f* gas

essouffler: s'essouffler to run out of breath

essuyer to wipe

estimer to estimate; to evaluate; to esteem

établir to establish, settle

étage *m* floor, story (of a building)

étaler to display

étang *m* pond

état *m* state; condition

étendre to extend, reach out; **s'étendre** to stretch out, lie down

étiquette *f* label

étonnement *m* astonishment, surprise

étonner to astonish; **s'étonner de** to be astonished by

étouffer to stifle; to smother

étourdi dazed

étrange strange

étranger *m* stranger

étrangler to strangle, choke

être to be

être *m* being

étudiant *m* student

éventré gutted

éveil *m* awakening; **en éveil** alert

événement *m* event, development

évidemment obviously

éviter to avoid

exemple *m* example; **par exemple!** my word!

exigeant demanding, particular

exiger to require, insist on

expérience *f* experience; experiment

expérimenté experienced

expliquer to explain

exprimer to express

F

face *f* face; **en face de** facing, in front of, opposite

fâcher to anger; **se fâcher** to get angry

fâcheux, fâcheuse bothersome, troublesome

facile easy

faciliter to facilitate, simplify

façon *f* way, fashion

faible weak, small

faiblesse *f* weakness

faiblir to weaken

faillir to come close to, to nearly... ; **il faillit tomber** he nearly fell

faim *f* hunger

faire to make; to do; **en faire autant** to do as much; to do the same thing; **faire beau** to be good weather; **faire grâce** to pardon, forgive; **faire l'impossible** to do one's utmost; **faire mal** to hurt; **faire semblant de** to pretend; **faire signe** to wave

fait *m* fact; **au fait** by the way; in fact; **fait d'armes** feat of arms

falloir to be necessary

fameux, fameuse famous; very good

familial *adj* family, familial

famille *f* family

fantaisie *f* fantasy; whim

fantôme *m* phantom, ghost

faute *f* mistake; fault

faubourg *m* suburb

faubourien, faubourienne suburban, **accent faubourien** common acent

fauteuil *m* armchair

faux, fausse false; **faux ami** false friend; misleading cognate

feindre to pretend, feign

féliciter to congratulate

femme *f* woman; wife

fenêtre *f* window

fer *m* iron

fer-blanc *m* tin

ferme *adj* firm

fermer to close

feu *m* fire; **arme à feu** *f* firearm

feuille *f* leaf; newspaper

fiacre *m* horse-drawn cab

fiche *f* registration form

fier, fière proud

fiévreux, fiévreuse feverish

figure *f* face

fil *m* thread

filer to speed along, rush

filet *m* net

fille *f* girl; daughter; prostitute

fils *m* son

fin *f* end

finir to finish; **finir par** to end up by (doing something), to finally (do something)

fixer to fix, determine, set

flagorneuse flattering, simpering

flairer to sense; to smell out

flâner to stroll

flâneur stroller

flaque *f* puddle

fleur *f* flower

fleuve *m* river

flot *m* flood

flotter to float, hover

flotteur *m* float, bobber

flottille *f* flotilla

fluxion de poitrine *f* pneumonia

foi *f* faith; **ma foi** upon my word, well

foire *f* fair

fois *f* time; **à la fois** at the same time, both

foncer to charge

fonctionnaire *mf* civil servant

fonctionner to function, work

fond *m* bottom; **au fond** deep down, fundamentally

force *f* strength; **à force de** by dint of, by

forêt *f* forest

forme *f* form, shape; **pour la forme** as a matter of form, for appearance's sake

formule *f* formula

fort strong; very

fortune *f* fortune; money

fossé *m* ditch

fou, folle crazy, mad

fouiller to search

foule *f* crowd

fournir to furnish; **bien fourni** abundant

fourré *m* bush

fracas *m* loud noise; fracas

franc, franche frank, open

français French
franchement frankly
franchir to cross
franchise *f* frankness
franc-tireur *m* partisan, irregular
frapper to hit, strike
frauduleusement fraudulently
frein *m* brake
freiner to brake
frémir to tremble
frémissement *m* trembling
frénétique frenzied, frenetic
frère *m* brother
frétillant wriggling
frire to fry
frisson *m* shiver, shudder
frissonner to shiver, shudder
friture *f* fried fish
froid *adj* cold
front *m* forehead
frotter to rub; to scrub
fuir to flee, run away
fuite *f* flight
fumée *f* smoke
fumer to smoke
fusil *m* rifle; **fusil au pied** at parade rest
fusillade *f* fusillade, hail of bullets
fusiller to shoot by firing squad
fut was
futaie *f* cluster of trees

G

gager to wager, to bet
gagner to win; to gain; to earn; to reach; to go to
gai gay, funny
gaieté *f* gaiety, merriment
gamin *m* boy, kid
gant *m* glove
garagiste *m* garageman
garçon *m* boy; waiter

gardé kept, reserved
garder to keep; to watch over
gardien *m* guard
gare *f* railway station
garer, **se garer** to get out of the way
garrotter to tie up
gars *m* guy, fellow
gâter to spoil
gauche *f* left
gaucherie *f* clumsiness
géant *m* giant
gémir to moan
gendarme *m* policeman
gendarmerie *f* police station
gêne *f* embarrassment
gêné embarrassed; troubled
gêner: se gêner to bother about, go out of one's way for
généreusement generously
généreux, généreuse generous
genou *m* knee
genre *m* type; gender
gens *m pl* people
gentil, gentille nice
gentillesse *f* graciousness, niceness
gentilhommière *f* manor house, country estate
geste *m* gesture
gilet *m* vest
gîter to lodge
glapir to yelp
glisser to slide, slip
gonfler to swell up
gorge *f* throat
gouaillerie *f* cheekiness, impudence
goujon *m* gudgeon, small fry
goût *m* taste
gouverner to steer; to govern
grâce: grâce à thanks to; **faire grâce à** to pardon, forgive
grand big; great
grasseyer to speak with a strongly marked r sound

gré: bon gré, mal gré willy-nilly, whether one wants to or not; **savoir gré** to be grateful

grimper to climb

grinçant grinding, squeaking

gris gray

griser: se griser to get tipsy

grognement *m* grunt

grommeler to grumble

gronder to rumble; to growl

gros, grosse big; fat

grossir to grow big; to make appear big

grue *f* derrick; crane

guère scarcely

guerre *f* war

guerrier *m* warrior

guetter to watch for; to spy on

guidon *m* handlebar

H

habile clever; able

habiller to dress; **s'habiller** to get dressed

habitant *m* inhabitant

habiter to live

habitude *f* habit; **d'habitude** usually

habituel, habituelle habitual

habituer: s'habituer à to get used to

haine *f* hatred

haleine *f* breath

haleter to pant

haller to haul, to heave

hanté haunted; obsessed

hardi bold; hardy

hasard *m* chance; **à tout hasard** on the off chance, just in case

hasarder to suggest tentatively; to risk

hâte *f* haste

hâter to hasten

hâtif, hâtive hasty

hausser to heighten; **hausser les épaules** to shrug one's shoulders

haut high; aloud

hautain haughty

hauteur *f* height; level

hein? eh? what?

hélas alas

herbe *f* grass

héritage *m* inheritance; heritage

héritier *m* heir

heure *f* hour; time; o'clock

heurter to bump into, run into

heureux, heureuse happy

hier *m* yesterday

hisser to hoist

histoire *f* story; **des histoires** shenanigans

hiver *m* winter

hocher: hocher la tête to shake one's head

hommage *m*: **mes hommages** my respects

homme *m* man

honnête honest; virtuous

honte *f* shame

honteux, honteuse ashamed

horloge *f* clock

horloger *m* clockmaker

horreur *f* horror; **j'ai horreur de** I can't stand

hors de combat out of action

hôtel *m* hotel; **hôtel particulier** town (private) mansion

huissier *m* bailiff

huit eight

humeur *f* humor; mood

hurlant howling, yelling

hurler to yell

I

ici here

idée *f* idea

idiot *adj* idiotic; dumbstruck

ignorer not to know, to be ignorant of

il y a there is, there are; ago

île *f* island

immeuble *m* building

immobiliser to immobilise

immodéré immoderate

immonde foul; unspeakable

impatienter: **s'impatienter** to grow impatient

impérieux, **impérieuse** imperious; pressing

importer to matter; **n'importe** it does not matter

imposteur *m* impostor

impressionner to impress

imprimé printed

incendie *f* fire

incliner: **s'incliner** to bow

inconnu unknown

inculper to charge with

indice *m* clue

indigne unworthy

indigné indignant

indiquer to indicate; to show; to point at

infanterie *f* infantry

infini infinite

infirmière *f* nurse

ingénieux, **ingénieuse** ingenious

injure *f* insult

inquiet, **inquiète** worried, uneasy

inquiétant worrisome; bothersome

inquiéter to worry

inquiétude *f* worry, anxiety

installer: **s'installer** to move in, settle in; to sit down

instantané instantaneous

insuffisant insufficient

insupportable unbearable

intégral total, complete

intention: **à l'intention de** intended for; addressed to

interdire to forbid

interdit forbidden

intérieur *m* inside

interrogatoire *m* interrogation

interroger to interrogate

interrompre to interrupt

intervenir to intervene

intrigue *f* plot

introduire to show in; to put into

inutile useless

invraisemblablement unbelievably

irrégulier, **irrégulière** irregular

isolé isolated

issue *f* exit; way out

J

jaloux, **jalouse** jealous

jamais never; ever

jambe *f* leg

janvier *m* January

jaquette *f* morning coat

jardin *m* garden

jaune yellow

jeter to throw; to say, interject, cry out; **jeter bas** to bring down; **se jeter** to throw oneself

jeu *m* game; **en jeu** at stake

jeudi *m* Thursday

jeun: **à jeun** on an empty stomach

jeune young

jeunesse *f* youth

joaillier *m* jeweler

joie *f* joy

joindre to join; **se joindre à** to join with; **les pieds joints** with feet together

joli pretty

joue *f* cheek

jouer to play; to deceive; to imitate

jouet *m* toy

jouissance *f* pleasure

jour *m* day; daylight; **au jour levant** at daybreak; **du jour au lendemain** from one day to the next; **jour de solde** sale day

journal *m* newspaper

journée *f* day; **à longueur de journée** all day long

joyau *m* jewel

joyeusement joyously

jugé *m* **faire quelque chose au jugé** to do something by guessing, at random

juger to judge; to consider; **se juger** to consider oneself to be

jurer to swear

juron *m* oath; swear word

jusque, **jusqu'à** until; as far as; even

juste just; **au juste** exactly

justement just so; exactly

justifier to justify

L

là there

là-bas over there

lac *m* lake

lacet *m* shoe-lace

lâcher to let go; **se lâcher** to drift apart

lâcheté *f* cowardice

là-haut up there

laisser to leave; to let, **laisser entendre** to imply; **se laisser faire** to take it lying down; **laisser en carafe** *(slang)* to leave someone speechless

laissez-passer *m* pass

laiteux, **laiteuse** milky

lancer to throw; to cry out

langue *f* tongue; language

largesse *f* largess, generosity

larme *f* tear

lasser to tire; to fatigue, to bore

laurier *m* laurel

laver to wash

léger, **légère** light

lendemain *m* next day

lent slow

lentement slowly

lequel, **lesquels**, **laquelle**, **lesquelles** which

lettre *f* letter

lever to lift; **se lever** to get up, rise

lèvre *f* lip

liane *f* creeper

liasse *f* bundle

libérer to liberate

liberté *f* liberty

libre free

lien *m* bond

lier to tie

lieu *m* place

ligne *f* line; railroad line

linge *m* laundry; linen

lire to read

lit *m* bed

livide livid, white

livre *m* book; **livre de vente** register of sales

livrée *f* livery, uniform

loge *f* box in the theatre

loger to lodge, house

logique *adj* logical

logique *f* logic

logis *m* house, dwelling place

loi *f* law

loin far

lointain far away, distant

long: de long en large back and forth; **le long de** along

longtemps a long time

longuement at length

longueur *f* length; **à longueur de journée** all day long

lorsque when

louange *f* praise

loupe *f* magnifying glass

lourd heavy

lourdeur *f* heaviness; clumsiness

luire to shine

lumière *f* light

lundi *m* Monday

lune *f* moon; **lune de miel** honeymoon

lustré lustrous

lutte *f* struggle

lutter to fight, to struggle

luxe *m* luxury

M

machin *m* thingamajig, whatsit

machinalement automatically, unconsciously

mâchoire *f* jaw

magasin *m* store; **grand magasin** department store

maille *f* mesh

main *f* hand

maintenant now

maintenir to maintain; to keep

maison *f* house; firm, company; **à la maison** at home

maître *m* master

maîtresse *f* mistress; **maîtresse de la maison** lady of the house; hostess

mal badly; **mal à l'aise** uneasy

mal *m* trouble

malade sick

maladresse *f* clumsiness

maladroit clumsy

malgré in spite of

malheur *m* misfortune, unhappiness, accident

malheureux, malheureuse unhappy

malin sly; clever

maltraiter to mistreat

maman *f* mom, mommy

manche *f* sleeve

mandat *m*: **mandat de perquisition** search warrant

mangeaille *f* mounds of food

manger to eat

manière *f* manner

manigances *f pl* tricks, schemes

manquer to miss; to fail; to almost (do something)

manteau *m* coat

marchand *m* merchant

marche *f* walking; movement; step; **en marche** running, moving; **marche arrière** reverse

marcher to walk; to work, run

mardi *m* Tuesday

mari *m* husband

marier to marry off; **se marier** to get married

marinier *m* sailor

maroquin *m* Morocco leather

massif *m* clump of bushes

masure *f* tumbledown cottage; hovel

mât de cocagne *m* maypole

matelas *m* mattress

mathématique mathematical

matière *f* matter

matin *m* morning

matinée *f* morning

mauvais bad

méchant mean; bad, evil; paltry

médecin *m* doctor; **médecin légiste** forensic surgeon

méfiance *f* suspicion

méfier: se méfier to mistrust, be suspicious of

mélange *m* mixture; **sans mélange** pure, unalloyed

mêler to mix up; **être mêlé à** to be involved in

même same; even; self

ménage *m* couple; household

ménagement *m* consideration, care

mener to lead, to take

menotte *f* handcuff

mensonge *m* lie

mentir to lie

méprendre: se méprendre to be mistaken

mépris *m* scorn

mercier *m* shopkeeper selling thread, ribbon, needles

mercredi *m* Wednesday

mère *f* mother

méridional Southerner (of France)

mérite *m* merit

merveilleux, merveilleuse marvelous

mesure *f* measure; **à ma mesure** that fits me; **à mesure que** gradually, as

métier *m* job; profession

mètre *m* meter

mettre to put, to put on; **mettre à la porte** to fire, dismiss; **mettre en route** to start up; **se mettre à** to start to; **mettre six minutes à** to take six minutes to

meuble *m* piece of furniture

meublé furnished

meurtrir to bruise

mi: à mi-voix in an undertone

midi *m* noon

midinette *f* young female worker (typically in an apparel trade) who has free time at lunch

milieu *m* middle; environment

mille *m* thousand

mine *f* face, look; **faire mine de** to pretend to

ministère *m* ministry

minuit *m* midnight

miroiter to gleam

misère *f* misery; poverty

mobile *m* motive

mode *f* fashion; *m* manner, way

modeler to model; **se modeler sur** to take the shape of

moindre least

moineau *m* sparrow

moins less; **pour le moins** at the least; **du moins, au moins** at least

mois *m* month

moitié *f* half

moment *m* moment; time; **du moment que** since

monde *m* world; people; **tout le monde** everybody

monsieur *m* mister; gentleman

montagne *f* mountain

monter to go up

montre *f* watch

montrer to show

monture *f* clasp

moquer: se moquer de to make fun of; not to care about

morceau *m* piece

mordre to bite

morne dreary; sad

mort *f* death; *adj* dead

mort *m* dead person; dummy at bridge

mortel, mortelle mortal

mot *m* word; note; **mot-clé** key word; **mot d'ordre** password; **prendre au mot** to take literally

motif *m* motive, reason

moto, motocyclette *f* motorcycle

mou, molle soft

moucher: se moucher to blow one's nose

mouchoir *m* handkerchief

mourir to die

mousseline *f* muslin

mouvoir to move

moyen *m* means, way; **les moyens** the means, the wherewithal, the money

moyennant for a sum of; by means of

muet, muette quiet; mute

muni equipped

mur *m* wall; **mur d'appui** parapet

mystère *m* mystery

N

nager to swim

nageuse *f* female swimmer

naïf, naïve naive

naître to be born; **faire naître** to give rise to

naturel, naturelle natural

néanmoins nevertheless

nécessaire necessary; **faire le nécessaire** to do what has to be done

négliger to neglect

nerveux, nerveuse nervous; energetic

net clean; sharp

nettement clearly

nettoyer to clean

neuf nine

neveu *m* nephew

nez *m* nose

ni... ni... neither... nor...

nid *m* nest

nier to deny

noces *f pl* marriage, wedding

noir black

noircir to blacken

nom *m* name; noun; **nom de Dieu!** my God! **nom de nom!** heavens!

nombre *m* number

nombreux, nombreuse numerous

non no; **non plus** neither

normand Norman

notaire *m* legal and financial advisor

note *f* bill

nourrice *f* wet-nurse, nurse who breastfeeds babies

nourrir to nourish, feed

nourriture *f* food

nouveau, nouvelle new; **à nouveau, de nouveau** again; **nouveau venu** newcomer

noyé *m* drowned person

nu naked, bare

nuage *m* cloud

nuit *f* night

nullement not at all

O

obéir to obey

objet *m* object

obscurcir to darken, grow dark

obscurité *f* darkness

obstiner: s'obstiner à to insist on

obtenir to obtain

occasion *f* opportunity; occasion

occuper to occupy; **s'occuper de** to take care of, be interested in

œil *m* eye; **voir d'un autre œil** to see differently

officier *m* officer

offrir to offer

oiseau *m* bird

ombragé shaded

ombre *f* shade; shadow; darkness

ombrelle *f* parasol

opprimé oppressed

or *m* gold

or now; it so happens that

orage *m* storm

ordinaire ordinary; **d'ordinaire** usually

oreille *f* ear

orfèvre *m* jeweler

orgueil *m* pride

ornière *f* rut

orpheline *f* female orphan

osciller to oscillate, swing back and forth

oser to dare

ôter to take off, to take away

ou or; **ou... ou...** either... or...

où where

oublier to forget

outil *m* tool

outre besides; **en outre** in addition

ouvrier, ouvrière *mf* worker

ouvrir to open

P

pacifique peaceful

pacotille f cheap stuff, rubbish

pagne m loin-cloth

pain m bread

paisible peaceful

paix f peace

Palais de Justice m courthouse

palier m landing

palme f webbed foot

panier m basket

panne f breakdown

pantalon m pants

pantelant panting, breathless

pantouflard m stay-at-home

papetier m stationer

papier m paper; newspaper article

par by; par contre on the other hand; par où where

paraître to appear

parapluie m umbrella

parbleu well, of course

parc m park

parcourir to travel; to run through; parcourir des yeux glance through

par dessus above

pare-brise m windshield

pareil, pareille similar; such a

parent m parent; relative

parer: se parer to dress up, put on one's finery

parfait perfect

parfaitement perfectly

parfois sometimes

parier to bet

parisien m Parisian

parler to speak

parmi among

parole f word

part f share, part; à part aside; quelque part somewhere

partager to share

partenaire mf partner

particulier, particulière private

partie f part

partir to leave

partout everywhere

parure f necklace

parvenir to succeed; to arrive; to come through

pas step; à pas comptés with measured steps; à pas de course at racing speed

passant m passerby

passé m past

passer to pass; to go; to drop by; to put on; se passer to happen; se passer de to do without; de passage passing

pâte à modeler f modeling clay

patrimoine m patrimony, inheritance

patron m boss

patte f paw

pauvre poor; pitiable

pavillon m horn

payer to pay; je paie dix I'll bet ten (francs, dollars)

pays m country

paysan m peasant, farmer

peau f skin

pêche f fishing

pêcher to fish

pêcheur m fisherman

peigne m comb

peine f sorrow; pain; trouble; penalty; à peine scarcely; ce n'est pas la peine it's not worth the trouble

pelouse f lawn

peluche f plush

pencher to lean

pendant during, while

pendre to hang

pénétrer to penetrate; to enter

pénible painful

péniche f barge

pénombre f half-light

pensée *f* thought
penser to think
percepteur *m* tax collector
perclus paralyzed
perdre to lose
père *m* father
perfide perfidious, treacherous
périlleux, périlleuse perilous
perle *f* pearl
permettre to permit
personnage *m* character; person
personne *f* person; **ne... personne** nobody
personnellement personally
perte *f* loss
pesant heavy
peser to weigh, weigh heavily
petit little, small
peu little; not very; **à peu près** about
peuplier *m* poplar
peur *f* fear
peut-être perhaps
pharmacien *m* pharmacist, druggist
pièce *f* room; play (theatrical); coin
pied *m* foot; **à pied** on foot
piège *m* trap
pierre *f* stone
piétiner to stamp, to mark time, to shuffle
pilier *m* pillar
piller to pillage, lay waste
piloter to pilot; to drive
pis worse
piscine *f* pool
pitoyable pitiful
pivoter to pivot; to turn
place *f* job, position; place; seat
placer to invest
plaindre: se plaindre to complain
plainte *f* complaint; moan
plaire to please; to be attractive to
plaisant pleasing; funny

plaisanter to joke, exchange pleasantries
plaisanterie *f* joke
plaisir *m* pleasure
plancher *m* floor
plaque *f* plaque, nameplate
plat *adj* flat
plat *m* dish of food, course; **plat du jour** daily special
platane *m* plane tree
plateau *m* platter
platiné *adj* platinum
plein full
pleurer to cry, weep
pleuvoir to rain
plier to fold
plisser to wrinkle
plonger to dive; to sink
ployer to bend, to bow
pluie *f* rain
plume *f* feather
plupart: la plupart *f* most
plus more; **ne... plus** no longer; **au plus** at the most; **le plus** the most; **non plus** neither; **de plus en plus** more and more
plusieurs several
plutôt rather; **plutôt que** rather than
poche *f* pocket
poignée *f* handle
poing *m* fist
point *m*: **à ce point** to that extent; **ne... point** not at all
pointe *f* point;
poisson *m* fish; **poisson rouge** goldfish
poitrine *f* chest
poli polite; polished
policier *m* policeman
politesse *f* politeness
politique *f* politics
pompe *f* pump
pont *m* bridge; **pont aérien** airlift

portant: **bien portant** in good health

porte *f* door

porte cochère *f* formal carriage entrance

portée *f*: **à portée de** within reach of

portefeuille *m* wallet

porter to carry, bear; to wear; **porter plainte** to bring an action; **se porter** to be well/unwell

poser to put down; **poser une question** to ask a question

poubelle *f* garbage can

poudre *f* powder

pour for; **pour que** so that

pourquoi why

poursuivre to pursue

pourtant yet, however

pourvu que provided that; so long as

poussée *f* thrust

pousser to push; **pousser un cri** to let out a cry

poussière *f* dust

poussiéreux, poussiéreuse dusty

pouvoir to be able to; **n'en pouvoir plus** to be exhausted

pratique practical

précéder to precede

précipiter: se précipiter to rush forward

précisément precisely

préciser, se préciser to specify, to take shape

précision *f* detail

préfecture *f* police station; departmental administrative headquarters

premier, première first

prendre to take; **prendre garde** to watch out; **prendre place** to take a seat; **s'en prendre à** to attack; to be angry at; to blame; **s'y prendre** to go about it; **se prendre d'affection (d'amitié) pour** to take a liking to

près near

présenter to introduce, to present

presque almost

presser: se presser to hurry; to crowd

prêt ready

prétendre to claim, allege

prêter to lend

preuve *f* proof

prévenir to warn

prier to beg; to pray

printemps *m* spring

prisonnier *m* prisoner

privé deprived; private; **privé de sentiment** unconscious

priver to deprive

prix *m* price; fee; value

prochain next

proche nearby, near

procureur *m* district attorney

professeur *m* professor, teacher

profiter de to take advantage of

profond deep, profound

profondément deeply

profondeur *f* depth

proie *f* prey; **être en proie à** to become the victim of

projet *m* plan

projeter to plan; to project; to push forward

promenade *f* walk; drive, ride

promener: se promener to go for a walk, a drive

promesse *f* promise

promettre to promise

prononcer to say; to pronounce

prophétie *f* prophecy

propos *m* remark; **à propos** by the way; **à propos de** about

propre own

propriétaire *mf* owner

propriété *f* property

protectrice *f* protectress

protéger to protect

prothèse *f* prosthesis, artificial limb or teeth

prouver to prove

provenance *f* provenance, source

pudeur *f* modesty, sense of decency

puis then

puisque since

puissant powerful

punir to punish

punition *f* punishment

Q

qualité *f* quality

quand when

quant à as for

quarante forty

quart *m* quarter (fraction); **une heure et quart** one fifteen (o'clock)

quartier *m* quarter, part of town; **quartier général** headquarters

quatre four

quatrième *m* fourth (at bridge)

que that; whom; which; what; how; let; whether; **ne... que** only

quel, quels, quelle, quelles what, which

quel que whatever

quelque some; **quelque chose** something; **quelque part** somewhere

quelquefois sometimes

quelqu'un someone

question *f*: **être question de** to be about; **remettre en question** to challenge the authority of

qui who, whom; that, which

quinze fifteen

quitter to leave; **quitter des yeux** to take one's eyes off

quoi what, which

R

raconter to tell

rafale *f* gust of wind

rageusement violently, in a rage

ragot *m* a piece of malicious gossip

raillerie *f* mockery

railleur, railleuse mocking

raison *f* reason; **avoir raison** to be right; **donner raison à** to admit that someone is right

raisonné reasoned, well thought-out

raisonner to reason; to argue

rajeunir to make younger

ralentir to slow down

râler to emit the death rattle

ramasser to pick up

ramener to bring back

ramper to crawl

rancune *f* rancor, animosity

rang *m* rank; order

rangé lined up

rappeler to call back; to recall; **se rappeler** to remember, recall

rapport *m* relationship; rapport

rapporter to bring in; to bring back

rapprocher: se rapprocher to approach

raser to shave

rasoir *m* razor

rasseoir: se rasseoir to sit down again

rassurer to reassure

rauque hoarse

ravin *m* ravine

raviser: se raviser to change one's mind

ravissant delightful

rayon *m* ray

réapparaître to reappear

recevoir to receive; to welcome as a guest; to entertain

réchapper to escape

recherche *f* search

rechercher to look for

récit *m* story

recommander to recommend

recommencer to begin again; to go back to; to do again

reconduire to show (someone) to the door; to take home; to drive home

reconnaissance *f* gratitude, recognition; reconnaissance

reconnaissant grateful

reconnaître to recognize; to admit

reconstitution reconstruction

reçu *m* receipt

reculer to draw back, recoil

redescendre to go back down

redevenir to become again

réduire to reduce

réel, réelle real

refermer to close; to close again

réfléchir to reflect, think

reflet *m* reflection

reflux *m* reflux, flowing back

réfugier: se réfugier to take refuge

regard *m* look

regarder to look

regretter to miss

régulier, régulière regular

rejaillir to splash up

rejeter to throw back

rejoindre to rejoin; to join

relâche *m* respite, pause

reluire to shine

remarquer to notice

remercier to thank

remettre to put back; **remettre en question** to challenge the authority of; **se remettre à** to start in again

remonter à to go back to

remords *m* remorse

remplacer to replace

remplir to fill

remuer to move

rencontre *f* encounter, meeting

rencontrer to meet

rendez-vous *m* meeting

rendre to give back; to render; to make; **se rendre** to surrender; **se rendre à** to go to; **se rendre compte** to realize; **rendre service** to do a favor

renifler to sniff

renseignement *m* (piece of) information

renseigner to inform; **se renseigner** to gather information

rente *f* income

rentrée *f* start of classes, start of school; return

rentrer to go home; to bring in

renverser to knock over

répandre, se répandre to spread out

repartir to go off again

repas *m* meal

répéter to repeat

replet, replète chubby

replier: se replier to withdraw

réplique *f* reply

répliquer to reply

répondre to answer

réponse *f* answer

repos *m* repose, rest

reposer to put back; **se reposer** to rest

repousser to push back

reprendre to take back; to continue; to regain; to go back to; **reprendre connaissance** to regain consciousness

reprendre to scold

reproche *m* reproach

reprocher to reproach

rescousse: à la rescousse to the rescue

résolu resolved

résonner to resound

respirer to breathe

ressouvenir: se ressouvenir to remember again

rester to remain

résultat *m* result

retenir to hold back; to remember; to retain

retirer to withdraw; to take out; **se retirer** to withdraw; to go away

retour *m* return

retourner to return; to turn over

retracer to retrace; to retell

retraite *f* retreat

retrouver to find; to go back to; **se retrouver** to meet; to meet again

réunir to gather; to come together

réussir to succeed

rêve *m* dream

réveiller: se réveiller to wake up

révélateur, révélatrice revealing

révéler to reveal

revenant *m* ghost

revendre to resell

revenir to come back

rêver to dream

rêveur *m* dreamer, dreamy

revue *f* theatrical revue

rez-de-chaussée *m* ground floor

richesse *f* wealth, richness

rideau *m* curtain

ridicule ridiculous

rien *m* nothing; **rien que** only; nothing but; just

rigoureux, rigoureuse rigorous

rigueur *f* rigor; **à la rigueur** strictly speaking; if need be

rire to laugh

risque *m* risk

rive *f* shore; bank

rivière *f* river

robe *f* dress

roi *m* king

rompre to break

ronce *f* bramble

rond round; fat

rose pink

roseau *m* reed

rouge red

rougir to redden, blush

rouleau *m* coil

rouler to roll; to roll up; to move along

roussi reddened

route *f* road; route; **en route** under way; in operation

roux, rousse red

royaume *m* realm, kingdom

rue *f* street

ruisseau *m* stream

rumeur *f* rumor, murmur

S

sac *m* bag; **sac à main** handbag

sachet *m* small bag

sage good; wise

saillant protuberant

saisir: se saisir de to seize, to catch

saison *f* season

sale dirty

salle *f* room; **salle à manger** dining room; **salle de classe** classroom

salon *m* drawing room

salon de jeu *m* cardroom

saluer to greet

salut *m* greeting

samedi *m* Saturday

sang *m* blood

sang-froid *m* composure, nerve, cool

sanglot *m* sob

sangloter to sob

sanguinaire blood thirsty, sanguinary

sans without; **sans doute** probably

saoul drunk; satiated

saute-mouton *m* leapfrog

sauter to jump; **faire sauter** to blow up

sauvage wild

sauver to save; **se sauver** to escape

sauveur *m* savior

saveur *f* savor, flavor

savoir to know; to know how to; to be able to; **savoir gré** to be grateful

savourer to savor
scolaire *adj* school
sec, **sèche** dry
sèchement drily
secouer to shake; to shake off, get rid of
secourir to help
secours *m* help
secousse *f* shake; start
sécurité *f* safety
séduction *f* charm
seigneur *m* lord
séjour *m* stay, sojourn
selon according to
semaine *f* week
sembler to seem
sens *m* sense; direction; meaning; **bon sens** good sense
sentiment *m* feeling; consciousness
sentir, **se sentir** to feel
sept seven
serein serene
sérieux, **sérieuse** serious
serré clenched, squeezed close together
serrer to squeeze; **serrer la main** to shake hands
serrure *f* lock
servir to serve; to be good for; to be used; **se servir de** to use
seuil *m* threshold, doorstep
seul alone; only
seulement only
si if; **si on allait** suppose we go
si yes (after a negative)
siège *m* seat
siens (les) one's family
sifflement *m* whistle
siffler to whistle; to whistle for
signaler to call attention to
signe *m* sign; **faire signe** to make a gesture; to wave; to beckon
silencieux, **silencieuse** silent
siliceuse siliceous
similor *m* imitation gold

simulacre *m* enactment; pretense
simuler to simulate; to imitate
sinon except; if not
sitôt que as soon as
situation *f* situation; job
sœur *f* sister
soigné well-groomed
soigner to take care of
soigneux, **soigneuse** careful
soin *m* care; concern
soir *m* evening
soirée *f* evening; evening party
soit so be it, O.K.; **soit... soit...** whether... or...
sol *m* ground
soldat *m* soldier
soleil *m* sun
solennel solemn
solitaire *m* solitaire, single jewel
somme *f* sum; **en somme** in short; to sum up
sommeil *m* sleep
sommet *m* summit
son *m* sound
songer to think; to dream
sonner to ring; to ring the doorbell
sonnerie *f* ring
sort *m* fate
sortie *f* outing, trip
sortir to go out; to take out
sou *m* sou, penny; money
soudain suddenly
souffle *m* breath
souffler to breathe hard; to blow
souffrance *f* suffering
souffrir to suffer
souhaiter to wish; to hope for
soulagement *m* relief
soulager to relieve
soulever to lift; to raise
soupçon *m* suspicion
soupeser to heft; to feel the weight of
soupir *m* sigh

soupirer to sigh

sourcil *m* eyebrow

sourd dull; deaf

sourire *m* smile

sourire to smile

souris *f* mouse

sournoisement slyly, sneakily

sous under

sous-chef *m* second-in-command

sous-officer *m* noncommissioned officer

sous-préfecture *f* county seat

soutenir to bear; to support

souvenir *m* memory; souvenir

souvenir: **se souvenir** to remember

souvent often

spartiates *f* pl sandals

spectacle *m* spectacle; show, performance

sportif, **sportive** athletic; **club sportif** sports club

stopper to stop

stupéfait astounded

succession *f* inheritance

suffire to suffice; **ça suffit** that's enough

suite *f* succession; **à la suite de** as a result of; after

suivre to follow

sujet *m* subject; **au sujet de** about

superflu superfluous

supérieur upper

suppléer to make up for; to supply

supplier to beg

supporter to bear, stand for

supprimer to suppress, do away with

sur on

sûr sure, certain; **bien sûr** of course

sûrement surely

sûreté *f* safety

surexcité overexcited

surgir to rush in; to appear suddenly

surtout especially; above all

surveiller to watch; to survey; **se surveiller** to control oneself

syllabe *f* syllable

T

tablier *m* apron; smock

tache *f* spot

tactique *f* tactics

taire: **se taire** to be quiet; to fall silent

tandis que: while

tant so much; **tant que** so long as; **tant pis** so much the worse

tante *f* aunt

tard late

tarder to delay

tas *m* pile; bunch

tasse *f* cup

tel, **telle** such

téléphoniquement by telephone

tellement so much

témoignage *m* testimony

témoigner to bear witness, testify

témoin *m* witness; baton in a relay race

tempête *f* tempest, storm

temps *m* time; weather

tendre *adj* tender

tendre to extend, stretch, reach out; **tendre l'oreille** listen carefully

tendresses *f* tokens of affection

tenir to hold; **tenir à** to insist on; to value; **ne pouvoir pas y tenir** not to be able to stand it; **tenir en joue** to aim at (with a rifle); **tenir parole** to keep one's word; **tenez!** look! **se tenir** to stand

tentateur, **tentatrice** tempting

tenter to attempt; to tempt

terminer to finish

terminus *m* end of the line

terre *f* earth; ground; **à terre** on the ground

terre cuite *f* terra cotta

terreur *f* terror

tête *f* head; face; **tête-à-tête** twosome; **faire non de la tête** to shake one's head

thé *m* tea

tiède tepid; mild

tirer to draw; to take out; to pull; to shoot

tiret *m* blank

tiroir *m* drawer

titre *m* title; headline

toboggan *m* slide

toile *f* cloth

toilette *f* dress; clothing

toiser: toiser du regard to look at scornfully

toit *m* roof

tombe *f* tomb

tombeau *m* tomb

tomber to fall; **tomber d'accord** to agree; **tomber d'un bloc** to fall flat

ton *m* tone

tonnant thundering

tonne *f* ton

tonner to thunder; to roar; to boom

toque *f* hat

tort *m* wrong; **avoir tort** to be wrong

tôt early

toujours always; still

tour *m* turn; trick; **tour à tour** in turn

tourbillon *m* whirlwind, swirl (of dust)

tourner to turn; **tourner autour de** to hover around

tournoyer to turn around, to circle

tousser to cough

tout, toute, tous, toutes all

tout everything; all; very; **tout à coup, tout d'un coup** suddenly; **tout bonnement** quite simply; **tout à fait** completely; **tout à l'heure** later on; **tout de même** after all; **tout de suite** at once

tout-puissant all-powerful

trahir to betray

trahison *f* betrayal

train: en train de in the act of

traîner to drag; to lie around

traiter to treat

tranchant cutting, sharp

trancher to cut

tranquille tranquil, quiet

transmettre to transmit

trappe *f* trapdoor

travail *m* work

travailler to work

travers: à travers, en travers across; through

traverser to cross

tremblement *m* trembling

tremper to soak

trente thirty

très very

tressaillir to give a start; to shudder

tricot *m* knitting

tricoter to knit

tripes *f pl* tripe

triste sad

trois three

trompe l'œil *m* **trompe l'œil**, imitation of the real thing

tromper to deceive; **se tromper** to make a mistake, be wrong

trotter to trot; **se trotter** to leave

trottoir *m* sidewalk

trou *m* hole

trouée *f* gap, opening

troupe *f* troop

troupeau *m* flock

troupier *m* trooper

trouvaille *f* find; stroke of inspiration

trouver to find; to think; **se trouver** to be located; **il se trouve que** it happens that

tuer to kill

tunique *f* tunic

type *m* type; fellow

U

un one
usage *m*: **d'usage** customary
user to use
utile useful

V

vacances *f pl* vacation
vacarme *m* racket, noise
vague *f* wave
vain vain; **en vain** in vain
vaincu vanquished, defeated
vainqueur *m* victor
vainqueur *adj* victorious
valeur *f* value
valise *f* valise, bag
vallée *f* valley
valoir to be worth; **valoir mieux** to be
    better
varié varied
vaquer à to be busy at; to attend to
vécu lived
veille *f* day before, night before
veiller to watch over
vélo *m* bicycle
velours *m* velvet
velu hairy
vendeur *m* salesman, seller
vendre to sell
vendredi *m* Friday
venir to come; **venir de** to have just
vent *m* wind
ventre *m* stomach; belly
véritable veritable, real
vérité *f* truth
verre *m* (drinking) glass
verroterie *f* glass jewelry
vers toward
verser to pour
vert green
vertement severely
vertu *f* virtue

veste *f* jacket
veston *m* jacket
vêtement *m* article of clothing
vêtir to dress
veuf *m* widower
vexer to vex; to annoy
viande *f* meat
vicieux, vicieuse vicious
victoire *f* victory
vide empty
vider to empty
vie *f* life
vieillard *m* old man
vieux, vieille *m* old; **mon vieux** pal,
    old man
vieux-rose faded pink
vif, vive lively
vigne *f* vine
vilain ugly
villageois *m* villager
ville *f* city
vin *m* wine
vingt twenty
vingtaine *f* about twenty
virer de bord to come about
visage *m* face
viser to take a sight on, to have in view
vite quickly
vivant living, alive
vivement quickly; earnestly; warmly
vivre to live
vociférer to yell
vogue *f* fashion; **en vogue** fashionable
voilà here is, are; there is, are; **voilà
    que** now, it happens that
voiler to veil
voilette *f* little veil
voir to see, **voir clair** to see clearly
voisin *m* neighbor
voiture *f* car
voix *f* voice
voler to steal; to rob
voleur *m* robber

volontairement deliberately
volontiers gladly
volubile voluble, talkative
voluptueux, voluptueuse voluptuous
vouloir to want; **vouloir bien** to be
    willing; **vouloir dire** to mean; **en**
    vouloir à to be angry at
vrai true
vraisemblance *f* believability
vue *f* sight

Y

y there
yeux *m pl* eyes